新时代大学计算机通识教育教材

网络信息资源检索与文献管理

马延周 种惠芳 编著

清华大学出版社
北京

内 容 简 介

信息检索和文献管理能力是信息素养的核心内容。大数据时代下,对于信息的检索、获取和管理能力关系一个人能否适应社会和时代发展的需求。本书以问题和案例为驱动,介绍信息资源获取途径、获取技巧、推荐平台、管理软件等,重点介绍文献资源的获取、管理、分析及利用,并通过介绍论文的写作及排版技巧使全书内容形成闭环。

本书以现实需求为出发点,面向社会各层次人才,可作为高等学校相关专业的本科生或研究生的通识教育教材,也可供职场人士参考阅读。

图书在版编目(CIP)数据

网络信息资源检索与文献管理/马延周,种惠芳编著. —北京:清华大学出版社,2023.6
新时代大学计算机通识教育教材
ISBN 978-7-302-63238-2

Ⅰ.①网… Ⅱ.①马… ②种… Ⅲ.①网络检索—高等学校—教材 Ⅳ.①G254.92

中国国家版本馆 CIP 数据核字(2023)第 057974 号

责任编辑:郭　赛
封面设计:常雪影
责任校对:胡伟民
责任印制:宋　林

出版发行:清华大学出版社
　　　　网　　　址:http://www.tup.com.cn,http://www.wqbook.com
　　　　地　　　址:北京清华大学学研大厦 A 座　　　　邮　　编:100084
　　　　社 总 机:010-83470000　　　　邮　　购:010-62786544
　　　　投稿与读者服务:010-62776969,c-service@tup.tsinghua.edu.cn
　　　　质量反馈:010-62772015,zhiliang@tup.tsinghua.edu.cn
　　　　课件下载:http://www.tup.com.cn,010-83470236
印 装 者:三河市铭诚印务有限公司
经　　销:全国新华书店
开　　本:185mm×260mm　　　　印　张:25　　　　字　数:648 千字
版　　次:2023 年 6 月第 1 版　　　　印　次:2023 年 6 月第 1 次印刷
定　　价:69.90 元

产品编号:095494-01

前　言

党的二十大报告提出"实施科教兴国战略，强化现代化建设人才支撑"。深入实施人才强国战略，培养造就大批德才兼备的高素质人才，是国家和民族长远发展的大计。为贯彻落实党的二十大精神，筑牢政治思想之魂，编者在牢牢把握这个原则的基础上编写了本书。

全球化和智能化的快速发展促使各国政府、教育部门更加重视对国民信息素养的培养与提升。信息素养是 21 世纪人才应具备的重要核心素养，和读、写、算等基础文化素养一样，与每个人的生活、工作和学习息息相关。加强对信息素养能力的提升，是促进信息时代人的全面发展的必要手段。

信息素养从产生至今，其内涵和评价标准随着时代的发展而不断演变。根据时代发展要求，我国《教育信息化 2.0 行动计划》明确提出，要从提升师生信息技术应用能力向全面提升其信息素养转变。当前，信息素养主要涉及的内容及其衡量标准普遍包含信息查找与获取、信息存储与管理、信息评价、信息生产与制作、信息交流、信息使用等多方面。针对信息素养的发展要求及评价标准，开展信息素养学习研究是提升信息素养的基本手段。

网络信息资源检索是信息查找的过程，是信息素养的研究主体和研究起点，信息资源检索意识、检索策略、检索方法、检索手段及检索技巧与用户可获取的信息资源的质量及信息获取效率密切相关；随着互联网应用领域的不断扩大，互联网中的信息越来越多，用户需要对检索到的信息资源进行分析、评价，以从众多检索结果中筛选出最佳目标信息；检索信息的目的是利用信息，目标信息被检索出来后，用户就可以获取该信息，并进一步管理、阅读和利用该信息，发挥信息的最终价值；"工欲善其事，必先利其器"，发挥好工具的作用，可以提升做事的效率，面对越来越多的海量文献信息资源，人们开发出了多种旨在提升文献分析、获取、管理能力的工具软件，这些工具软件可以使人们快速捕捉目标信息、深度分析目标信息、高效阅读并管理文献信息，从而提高信息资源的利用效率；对于科研人员来说，信息使用及信息生产和制作多数是通过撰写论文体现的，为此，有必要通过开展论文写作技巧方面的学习提升信息利用能力。

基于以上分析，本书作者在近十年从事相关课程教学经验的基础上，紧随时代发展需要和技术发展现状，从内容的必要性和实用性角度出发，从系统性和重要性的角度考虑，编写了本书。全书按照"信息检索—信息获取—信息管理—信息利用"的逻辑线索进行章节安排，按照"理论先行，实践紧随"的特点编排知识内容，操作步骤详细，便于读者学习操作。本书内容不仅适合从事科学研究的相关人员阅读，也非常适合用作高等院校教材，对其他类别的人员也具有很好的指导意义。本书通过辅以一定的课后思考与练习题加深读者对本章内容的思考和理解，通过为每章提供配套学习 PPT，使读者能够快速捕获本章的重点内容，该 PPT 也可供教师教学使用。本书第 1 章介绍信息素养及与后续内容密切相关的名词概念，起到统领全书的作用;第 2 章介绍网络信息资源检索基础知识;第 3 章介绍常见信息检索工具及信息检索技巧;第 4 章介绍网络信息资源管理及常用工具;第 5 章介绍中文文献数据库及使用方法;第 6 章介绍文献管理工具软件知网研学的使用;第 7 章介绍常用外文文献数据库及使用方法;第 8 章介绍文献管理工具软件 EndNote 的使用;第 9 章介绍文献分析软件 CiteSpace 的使用;第 10 章介绍论文写作与排版技巧。本书第 1 章、第 2 章、第 5 章、第 6 章、第 10 章由马延周编写,第 3 章、第 4 章、第 7 章、第 8 章、第 9 章由种惠芳编写。

本书在编写过程中得到了编者所在单位的大力支持,并获 2019 年校级教材建设立项。在本书的编写过程中,我们吸收借鉴了国内外大量文献的资源及众多专家、学者和同行的研究成果、论著、论文及相关材料,对于这些材料,我们尽可能以参考文献的形式进行了罗列。此外,作者所在单位的部分专家、同事和学员也对本书的编写提出了宝贵的意见和建议。在此,谨向给予我们帮助和支持的单位及个人表示最诚挚的感谢。

虽然我们非常认真地进行了本书的编写工作,但由于水平所限,且由于网络信息资源更新迅速,信息资源检索、获取、分析与管理的方法策略及手段工具也不断更新演变,使用时难免会有所出入,敬请同仁和广大读者批评指正,以便我们修正和完善。

马延周　种惠芳

2023 年 3 月

河南·洛阳

目　录

第 1 章　概　　述

学习目标

1. 理解信息素养的含义、构成要素及重要意义。
2. 了解国际信息素养教育和高等教育信息素养的标准。
3. 了解培养和提高大学生信息素养的重要性。
4. 了解提升高校学生信息素养的主要途径和举措。

信息是人类认识世界和改造世界的宝贵资源，能否充分发挥信息的价值体现了一个人的信息素养能力。信息素养是 21 世纪人才必须具备的重要核心素养之一，和读、写、算等基础文化素养一样，是与每个人的生活、工作和学习息息相关的素养。随着信息化和智能化的不断发展，当代从事科研工作的人员更应注重信息素养的提升，以满足现实社会的需要和未来的发展需求，培养终身学习的能力。

本章首先介绍信息素养的提出、含义、构成、重要意义、重要标准，并通过初步分析，尝试说明信息素养对于高校学生的重要意义，然后进一步阐述如何提升高校学生的信息素养，最后对数据、信息、知识、文献、情报等与本书后续章节密切相关的基本概念及其关联关系进行介绍，以为本书后续内容的学习做铺垫，如果您已经对这些概念比较熟悉，那么可以跳过这些内容。

1.1　信息素养

1.1.1　信息素养概述

1974 年，信息产业协会主席保罗·泽考斯基首次提出"信息素养（Information Literacy）"这一概念，并将其解释为"利用大量的信息工具及主要信息源使问题得到解答的技术和技能"，后来又将其解释为"人们在解答问题时利用信息的技术和技能"。

由于信息技术的不断发展，信息素养的概念一经提出便得到社会的广泛关注和热烈探讨，世界各研究机构纷纷围绕如何提高信息素养展开了广泛探索和深入研究，对信息素养概念的界定、内涵和评价标准等提出了一系列侧重点不同的看法和见解[1-2]。自 20 世纪 80 年代以来，国内外诸多研究机构和学者围绕信息素养的概念界定、内涵构成以及评价标准等方面推出了不少研究成果，其中具有代表性的有：美国图书馆协会（American Library

Association，ALA)对信息素养的界定(1989)；美国教育传播与技术协会(Association for Educational Communications and Technology，AECT)和学校图书馆协会(American Association of School Librarians，AASL)共同研制的全国性信息素养标准——《面向学生学习的信息素养标准》(1998)；美国教育技术国际协会(International Society for Technology in Education，ISTE)连续发布的《美国国家教育技术标准》(1998,2000,2007, 2008)；英国国家和大学图书馆协会(the Society of Colleges，National and University Libraries，SCONUL)、澳大利亚大学图书馆员委员会(Council of Australian University Librarian，CAUL)、美国大学与研究图书馆协会(Association of College and Research Libraries，ACRL)推出的《高等教育信息素养能力标准》(2000,2004)；联合国教科文组织(United Nations Educational，Scientific and Cultural Organization，UNESCO)发布的《布拉格宣言》《亚历山大宣言》《媒体与信息素养政策和战略指南》《美国大学与研究图书馆协会高等教育信息素养框架》(2003,2005,2013,2015)，等等。

当下，伴随着大数据、云计算、人工智能、5G等信息技术的广泛兴起，不同领域、不同类型的信息数据呈现爆发式的增长和海量集聚的趋势，直接且深刻地影响着人们的生产和生活方式。正如哈佛大学社会学教授加里·金(Gary King)描述的："这是一场革命，庞大的数据资源使得各个领域开始了量化进程，无论学术界、商界还是政府，所有领域都将开始这种进程。"在这样的大背景下，信息素养已经成为当代人的核心素养和基本素质，是衡量人才素质及其综合能力的重要指标。一个人如果缺乏信息能力或不具备良好的信息素养，势必会成为该时代的"功能性文盲"，最终一定会被社会淘汰。

1.1.2 信息素养指标

信息素养从提出到现在，其内容、含义和衡量指标一直处于不断发展和动态变化中，尤其在新技术不断涌现的今天，信息素养的构成要素变得比任何时候都更加丰富。通过梳理有关信息素养的标准、报告等研究成果，可以将信息素养的构成要素划分为15个方面[2]，不同历史时期的信息素养有着不同的侧重点，如表1-1所示。

工业时代，大众媒体的单向传播特性使得该阶段信息素养评价主要聚焦于信息使用、查找与获取、理解与吸收、评价等低阶素养，重在考查人对信息的解读、分析和评价能力；信息时代赋予人们更强的能动性，使得信息素养的评价指标也随之扩展到信息交流与分享、加工与整合以及生产与制作等方面，信息道德与法律也在这一阶段受到重视；智能时代的到来对人的信息素养提出了更高要求，信息安全与监控、人机交互与协作、信息创新、信息思维以及终身学习等高阶素养开始进入人们的视野，并成为衡量人能否适应智能社会发展的新的关键指标。可以预见，随着时代的不断进步，信息素养的评价指标将越来越丰富和高阶，并真正向"人的全面发展"这一最终目标靠近。

人工智能、大数据等的崛起引领人类社会迈入智能时代，尤其是语音识别、图像识别、人机交互等人工智能技术的发展逐渐把人们从简单、机械、烦琐的工作中解放出来，使其有更多的时间和精力从事更具复杂性、挑战性和创造性的工作。可以说，人工智能及其相关技术的应用使社会生产力得到极大解放，未来社会越来越倾向于"让机器做机器擅长的事情，让人做人擅长的事情"，人机交互将走向人机协同、人机和谐、人机共生。面对未来，学习者必须以"将来时"的状态发展自身,尤其要在技术变迁中不断更新信息素养,以适应不断变化的社会文化环境。

表 1-1　不同时代下的信息素养构成要素示意

时代	信息查找与获取	信息理解与吸收	信息存储与管理	信息评价	信息加工与整合	信息呈现与表达	信息素养	信息生产	信息意识与伦理	装备道德与决策	信息安全与监控	信息交互与协作	人机交互与协作	信息编辑	信息创新	信息思辨	终身学习	相关标准与模型
工业时代	✓	✓	✓		✓		✓											McClure 信息素养模式（McClure,1994）
	✓		✓		✓													Shapiro 信息素养模式（Shapiro & Hughes,1996）
	✓	✓	✓	✓	✓	✓	✓	✓	✓		✓							SCONUL 信息素养模型（SCONUL,1999）
	✓	✓		✓			✓	✓										面向学生学习的信息素养标准（AASL & AECT,1998）
信息时代	✓	✓	✓	✓	✓	✓	✓	✓	✓		✓							美国高等教育信息素养标准（ACRL,2000）
	✓	✓	✓	✓		✓		✓		✓								澳大利亚和新西兰信息素养评估框架（ANZIIL,2004）
	✓	✓	✓	✓	✓	✓	✓		✓	✓	✓							学生信息素养框架（Education and Manpower Bureau,2005）
	✓	✓			✓	✓			✓									北京地区高校信息素养能力指标体系（曾晓牧等,2006）
	✓	✓	✓	✓	✓	✓	✓											高校大学生信息素养指标体系（教育部高等学校图书情报工作指导委员会信息素质教育工作组,2008）
智能时代	✓	✓	✓	✓	✓	✓	✓											媒体和信息素养指标（UNESCO,2010）
	✓	✓		✓	✓	✓		✓	✓	✓		✓						全球媒体信息素养评估框架（UNESCO,2013）
	✓	✓	✓	✓	✓	✓	✓	✓		✓		✓						国际计算机与数字素养评估框架（IEA,2018）
	✓	✓		✓			✓	✓	✓				✓	✓				美国高等教育信息素养框架（ACRL,2015）
	✓	✓		✓			✓	✓	✓	✓	✓	✓	✓	✓				国际教育技术协会学生标准（ISTE,2016）
	✓		✓	✓	✓	✓	✓	✓	✓	✓	✓	✓		✓	✓			教师信息与通信技术能力框架（UNESCO,2018）+A1:S18A1.S18

　　人工智能赋予媒体技术新的基因,改造了信息生产和传播的全流程,让信息服务变得更

加自动、精准和高效。《新一代人工智能发展规划》中强调,"人工智能加速发展,呈现出深度学习、跨界融合、人机协同、群智开放、自主操控等新特征"。人工智能正在对经济发展、社会进步、国际政治经济格局等方面产生重大而深远的影响,人类社会结构已从"物理空间—社会空间"的二元结构转变为"物理空间—社会空间—信息空间"的三元结构。在三元空间的世界里,人的思维与感知紧密联系在一起,跨媒体学习、自主学习变得尤为重要,终身学习成为一种自主驾驶式学习,人工智能则为终身学习者提供适应主动驾驭的、知识密集的智能化服务。人们应更加关注学生对问题的发现、提出和解决能力,而不仅是对信息的识别、获取和加工能力;更加关注学生的自主学习、建构和创造能力,而不仅是对知识的记忆、复述和再现能力;更加关注学生的思维素养,而不仅是技能素养。

人工智能打破了原有教育生态建立起来的知识传播平衡,改变了学习主体之间、学习主体与学习环境之间、教与学之间的关系,使得知识传播与文化互动不再只是在人际之间,还在人机之间,这无疑对师生的人机交流能力,尤其是人机协作能力提出了更高要求。未来,初级的信息加工与传播任务将更多的由机器完成,而信息理解、汇聚、创造等高级任务则由人完成,这就需要人具备较强的问题拆解能力、逻辑推理能力、创造发现能力和反思实践能力等。此外,在人机共生的智能时代,人需要承担的社会责任也将更具挑战性。面对自主性越来越高的智能机器人,使用者不仅要对自身行为负责,还要对机器人承担类似监护人的道德和法律责任。

1.1.3　信息素养构成框架

信息素养包括信息意识、信息知识、信息能力与信息伦理[2]。其中,明确信息需求、判断信息价值属于"信息意识"的范畴,掌握信息工具属于"信息知识"的范畴,获取信息、使用信息解决问题、传播信息、创造信息等属于"信息能力"的范畴,此外,还涉及"信息伦理(道德)"的范畴。这四部分组成了信息素养结构的有机体。其中,信息意识居于先导地位,信息知识是前置基础,信息能力是关键要求,信息伦理则是"导向标"或"调节器",各构成要素的具体含义如下。

1. 信息意识

信息意识是指个体在信息活动中形成的认识和需求的统和。一个人了解了信息的价值,才可能形成信息意识,内化为自觉行动。一般而言,信息意识主要包括:理解信息在信息时代的重要作用,树立新信息观,如终身学习意识等;主动的信息内在需求,且积极将社会对个体的要求转化为自身对信息的需求;具有敏锐的信息洞察力,善于将信息现象与实际工作、生活、学习建立相关联系,并从信息中找到解决问题的"钥匙"等。凡此种种,都可归为信息意识,信息意识直接对个体的信息行为产生影响。

2. 信息知识

信息知识是构成信息素养的基础,凡涉及信息开发、利用和创造,均需要以获取信息知识为前提。在信息时代,除了要求具有一定的传统文化素养能力(如听、说、读、写等)之外,还需要具有现代信息技术特征的信息基本知识,如对信息、信息化的基本属性,信息化对个人和社会影响的认识和理解;掌握某一方面或领域的信息设计、开发、利用、管理和评价的知识。此外,还需要熟练掌握语言知识,信息社会是全球性的,要相互沟通,就要了解国外的信息,表达我们的思想观念,除了掌握母语之外,还需要精通一门或多门外语。

3. 信息能力

信息能力是指利用信息知识开展信息活动的能力。它区别于信息知识,信息知识是信息能力的基础,是整个信息素养的核心。一般而言,信息能力的范畴主要包括:对各类信息工具的利用能力,从各类信息载体中提取所需信息的能力,辨识、分析、评估、筛选和整合信息以及提高信息使用价值的能力,创造和传播信息的能力,等等。当然,信息知识和信息能力对不同层次和类型的人而言又有不同的要求,这正是开展信息素养教育的一个基本前提。

4. 信息伦理

信息伦理指在识别、提取、利用、整合、评估和传播信息时需要遵守的道德规范。信息技术在促进社会经济发展和推动社会进步的过程中,也引发了新的挑战和危机,产生了一些与传统伦理道德相悖的现象,如信息安全的挑战、隐私的泄露、电信诈骗、恶意攻击等,这些现象不仅危害到了个人安全,甚至危及国家安危。作为信息社会中的一员,必须充分认识信息以及信息技术在社会生产和生活中发挥的重要作用,牢固树立信息责任意识,规范个人的信息行为,遵循相关的信息道德,坚决不从事危害他人和社会的信息活动,自觉抵制信息污染,共同助力构建理想的信息社会。

1.1.4　我国高校信息素养培育状况

随着社会信息化程度的不断提升,人们对信息素养的重视程度不断提升,各大高校、企业、中学甚至小学都加强了信息素养的培养,与信息素养相关的文献、教材、慕课等纷纷出现,文献《"双一流"高校图书馆信息素养教育现状调查与分析》[3]《基于中国大学 MOOC 平台的信息素养课程调查分析》[4]《高校图书馆混合信息素养教育现状及发展对策研究——基于 42 所"双一流"建设高校图书馆的调研》[5]从不同角度展示了信息素养的开展情况。表 1-2 是《"双一流"高校图书馆信息素养教育现状调查与分析》中列出的截至 2020 年 4 月"双一流"高校信息素养教育的开设情况。

表 1-2　42 所"双一流"高校信息素养教育现状

学校名称	信息素养教育栏目	信息素养教育形式	信息素养教育内容
北京大学	学习支持	1 小时讲座、读书讲座	图书馆资源与服务全景扫描等新手上路;三大中文期刊数据库的检索与利用等解锁数据库;如何利用 WOS 洞悉学科热点等沉迷学术;Excel 使用技巧之数据透视软件达人等系列专题讲座;组织读书讲座、大雅讲堂、电影讲座、音乐欣赏等多种人文素养讲座

续表

学校名称	信息素养教育栏目	信息素养教育形式	信息素养教育内容
中国人民大学	教学/培训	讲座、新生入馆培训、文献信息检索课、研究生教育	有关各类信息资源与服务利用的专场讲座；每学年在新生入校时会集中举办新生入馆培训；人文社会科学信息检索课；中国人民大学图书馆于1994年起开始招收图书馆学专业硕士研究生
清华大学	教学与培训	课程教学、培训讲座、微视频教程、面向新生和新入校教师的参观导引活动	系列课程有"文献检索与利用""图书馆概论""文献检索与工具书利用""信息资源获取与专题应用"等8门；专题系列讲座有"信息·资源·研究"、讲座视频；各类微视频教程，内容涉及检索基础、常用资源、实操案例和工具软件等；《清华大学图书馆读者手册》、新生"常见问题"以及组织新生和教师集中参观图书馆
北京航空航天大学	读者培训	讲座、文献信息检索课、上门培训	数据库培训讲座PPT汇总、每年春秋两个学期的图书馆信息、资源、利用专题培训、SciFinder网络培训等；面向新生的《图书馆利用》公选课；上门"教师研究生专场"培训
北京理工大学	教学科研	研究生教学、本科生教学、图书情报与档案管理一级学科	研究生与本科生均开设"信息检索"课程，每年小学期开课；图书情报与档案管理一级学科硕士研究生开设"情报学理论与方法""数字图书馆技术与实践""信息管理与信息法律"等课程
中国农业大学	教学培训	新生专栏、本科生教学、研究生教学、专题讲座、培训预约、在线课程、远程教育	《晓图》新生入馆培训数据库；文献检索以课堂讲授和检索实习为主要教学形式；"电子资源检索与利用""知识产权保护与利用""人文社科电子资源的检索与利用"公选课；各类数据库使用方法与技巧等预约培训；Web of Science—2020春在线大讲堂、ProQuest网络培训等；本科毕业论文的规范写作
北京师范大学	信息素养	微课程、讲座、预约专场、新生培训、公共选修课教学、专家讲座	新生培训、本科生的通识公选课、研究生的研究方法课、常规化举办的《信息素养》专题系列讲座、院系专场、嵌入式课程以及其他个性化定制讲座
中央民族大学	读者服务	新生专栏、信息素养	图书馆利用、数据库使用等新生教育综合讲座培训课件；中外文数据库使用方法、培训课件、馆员培训课件等
南开大学	信息素养教育	培训课件、通识选修课程资源	EI检索方法与应用、SPSS进阶学习与研究成果撰写等；教学选修"名家读经典"课程、NoteExpress科研管理工具的使用方法、中外专利信息检索与利用

续表

学校名称	信息素养教育栏目	信息素养教育形式	信息素养教育内容
天津大学	教学培训	培训园地、教学选修	资源与服务、数据库检索与利用、中外文专利、文献管理工具等系列专题培训；固定或按需开展定制化培训；"网络信息检索""知识产权与专利情报""科技文献检索与利用"等本科生公选课；"信息检索与分析""专利实务与专利情报分析"等研究生公选课
大连理工大学	读者培训	主题培训、讲座、研讨会	检索、投稿、写作、职业发展、标准等常规主题培训；专场系列讲座、IEEE Fellow 云会面、前沿技术网络研讨会等
吉林大学	教学与培训	用户培训、文检课教学	Web of Science、EBSCO 等专业数据库远程网络在线培训；每年春秋两个学期"信息素养教育课堂"，如 2019 年秋季安排 EndNote＋Xmind 助力文献管理，"数据库及 SQL 语言简介"等 40 讲；培训课件下载
哈尔滨工业大学	服务	教学与培训、新生服务	本科生文献检索教学、文献检索教学辅助系统、CADAL 数字资源介绍与利用等 2019 年春季学期数据库培训；"入馆教育"平台，以情景讲解和互动小游戏等形式了解图书馆、学习书刊检索和获取方法
复旦大学	培训讲座	日常培训、在线培训、新生教育培训、预约培训	2020 春季学期培训包括复旦大学毕业论文引注规范等；Web of Science 在线大讲堂等；新生教育培训 PPT；学科服务预约：专场培训、专业课培训、单独咨询、现场服务
同济大学	读者服务	信息素养、新生指南	"科技文献检索与利用"通识课、医学"文献检索"必修课、综合"信息检索"选修课，Medical Information Retrieval and Application 等学分课程、微课程、2019 秋季研究生"论文开题"系列讲座；图书馆知识与信息素养水平测试、图书馆参观导览、研究生入学讲座、闯关游戏中掌握图书馆应知应会的知识要点、新生专题书架等新生教育活动
上海交通大学	讲座培训	滚动培训、新生培训、专题培训、嵌入教学培训、英文讲座、信息专员培训、专利学堂	"新生入馆教育——如何利用图书馆"专题培训；2019—2020 学年第一学期有《学术论文写作与核心期刊投稿指南》等 23 讲；量身订制嵌入院系专业课程的信息素养教学；面向留学生新生、外籍新教师个性化订制信息素养系列英文讲座与专题培训；以培训、沙龙、实体和虚拟服务平台相结合的形式宣传知识产权知识

续表

学校名称	信息素养 教育栏目	信息素养 教育形式	信息素养教育内容
华东师范大学	培训与课件	讲座、培训、教学课程	信息素养知识、图书馆探宝秘籍、查询系统等信息素养系列讲座；文献调研与信息检索、Web of Science、EBSCO 等在线培训；本科生课程有"人文社科信息素养"（分文理科）等，"论文与技术报告写作"（软件学院），研究生课程为"文献调研的策略与方法"（分文理班）
南京大学	学习 & 研究支持	讲座和培训学习资料	2019 年知识讲座包括快速获取学术信息的途径——图书馆电子资源的检索与利用等20 讲
东南大学	学习支持	新生专栏、信息素养讲座、论文写作指导	图书馆向每年入学的新生展示图书馆服务；以培训周和周三常规讲座为主，结合学科服务情况，开展并扩展与需求适应的学科专题讲座，重点围绕新生季、开题季两个主题开展院系专题培训；通过培训周及周三常规讲座开展课程论文、期刊论文、毕业论文等写作培训和咨询
浙江大学	用户教育	讲座、课程、新生空间	每学期定期推出信息素养系列讲座"求真 1 小时"；面向研究生开设"实用信息检索"选修课；新生使用图书馆指南、新生常见问题、OPAC 使用指南等
中国科学技术大学	讲座培训	新生培训、Web of Science 在线大讲堂、信息检索教学、系列专题讲座、知识创新服务、在线培训	"新生培训专栏"培训如利用图书馆资源助力科研、图书馆实战密码等；2020 年度春季课程：科研人员专场有"Web of Science，让您的科研快人一步"等课程；"电子信息检索"（本科生、研究生）、"文献管理与信息分析"（研究生）；2008—2015 年举办如"提升国际视野"安徽省高校研究生信息素养夏令营等系列报告、研讨会；ProQuest 网络培训课程、IEEE Xplore MOOC 课程、Springer Nature 科研发表在线大讲堂等
厦门大学	咨询与培训	新生入馆教育、文献信息检索课、讲座	针对新生进行有关图书馆资源分布情况、使用方法等方面的培训；面向全校开设"网络信息检索"选修课；每月均有各类培训讲座，如利用图书馆各种资源的方法、工具、技能，或以院、系为单位联系集体专场，或不定期安排数据库专家专场讲座
山东大学	教学与培训	读者培训、教学课程、信息素养资源、科研素养能力	预约培训、专题培训、课件下载；"文献检索""信息检索"（本科生），"文献获取与利用十讲""医学文献检索"（研究生）课程；Derwent Innovation 专利检索与分析、InCites / ESI / JCR 科研绩效与指标系列课程等

续表

学校名称	信息素养教育栏目	信息素养教育形式	信息素养教育内容
中国海洋大学	教学服务	教学教参、检索课、读者培训、新生专栏	"信息检索"(研究生)、"文献检索"(本科生)等课程;"1 小时专题讲座""教师查新培训""研究生入学培训"等讲座;图书馆教学片
武汉大学	教学培训	培训讲座、课程教学、新生培训、网络培训、小布微课	90 分钟专题讲座、嵌入式教学、专场讲座、预约专题讲座、数据库在线课堂;"计算机信息检索与利用""网络信息检索与利用"等课程;"新生入馆教育""新生专栏"等;EBSCO 数据库等在线培训;信息素养、资源查找与利用等
华中科技大学	教学与培训	培训与讲座、信息检索教学、在线课堂、新生入馆教育、数据库使用指南	Photoshop 入门及常用技巧介绍等讲座;全校各学科选修课程"信息检索";NoteExpress 文献管理与论文写作线上培训等;带领新生参观图书馆,或举办文献(含印刷型和电子版)检索与借阅方法的培训讲座;Web of Science 在科研中的应用等
中南大学	融入图书馆	培训园地、入馆教育	Emerald 资源使用与投稿交流等讲座;介绍图书馆的服务项目及规章制度,带领新生参观图书馆,或举办文献检索与借阅方法的培训讲座
中山大学	读者培训	专题讲座,本、硕、博新生入学培训和图书馆导引	图书馆资源与服务、理工科资源与检索工具、数据库综合利用等相关资源获取与利用讲座;提供多语种服务(含英语、法语),现场带领参观图书馆
华南理工大学	讲座与活动	专题培训、1 小时讲座	2019 年图书馆数据库冬季培训,如"书山有路知网为径——CNKI 数字图书馆培训"等;专利申请基础知识等;2019 年 6 月开始"1 小时讲座"系列培训
四川大学	教学与培训	1 小时讲座、信息检索与利用、嵌入式教学、微视频	2020 年春夏季专题讲座,如"挖掘学习、研究的宝库——如何利用图书馆"等;"信息检索与利用"按学科分为理工类、文史类和医学类,"信息检索"专门针对吴玉章学院学生开设;每月推出一期文献数据库的微视频,介绍各类文献数据库的核心功能、主要特点和使用技巧
电子科技大学	服务	学科服务、知识产权信息服务、新生专栏	科研信息能力培训,包括每年春秋两个学期学术系列讲座,分为资源获取、科研助力两部分,还有日常活动和讲座专场;知识产权教育与培训;小图带您畅游八角斋,图书馆宣传片

续表

学校名称	信息素养教育栏目	信息素养教育形式	信息素养教育内容
重庆大学	读者管理与培训	读者信息素养讲座	主要有新生入馆培训（本科生、研究生）、专题讲座、"文献检索与利用"公共课等多种形式，培训对象涵盖本科生、研究生、留学生、青年教师、科研团队等
西安交通大学	教学与培训	系列讲座与培训、新生入馆研究、网络培训	资源与服务导览、中外专利信息检索与分析等；每年9月举办新生入馆教育，培训内容有图书馆概况、图书分类法、馆藏分布、服务项目和OPAC使用等基础知识；Web of Science在线大讲堂、IEEE Xplore网络培训课程、EBSCO数据库在线培训、ProQuest在线培训、Springer Nature在线培训
西北工业大学	教学与培训	信息检索教学、用户培训	本科生的公共选修课"计算机信息检索"；数字文献资源检索培训讲座，如"从一本书的旅程探秘图书馆纸质资源建设工作及特色服务"等、数字文献资源学科专场讲座、培训课件
兰州大学	信息素养教育	通识课教育、1小时讲座、新生培训、走入学院、信息素养大赛	"计算机文献检索"和"网络信息检索与利用"课程；数据库检索与利用、信息检索与利用技术等1小时讲座；每年根据院系需求举办"新生入馆教育——如何利用图书馆"专题培训；根据院系需要开设专题培训，如艺术类文献资源介绍和利用等；兰州大学信息素养大赛
国防科技大学	教学与培训	1小时讲座、IEL网络课堂、SCI在线大讲堂、新一代InCites平台培训、信息检索课、专场讲座	ACS投稿写作与同行评议等1小时讲座；SCI的前世今生及常用指标辨析等Web of Science在线大讲堂；IEEE数据库检索技巧详解等IEEE数据库网络课堂；新一代的InCites平台包含InCites、JCR、ESI数据库培训课件；"信息检索"课程；学科专场讲座，如基于SCI数据库的论文写作与投稿等、数据库商举办的专场培训
东北大学	服务	新生入馆指南、文献检索课、讲座培训	东小图导览视频；本科生公选课"信息检索与利用"；2018年开始开展"每周一讲"系列讲座、2018Springer Nature用户在线培训、Emerald资源使用与投稿交流、NoteExpress文献管理与论文写作讲座等
郑州大学	服务	入馆教育	图书馆新生入学教育系统（中英文版），了解、掌握图书馆资源的利用方法，通过知识闯关测试成绩合格后方可自行开通"校园一卡通"的"图书借阅"权限

续表

学校名称	信息素养教育栏目	信息素养教育形式	信息素养教育内容
湖南大学	教学与培训	入馆教育、培训与讲座、预约培训	通过知识闯关线上小游戏的形式进行本科新生培训；每年春秋两季学期系列讲座，如2019年秋季学期系列讲座《科技为先，助力科研——IOP出版社论文投稿讲座》等；面向全校师生开展各种培训与讲座，可承接预约讲座
云南大学	教学与讲座	课程教学、培训讲座	研究生开设必修课"文献信息检索"；"金钥匙"讲坛、面向各院系开设专门为相关专业定制的专题培训讲座、面向新生和新入校教师的培训导引活动
西北农林科技大学	读者培训	入馆教育、信息素质教育	图书馆宣传册、图书馆新生入馆教育系统、入馆教育专题报告等；面向全校本科生和研究生开设的"文献检索与利用"课程
新疆大学	读者服务	新生入馆教育、读者教育园地	图书馆读者教育系统；Science Direct 电子期刊数据库培训、学位论文提交培训讲座等

由表 1-2 可以看出，目前我国信息素养教育的普及率较高，教育形式多样，信息素养教育内容整体丰富，但信息素养教育的名称、组织结构有待完善，且缺少前瞻性和深入性的研究。

图 1-1 和图 1-2 是《基于中国大学 MOOC 平台的信息素养课程调查分析》展示的截至2020 年 12 月线上信息素养相关课程的开设情况。

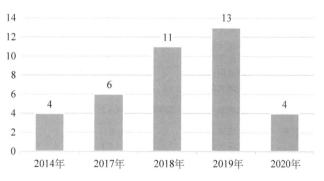

图 1-1　38 门信息素养慕课课程的首开时间

《基于中国大学 MOOC 平台的信息素养课程调查分析》中指出，MOOC 中的信息素养教育存在的问题有：课程及学习规模不足、课程与学科融合不紧密、课程制作质量参差不齐、信息意识和信息道德教育内容缺失、课程改进与更新不及时。

由图 1-3 可知，线下信息素养教育仍然是高校图书馆普遍采用的模式，线下信息素养教育的开展途径主要包括文献检索课、培训讲座、新生入馆教育及嵌入式信息素养教育。嵌入式信息素养教育是 21 世纪初期开始引入的一种信息素养培养模式，注重将信息素养教育内容与专业课程及通识课程的教学有机对接融合，突出对信息检索、信息知识获取及信息伦理

序号	课程名称	开课机构	首开时间	授课周期	开课次数	学习人数	评论条数	评分	教师数	是否精品课程
1	计算思维与信息素养	河北地质大学	2018.9.18	2	5	14354	553	4.8	15	否
2	信息素养：开启学术研究之门	华南师范大学	2018.9.10	3	5	20277	101	4.7	3	否
3	信息素养通识教程：数字化生存的必修课	中山大学	2017.9.15	4	7	48361	1098	4.8	4	是
4	医学计算机与信息素养	南阳医学高等专科学校	2019.11.6	3	3	20288	1957	4.8	18	否
5	信息素养：效率提升与终身学习的新引擎	四川师范大学	2017.9.10	3	7	129161	2178	4.8	5	是
6	信息素养——互联网+时代的学习与生活	滁州学院	2020.9.10	3	2	4445	140	4.6	3	否
7	信息素养与实践——给你一双学术慧眼	武汉大学	2018.12.17	4	5	23836	860	4.8	1	是
8	大学生计算与信息化素养	北京林业大学	2019.11.12	4	3	7595	134	4.7	7	否
9	大学生信息素养教育——大学先修课	洛阳理工学院	2019.1.4	3	3	1530	5	0	1	否
10	信息安全素养——移动终端安全	职教MOOC建设委员会	2017.3.15	3	8	21281	52	4.5	5	否
11	信息安全素养——计算机安全	职教MOOC建设委员会	2017.3.15	3	8	17268	59	3.5	4	否
12	数字化教师信息技术素养	华中师范大学	2018.3.1	4	6	15312	369	4.7	1	否
13	"互联网+"时代教师信息化教学素养	河南师范大学	2019.3.20	2	4	9504	538	4.7	5	否
14	信息检索	西南交通大学	2020.9.15	4	1	5515	75	4.8	7	否
15	科技文献检索与应用	河南城建学院	2019.10.20	3	3	8609	128	4.6	3	否
16	计算机应用基础	长沙航空职业技术学院	2019.6.5	3	5	19565	1108	4.7	11	否
17	大学计算机基础	河西学院	2018.9.10	4	5	53537	1467	4.7	23	是
18	文献检索	华东理工大学	2018.3.5	3	7	85572	513	4.6	19	否
19	信息检索	武汉大学	2014.9.1	4	13	220993	2933	4.7	1	是
20	信息技术教育	首都师范大学	2018.9.25	4	4	6520	64	4.8	2	否
21	大学计算机基础	中原工学院	2017.5.3	3	7	32851	556	4.7	19	否
22	信息技术及教育应用	郑州大学	2017.9.6	5	8	14560	747	4.8	4	是
23	大学计算机——计算思维的视角	山东大学	2014.12.1	3	13	53686	269	4.7	1	是
24	大学计算机	青岛大学	2020.2.24	4	1	1143	1		2	否
25	文献信息检索	福建中医药大学	2019.5.16	3	3	15330	351	4.6	4	否
26	信息检索与利用	江南大学	2019.11.5	3	5	12773	168	4.7	3	否
27	互联网学术信息检索	南京财经大学	2019.11.30	2	6	4670	19	4.6	5	否
28	知识产权信息检索与利用	湘潭大学	2019.9.16	3	3	5480	26	4.8	3	否
29	文献信息检索与利用——让你成为行走的搜索引擎	成都航空职业技术学院	2018.4.2	4	7	23378	290	4.8	4	否
30	生物医学文献与网络资源	中国医科大学	2020.9.11	4	1	1578	42	4.9	4	否
31	信息管理学基础	武汉大学	2014.9.1	4	8	55379	153	4.8	6	是
32	信息技术基础	湖南铁道职业技术学院	2018.11.5	3	5	16544	1172	4.9	6	否
33	文献检索与论文写作	西北工业大学	2019.9.1	3	3	61089	299	4.7	3	否
34	教育文献的检索与分析	陕西师范大学	2019.5.8	2	6	22261	383	4.8	3	否
35	文献管理与信息分析	中国科学院大学	2014.2.27	4	13	236230	2896	4.9	1	是
36	文献检索	南京中医药大学	2019.10.9	3	3	10321	172	4.7	3	否
37	文档处理与信息检索	南京信息职业技术学院	2018.11.22	3	5	15254	3471	4.7	8	否
38	相约图书馆	华北电力大学	2018.11.1	3	5	10396	541	4.8	4	否

图 1-2　信息素养课程概况

等综合信息素养测评同专业课程测评的同步考核,强化实现教学"双目标"任务。目前,我国高校图书馆的嵌入式信息素养教育包括两种,第一种是以讲座形式嵌入专业课程,通过量身订制嵌入院系专业课程的信息素养教学(一次性嵌入),教学内容包括专业信息资源检索技巧、

序号	高校名称	栏目名称	线下信息素养教育			在线信息素养教育			
			新生入馆教育	文献检索课	培训讲座	新生入馆教育	文献检索课	培训讲座	微课程
1	北京大学	教学与培训	√	√	√	√	√	√	A
2	清华大学	教学与培训	√	√	√	√	√	√	A
3	北京师范大学	信息素养	√	√	√	√	–	√	C
4	中国农业大学	教学培训	–	√	√	√	–	√	–
5	北京理工大学	教学科研	√	√	√	√	–	√	A
6	中国人民大学	教学/培训	√	√	√	√	√	√	A
7	中央民族大学	信息素养	√	–	√	√	–	√	B
8	北京航天航空大学	*	–	–	√	–	–	√	
9	上海交通大学	教学支持	√	√	√	√	√	√	A
10	同济大学	信息素养	√	√	√	√	–	√	A
11	复旦大学	教学支持	√	√	√	√	–	√	B
12	华东师范大学	教学支持	√	√	√	√	–	√	C
13	南京大学	学习&研究支持	√	√	√	√	–	√	B
14	东南大学	教学支持	–	–	√	√	–	√	A
15	浙江大学	用户培训	–	√	√	√	–	√	A
16	山东大学	教学与培训	√	√	√	√	–	√	C
17	中国海洋大学	教学服务		√	√	√	–	√	A
18	武汉大学	教学培训	√	√	√	√	–	√	C
19	华中科技大学	教学与培训	√	√	√	√	–	√	B
20	中南大学	*	–	–	√	√	–	√	B
21	湖南大学	教学与培训	–	–	√	√	–	√	–
22	国防科技大学	教学支持	√	√	√	√	–	√	A
23	中国科技大学	讲座培训	√	√	√	√	√	√	A
24	吉林大学	教学与培训	–	√	√	√	√	√	B
25	天津大学	服务	–	√	√	√	–	√	B
26	南开大学	用户教育	–	√	√	√	–	√	A
27	电子科技大学	*	√	√	√	√	√	√	–
28	四川大学	教学与培训	√	√	√	√	–	√	A
29	华南理工大学	*	√	√	√	–	–	√	A
30	兰州大学	信息素养教育	√	√	√	√	–	√	A
31	西北工业大学	教学与培训	–	√	√	√	–	√	C
32	哈尔滨工业大学	教学培训	√	√	√	√	–	√	–
33	重庆大学	信息素养教育平台	√	√	√	√	–	√	–
34	大连理工大学	读者培训	√	–	√		–	√	B
35	中山大学	读者培训	√	–	√		–	√	B
36	西北农林科技大学	信息素质教育	√	√	√	√	–	√	B
37	东北大学	*	–	–	√	√	–	√	B
38	厦门大学	咨询与培训	√	√	√	√	–	√	A
39	西安交通大学	教学与培训	√	√	√	√	–	√	A
40	郑州大学	教学培训	–	√	√	√	–	√	B
41	云南大学	讲座与教学	√	√	√	√	–	√	B
42	新疆大学	读者教育园地	–	–	√	√	–	√	B

图 1-3　"双一流"高校信息素养培育情况

专业信息资源评价与利用、开题前的文献调研策略、学术热点与前沿追踪、科研工具使用方法、学术论文写作与投稿、学术道德与学术规范等多个主题;第二种是图书馆与学院联合开设文献检索课(全过程嵌入),如上海交通大学图书馆开设了2门院系合作课程"药物信息检索与利用""文献检索与解读",四川大学图书馆与历史文化学院、法学院及文学与新闻学院等6个学院合作,在7门课程中开展了信息素养嵌入式教学。

在线信息素养教育是随着互联网、新媒体等兴起而逐渐开展的,在线信息素养教育的开展途径包括新生入馆教育、文献检索课、微课程、培训讲座。

《高校图书馆混合信息素养教育现状及发展对策研究——基于42所"双一流"建设高校图书馆的调研》指出,高校图书馆混合信息素养教育存在的问题主要有:信息素养教育平台建设未得到高校图书馆重视;混合信息素养教育在高校图书馆推进比较缓慢;在线信息素养教育尚未引领混合信息素养教育。

1.1.5　我国高校信息素养提升举措

线下教学和线上教学各自具有其独特的优势,随着社会信息技术水平的不断提升,信息技术使用越来越普及,实现线上和线下相融合的混合式信息素养教学,充分发挥两者优势,是实现信息素养提升的有效手段。文献《高校图书馆混合信息素养教育现状及发展对策研究——基于42所"双一流"建设高校图书馆的调研》也给出了提升混合式教育的举措,具体如下。

1. 构建混合信息素养教育服务模式,全面服务于高校教育

传统的线下信息素养教育以精准教育为主,可以对有需求的学生进行小班化教育,培训内容针对性强,嵌入式教学优势凸显;创新的线上信息素养教育以通识教育为主,可以实现学生随时随地进行信息素养能力提升学习,而不再受时间空间等限制。将"线下+线上"两种模式相结合构建高校图书馆混合信息素养教育服务模式,分为两个模块:线下信息素养教育模块(新生入馆教育A、文献检索课A及培训讲座A)、在线信息素养教育模块(新生入馆教育B、文献检索课B、培训讲座B及微课程)。新生入馆教育作为信息素养教育的第一课堂至关重要,以建立信息素养教育平台(或微服务平台)为重要途径,线下培训、线下参观等活动为辅助途径,构建全面的新生入馆教育模式;文献检索课作为信息素养教育通识教育课程不可放弃,除通过自建或引入慕课扩大受教育范围外,开展嵌入式教学还可增强学生的自学能力、知识更新能力、科研能力和创新能力;培训讲座作为信息素养教育延伸途径可以面向不同对象,同步开展线下培训讲座(在线)将使更多学生受益,也是最受欢迎的一种形式;微课程可以在信息素养教育的每个途径中使用,可以作为信息素养教育的重要辅助形式,通过图书馆网站建立微视频库服务于信息素养教育;通过微信公众号推送微课程(微视频、微图文)供学生移动学习。

传统的线下信息素养教育仍然是混合信息素养教育的重要分支,线下信息素养教育的3种传统方式需要继续运用,嵌入课程的线下信息素养教育则作为一种创新补充。创新的在线信息素养教育成为混合信息素养教育的特色部分,可以在一定程度上弥补线下信息教育的不足,在线信息素养教育的创新点包括自建慕课、自办在线讲座及录制微视频等。

信息素养教育媒体可服务于混合信息素养教育(线下信息素养教育、在线信息素养教育)，信息素养教育媒体包括图书馆网站、微信公众号、QQ 群(微信群)及学习通等，图书馆网站可用于信息素养教育平台的建设，包括新生入馆教育内容、文献检索课内容、培训讲座内容及微视频库等；微信公众号可用于信息素养教育微服务平台的建设，包括新生入馆教育内容、微视频库等，同时，微信公众号可以推送与信息素养教育有关的内容，有条件的高校图书馆可以申请专门用于信息素养教育的微信公众号；QQ 群(微信群)可以与一部分有信息素养提升需求的学生建立长期联系，当有学生提出有关信息素养方面的问题时，相关服务人员可以及时解答，可以将微信公众号中与提问有关的微课程推送到群里供学生学习。

2. 组建信息素养教育团队，培养馆员"线上＋线下"教学能力

混合信息素养教育需要一支具备"线上＋线下"教学能力的馆员队伍，有条件的高校图书馆很有必要组建信息素养教育团队，该团队成员必须具备综合信息素养，包括能够开展嵌入式教学，能够参与文献检索课慕课课程制作，能够参与在线培训讲座并成为主讲，能够参与微视频的制作和录制，能够熟练使用各种新媒体等。除此之外，信息素养教育教学人员还必须根据当前学生需求增加信息素养教育内容，如数据素养、科研素养及知识产权信息素养等。

3. 建设在线信息素养教育平台，打造"一站式"在线学习平台

建设基于图书馆网站的在线信息素养教育平台，平台服务内容包括：新生入馆教育服务(游戏闯关、在线视频及在线测试等)、文献检索课服务(课程介绍、在线选课、在线视频及在线测试等)、直播讲座、微视频及信息素养能力大赛(测试)等，同步建设基于微信公众号的信息素养教育微服务平台，打造"一站式"在线学习平台，并实现无障碍移动学习目标。

4. 打造信息素养教育空间，为提升信息素养能力提供空间支持

众所周知，信息素养教育是一个长期的过程，要利用高校图书馆的先天优势打造信息素养教育空间，为提升学生信息素养能力提供空间支持。信息素养教育空间可以是学习共享空间的延伸，可配备专业的学习设备和信息素养教育教学人员值班，学生可以在信息素养教育空间得到信息素养技能提升帮助，空间功能包括培训讲座、学习交流及竞赛活动等。如果所在高校有大量国际留学生，这些高校图书馆可以在信息素养教育空间增加全英文服务人员，相关设备也需要提供同步英文服务(如计算机操作系统增加英文版本)，信息素养教育空间可以在提升国际留学生信息素养能力方面提供支持。

5. 建立信息素养教育成效评价体系，保证信息素养教育的成效

为了更好地评估信息素养教育效果，应结合本校学科资源特色建立信息素养教育成效评价体系，让每位学生通过测评了解自身的信息素养水平，并根据当前信息素养水平选择信息素养能力提升途径，高校图书馆也可以根据学生信息素养情况调整信息素养教育内容。

高校图书馆还应积极举办展示学生信息素养能力的竞赛。虽然许多高校图书馆举办了信息素养方面的竞赛，但这些竞赛主要由数据库商举办(如"万方杯""知网杯"等)，其竞赛内容存在一定局限性，高校图书馆应举办具有本校特点的信息素养竞赛，竞赛内容可来自新生

入馆教育、文献检索课、培训讲座及微课程,并在竞赛期间举办一系列培训讲座,通过竞赛可以促进学生积极参加信息素养教育活动,保证信息素养教育的效果。

1.2 基础概念

1.2.1 基本概念

1. 数据

数据(Data)是事实或观察的结果,是对客观事物的逻辑归纳,是用于表示客观事物未经加工的原始素材。

数据常常使用约定俗成的关键词对客观事物的数量、属性、位置及其相互关系进行抽象表示,以适合在某领域中用人工或自然的方式进行保存、传递和处理。如人们经常说"水的温度是 100℃,礼物的重量是 500 克,木头的长度是 2 米,大楼的高度是 100 层"。通过水、温度、100℃、礼物、重量、500 克、木头、长度、2 米、大楼、高度、100 层这些关键词,人们的大脑里就形成了对客观世界的印象。这些约定俗成的字符或关键词就构成了数据基础,关键词必须是人们约定俗成的,这就表示不同阶层、不同宗教、不同国家的人对于关键词的约定必然会有差异。

由此可以推导出数据其实也具有一个使用范围。不同领域的人在描述同一事物时会出现不同的数据。例如,中国人会称每个星期的最后一天为"星期天",而美国人会将这一天叫作"Sunday",基督教教徒会称这一天为"礼拜天"。数据的有范围性导致由此建立的信息世界和知识世界在不同国家、不同宗教、不同阶层中会产生差异。认识到数据的有范围性,可以帮助我们意识到对一个领域进行知识管理时,首先要统一关键词或数据的约定。

在计算机科学中,数据是指所有能输入计算机并被计算机程序处理的符号的总称,是用于输入电子计算机进行处理,具有一定意义的数字、字母、符号和模拟量等的通称。计算机存储和处理的对象十分广泛,表示这些对象的数据也随之变得越来越复杂。

2. 信息

C.E.Shannon 和 W.Weaver 在 *The Mathematical Theory of Communication* 中首先提出了"信息"这一概念,他们从通信工程、计算机和电信的角度出发,将一个消息中携带的信息量的大小用比特(bit)度量。

由于信息本身的复杂性和其尚未完全被认识,因此信息的定义也在不断扩展和完善。通常,人们会根据其从事的研究领域给出不同的见解,从不同学科方向出发就会具有不同的观点。

(1)哲学家认为,信息是人类认识世界的依据。

(2)数学家认为,信息是一种概率。

(3)物理学家认为,信息是"熵"。

(4)通信学家认为,信息是"不定度"的描述。

（5）图书信息领域的专家认为，信息是可以各种形式传播、记录、出版及发行的观念、事实及论著。

我国《辞海》对信息的释义为：音讯，消息；通信系统传输和处理的对象，泛指消息和信号的具体内容和意义。美国《韦氏字典》对信息释义为：接收由他人传来的知识，这些知识是由他们通过调研和学习获得的；在特定的时间或状况下，如消息、新闻、通知中获得的知识；用来传播的事实和数据。

信息普遍存在于自然界、人类社会和思维领域，像材料、能源一样，是一种非常重要的资源。作为一种资源，信息也被人们称为信息资源（Information Resource，IR）。信息资源的研究主要涉及内容和形式两方面。信息资源的内容由自然界与人类活动的事实构成，也包括人类对它们的认识和创造；信息资源的物理形式是信息资源的载体记录和媒体传播途径，信息资源的内容通过信息资源的物理形式进行传播和利用。

3. 知识

对知识（Knowledge）的定义一般是从哲学的角度做出的。如《辞海》解释为"知识是人类认识的成果和结晶，包括经验知识和理论知识""知识借助于一定的语言形式，或物化为某种劳动产品的形式，可以交流和传递给下一代，成为人类共同的精神财富。"《中国大百科全书》则将知识解释为"所谓知识，就它反映的内容而言，是客观事物的属性与联系的反映，是客观世界在人脑中的主观映像。就它反映的活动形式而言，有时表现为主体对事物的感性知觉或表象，属于感性知识，有时表现为关于事物的概念或规律，属于理性知识。"

随着对知识内涵认识的加深，人类也从不同角度对知识进行了分类。德国哲学家马克斯·舍勒（Max Scheler）将知识划分为应用知识、学术知识和精神知识 3 大类；在此基础上，美籍著名经济学家弗里兹·马克卢普（Fritz Machlup）按照认识者的主观解释分析知识的种类，认为知识包括实用知识、学术知识、闲谈和消遣知识、精神知识和不需要的知识 5 方面；按照经济合作与发展组织（Organization of Economic Cooperation and Development，OECD）的《以知识为基础的经济》报告，知识可以划分为事实知识（Know-what）、原理知识（Know-why）、技能知识（Know-how）和人的知识（Know-who）4 类，这也是目前最具权威性和流行性的一种分类方式。

4. 情报

情报（Intelligence）的概念在不同历史时期有着不同的含义。早期，人们认为情报是战时关于敌情的报告；20 世纪 70 年代，人们认为情报是意志、决策、部署、规划、行动所需的能指引方向的知识和智慧；20 世纪 80 年代，人们认为情报是获得的他方有关情况以及对其分析研究的结果。

综上所述，可以看出，情报的定义大多与知识或信息有关，而且无论情报的内容与形式如何变化，其共同之处在于，认为情报都是由以下要素构成的。

（1）情报包含知识或信息。情报的本质是知识，知识和信息是构成情报的原料，但并非所有知识和信息都能构成情报，只有经过筛选、加工，为用户所需的新知识或新信息才能成为情报。

（2）情报要经过传递。知识或信息必须经过交流传递，并为用户所接收或利用，才能转化为情报。

（3）情报要经过用户使用并产生效益。情报以实现使用价值为目的，人们创造情报、传递情报的目的在于利用，在于提高其效益性，效益是情报的结果。

基于以上分析，可以将情报定义概括为：情报是人们用来解决特定问题所需的、经过激活过程活化了的、具有使用价值的知识或信息。情报是特定的知识，是知识的一部分。

5. 文献

国家标准《文献著录总则》（GB/T3792.1-83）将文献定义为"记录有知识的一切载体"。这是目前对文献（Document）最简明的定义。《文献情报术语国际标准（草案）》（ISO/DIS52173）中的"文献"是指"在存储、检索、利用或者传递记录信息的过程中，可作为一个单元处理的，在载体内、载体上或依附载体而存储有信息或数据的载体"。《国际标准书目著录（总则）》ISBD（G）将文献定义为"以任何形式出现的，作为标准书目著录的书目文献实体"。

由此可以认为，文献是记录知识的一切载体，即用文字、图形、符号或声频等技术手段记录知识的物质载体，或固化在物质载体上的知识。文献具有 3 个基本属性，即文献的知识性、记录性和物质性，它具有存储知识、传递和交流信息的功能。

载体有两类，一类是通用载体，包括人脑、语言、文字、符号等，另一类是文献载体。随着科技的发展，文献载体已由古代的龟甲、竹简和帛书，到传统的图书、期刊，发展到机读资料、电子出版物、微缩制品等多种形式，各种载体的资料都属于文献的范畴。

6. 信息源

信息资源最早出现于沃罗尔科撰写的《加拿大的信息资源》一书中，是指"人类在社会实践过程中，通过对信息进行获取、筛选、处理、传输并存储在一定的载体上进行利用而产生的可为人类创造新的物质财富和精神财富的信息集合。"由此可见，信息资源是经过人类筛选、组织、加工并可以获取、能够满足人类需求的各种信息的集合。

信息源是信息的来源，联合国教科文组织 1976 年出版的《文献术语》一书将信息源定义为"个人为满足其信息需要而获得信息的来源，简称信息源。"由此可见，一切产生、生产、存储、加工、传播信息的源泉都可以看作信息源。自然界、人类社会及人类思维活动均可作为获取信息的渠道，其存在范围广、形式多样。信息源中经过人类开发、组织与利用的部分就是信息资源。本书基于此，将两者等同，统一采用"信息源"一词。

信息源覆盖面广，来源丰富，按照不同的分类标准，信息源可以划分为不同的类别。

1）按时间顺序划分

按照信息源与基于信息源发生的社会活动事件的先后关系，可以将信息源划分为先导信息源、即时信息源和滞后信息源。

（1）先导信息源

先导信息源产生于社会活动之前，能够起到预警作用，或为决策提供依据，以减少不确定性风险。常见的先导信息源有天气预报、台风预警、股市展望等。

（2）即时信息源

即时信息源也称为实时信息源，是在社会活动中产生的信息。常见的即时信息源有实验记录、产品测试报告、股市行情等。

（3）滞后信息源

滞后信息源是在某一社会活动完成之后产生的反映这一活动的信息源。常见的滞后信息源有报刊、科技报告、会议论文等。

2）按传播形式划分

按照信息传播形式的不同，信息源可以分为口头信息源、实物信息源和文献信息源。

（1）口头信息源

口头信息源是以人为载体，通过语言、身体等信息交流符号进行创造和传播，并能被他人识别的信息源。口头信息源具有及时性、新颖性、强化感知性、主观随意性和瞬时性等特点。

（2）实物信息源

实物信息源是具体的观察对象在运动过程中直接产生的有关信息。依据实物的人工与天然特性，实物信息源又可分为以自然物质为载体的天然实物信息源（如年轮）和以人工实物为载体的人工实物信息源（学术讨论会、展览会等）。实物信息源具有直观性、真实性、隐蔽性和零散性。

7. 文献信息源

文献信息源是指采用文字、符号、图像、音视频等技术手段，将知识、信息记录在纸张、胶片、磁带、光盘等物质载体上而形成的一类信息源。文献信息源具有系统性、稳定性、易用性、可控性、滞后性和可传播性的特点。文献信息源是现代社会最常用、最重要的信息源，是信息搜集、存储、检索和利用的主要对象，是进行信息检索和文献管理时的核心来源，是进行科学研究时最重要的信息类别，不同类型的文献记载的信息内容各有侧重，因此，了解文献信息源的级别、类型、特点等知识，不仅有助于加深对文献内涵及其特征的认识，也有助于文献检索和获取。

从不同的角度看文献信息源，可以将文献信息源分为不同的类型，常见的分类方式有以下 3 种。

1）按载体类型划分

文献信息源常以文献信息源的载体形式进行划分。按照信息源载体的不同，可以将文献信息源分为印刷型文献信息源、缩微型文献信息源、声像型文献信息源和电子型文献信息源。

（1）印刷型文献信息源

印刷型文献信息源以纸介质为载体，是以手写或印刷技术为记录手段而形成的文献形式，它具有用途广，便于阅读、流传和收藏的优点，缺点在于信息存储密度小、体积大、占用存储空间、不易长期保存。印刷型文献是手工信息检索的主要对象。

（2）缩微型文献信息源

缩微型文献信息源是以感光材料为载体，利用光学技术，以微缩照相作为记录手段，如微缩胶卷、微缩照片等。微缩型文献信息源的优点是体积小、存储密度大、易于保存和远距离传递，缺点是不能直接阅读，必须借助微缩阅读机才能阅读。世界上许多文献信息服务机构都将长期收藏的文献制成微缩品加以保存。

（3）声像型文献信息源

声像型文献信息源又称为视听型或音像型文献信息源,以磁性材料或感光材料作为载体,采用录音、录像、摄影、摄像等手段,如音像磁带、唱片、幻灯片、电影、激光视盘等。声像型文献信息源的特点是直观、生动、易于理解,可以做到闻其声、观其行,适用于记录用文字、符号等难以描述的复杂信息和现象,其缺点是制作成本较高,需要利用专门的设备进行阅读,不易检索或更新。

（4）电子型文献信息源

电子型文献信息源又称为机读型文献信息源,是以数字化的形式,将文字、图像、声音、动画等多种类型的信息存储在非印刷型载体上,形成多种类型的电子出版物,以电信号、光信号的形式传输,并通过计算机、通信设备和其他外部设备再现的一种信息资源。电子型文献存储密度高,存取和传输速度快,易于更新,检索快捷灵活,易于实现自动化,信息共享性好,但必须配备计算机等相应的设备才能阅读和使用。

电子型文献信息源有磁带、磁盘、光盘、电子图书、电子期刊、联机数据库、网络数据库、网络新闻、光盘数据库等多种版本类型,它借助计算机被海量存储,又借助计算机网络被广泛传递,是计算机信息检索的主要对象。

2）按加工程度划分

按照信息加工程度划分,可将文献信息源分为零次文献、一次文献、二次文献和三次文献[6]。

（1）零次文献

零次文献是尚未经系统整理、未形成正式文献的零散资料或最原始的记录,如书信、论文手稿、笔记、实验记录、会议记录等。零次文献的特点是内容新颖,具有原始性,但不成熟、分散,难于获取或检索。

（2）一次文献

一次文献即原始文献,是知识的直接生产者以其最初发现或发明、新理论、新方法、新见解等为内容出版的原始文献。期刊论文、科技报告、会议文献、学术论文、专利文献等都属于一次文献。一次文献内容新颖、详细、具体,是各层次文献中数量最大、种类最多、应用最广、影响最大的文献,也是最主要的文献信息源和检索对象。

（3）二次文献

二次文献指对分散的无组织一次文献进行筛选、分析,对其内容特征和外部特征进行提炼、浓缩、加工、整理,著录其特征(著者、篇名、分类号、出处、文摘等),并按照一定的逻辑顺序和科学体系编制存储,以便于检索利用的系统化文献。二次文献的类型有目录、题录、文摘、索引、新书推荐、各种书目数据库等。二次文献是对一次文献信息进行的报道和检索,其目的是使文献信息流有序化,更易检索和利用。

二次文献主要具有以下特点。

① 高度浓缩性。二次文献是对原始文献内容的浓缩、提炼和整理,与一次文献相比,二次文献的信息含量大。

② 客观准确性。二次文献的生产完全忠于一次文献的内容,不加入任何个人评论和解释,是对一次文献的准确记述和高度提炼。

③ 独立性。二次文献中的每篇文献都是对一篇原始文献的浓缩,可以独立使用。

④ 系统性。二次文献是按照一定的体例序列编排而成的系统文献,它经情报工作者加工,将有关内容汇聚在一起,能够系统地反映某个学科、专业或专题在一定时空范围内的研究成果,为他人提供文献线索。

⑤ 工具性。二次文献不仅是用于报道传递信息的系统,也是便于查找、利用的检索工具,既具有信息传递价值,又具有文献检索功能。

（4）三次文献

三次文献是围绕某个专题,对某一范围内的一次文献和二次文献的内容进行综合分析、系统整理、高度浓缩、评述等深度加工而形成的文献。常见的三次文献有综述、评述、词典、百科全书、年鉴、指南数据库、书目等。三次文献内容综合性强、信息量大,它既是检索的对象,也是检索的工具。

3）按出版形式和内容划分

按文献出版形式和承载内容的不同,可将文献信息源划分为 10 类。

（1）图书

联合国教科文组织对图书的定义为"凡由出版社（商）出版的不包括封面和封底在内的 49 页以上的印刷品,具有特定的书名和著者名,编有国际标准书号,有定价并取得版权保护的出版物称为图书。"图书按其出版形式可以分为单卷书、多卷书、丛书。

1972 年,国际标准组织（International Organization for Standardization,ISO）颁布了国际标准书号（International Standard Book Number,ISBN）编码方案,用于标识包括图书、小册子、印刷出版物的电子版、盲文印刷品等在内的著作。ISBN 编码方案经历了两个版本。2007 年 1 月 1 日前为旧版本的编码方案,即采用 ISBN-10 书号;2007 年 1 月 1 日后,所有新出版的图书等均采用新版编码方案,即采用 ISBN-13 书号。在该编码方案中,ISBN 由 13 位数字组成,分为 5 组,各部分之间用空格或连字符分隔。5 组元素中的 3 组长度可能不一致。

● 前缀部分（Prefix Element）

前缀部分由 3 位数字组成,目前前缀元素为"978"或"979"。

● 注册组织部分（Registration Group Element）

注册组织部分标识了参与 ISBN 系统的特定国家、地理区域或语言区域。该部分的长度可以在 1～5 位数字之间。

● 注册者部分（Registrant Element）

注册者标识特定的出版商或出版者,由各国家或地区的国际标准书号分配中心分配,该部分长度可达 7 位。

● 出版物标识部分（Publication Element）

出版物标识用来表示一个特定出版物,由特定出版社指定,该部分长度可达 6 位。

● 校验码部分（Check Digit）

校验码用来验证 ISBN 中其余部分的合法性。

由于 ISBN 可以唯一标识一个图书资源,为此,人们将其作为检索字段以快速检索目标图书。为了加深读者对于 ISBN 编码的理解,下面以《新一代人工智能与语音识别》图书的 ISBN 编码为示例进行说明（图 1-4）。

《新一代人工智能与语音识别》于 2019 年出版,为此,采用了 ISBN-13 编码方案:978-7-

图 1-4　ISBN 编码示意

302-52384-0。其中,第一部分"987"为前缀编码,第二部分"7"代表中国,第三部分"302"为"清华大学出版社"的出版社编号,第四部分"52384"为该图书的序号,是由出版社为该图书分配的唯一编号,第五部分"0"为校验码,其具体计算方法如下。

第 1 步:将前 12 位数依次乘以 1 和 3,并计算各部分之和。

第 2 步:用第 1 步所求之和除以 10,获得余数。

第 3 步:用 10 减去第 2 步所得余数。

第 4 步:如果第 3 步所得余数为 0,则校验码为 0;否则校验码为 10 减去余数后所得的数字。

则有:$9×1+7×3+8×1+7×3+3×1+0×3+2×1+5×3+2×1+3×3+8×1+4×3+0×1=110$,110 除以 10 的余数为 0,所以该书对应的 ISBN 校验码为 0。

强调:13 位的 ISBN 和 10 位的 ISBN 是相互兼容的。

图书内容比较系统、全面、成熟、可靠,但由于图书的编写时间和出版周期长,因此所能反映的文献信息的时效性较差,对于要获取某一专题较全面、系统的知识,参阅图书是行之有效的方法。建议刚从事某一学科领域研究的学者从阅读图书开始着手科学研究。

（2）连续出版物

国际标准化组织将连续出版物定义为"连续出版物是一种以印刷形式或其他形式逐次刊行的,通常有数字或年月顺序编号的,并打算无限期地连续出版下去的出版物。"广义的连续出版物包括期刊、报纸、杂志三大类,狭义的连续出版物指期刊。

期刊是指有固定名称、版式和连续的编号,定期或不定期出版的连续性出版物。期刊是科技人员进行信息交流的正式、公开而有序的工具,被称为"整个科学史上最成功的无处不在的科学信息载体。"

国际期刊采用国际标准连续出版物编号（International Standard Serial Number,ISSN）进行唯一标识。ISSN 由 8 位数字符号分两组进行表示,两组间通过"-"进行连接,用来标识报纸、期刊、杂志及各种媒体（包括印刷版和电子版）上的连续出版物,如 ISSN 0317-8471、ISSN 1050-124X。ISSN 中,前 7 位为单纯的数字序号,无任何特殊含义,最后一位为计算机校验位,其数值根据前 7 位数字依次以 8～2 进行加权求和,并将求和结果以 11 为模数进行计算,计算结果即为第 8 位数（注意:如果结果为 10,则其值为 X）,如图 1-5 所示。

我国出版期刊还有自己的统一刊号,形式如 CN11-2856/G2,其中"/"后为中国国家图书馆图书分类法的分类号。ISSN 的标识位置一般有以下几类。

- 对于一般印刷型连续出版物,ISSN 会印刷在封面右上角,或在显示编辑信息(出版商、出版频次等)的页面印刷。
- 对于在线出版物,ISSN 应显示在主页或主菜单上。
- 如果出版物载体为物理介质,则 ISSN 需要显示在肉眼可见的部分,如缩微胶片的标题、CD-ROM 或 DVD 的标签或盒子上等。

强调:如果出版物由 ISSN 和 ISBN 标识,则应提及这两种标识符。

对于国内期刊,正规出版的期刊除了具有 ISSN 标识外,还应具有 CN 标识。CN 标识是以中国国别代码 CN 为识别标识的国内刊号。CN 编号由报刊登记号和分类号两部分组成,中间用"/"隔开,如图 1-6 所示。

图 1-5　ISSN 示意图

图 1-6　CN 及 ISSN 示意图

其中,报刊登记号为国内统一刊号主体,由地区号和序号组成,如北京为 11,天津为 12,河北为 13 等。序号编码范围为 0001~9999,其中 0001~0999 作为报纸序号,1000~5999 为印刷版连续出版物,6000~8999 为网络连续出版物,9000~9999 为有形电子出版物(如光盘);分类号为连续出版物的学科分类,具体参见《中国图书馆分类法》。

说明:在我国境内出版的正规连续出版物必须具有 CN 编号,如果要在国外发行,则增加 ISSN 编号。

根据期刊内容的主要价值进行划分,可以将期刊分为学术性期刊与技术性期刊、检索性期刊、快报性期刊。学术性期刊与技术性期刊是由学术团体编辑出版,用于报道生产、科研方面的学术论文及研究成果,信息量大,价值高;检索性期刊用于专门报道二次文献信息;快报性期刊用来刊载最新技术和研究成果短文,主要用来报道新产品、新工艺以及学术动态等内容,内容简洁,报道速度快,常见的快报性期刊有通讯 Letters、短讯 News 等。

期刊存在核心期刊效应。1931 年,世界著名文献学家布拉福德按照文献的分散思想,创造性地提出了布拉德福定律,揭示了文献集中与分散规律,即发现某学科 1/3 的论文刊登在 3.2% 的期刊上。1967 年,联合国教科文组织研究发现,75% 的文献出现在 10% 的期刊中。1971 年,SCI 的创始人菲尔德统计了参考文献在期刊上的分布情况,发现 24% 的引文出现在 1.25% 的期刊上。按照这些统计方法测定出的核心期刊是国内期刊之精华,其所载论文总体具有国内较高学术水平,从而出现了对于某一特定学科或专业来说,少数期刊所含的相关情报量很大,多数期刊所含的情报量却很小,这就是所谓的核心期刊效应,其结果产生了核心期刊。

国际最重要的核心期刊遴选标准是 SCI(Science Citation Index,科学引文索引)和 EI(The Engineering Index,工程索引),我国目前的核心期刊遴选体系有以下 7 个。

- 北京大学图书馆提出的中文核心期刊。
- 南京大学提出的中文社会科学引文索引(CSSCI)来源期刊。
- 中国科学技术信息研究所提出的中国科技论文统计源期刊(又称中国科技核心期刊)。
- 中国社会科学院文献信息中心提出的中国人文社会科学核心期刊。
- 中国科学院文献情报中心提出的中国科学引文数据库(CSCD)来源期刊。
- 中国人文社会科学学报学会提出的中国人文社科学报核心期刊。
- 万方数据股份有限公司提出的中国核心期刊遴选数据库。

与图书相比,期刊具有出版数量大、出版周期短、内容新颖、连续性强等特点,能够及时反映国内外各学科领域的发展水平及动态。据统计,科技人员获取信息的 70% 以上来源于期刊,期刊是十分重要和主要的信息源和检索对象。为此,学者如需了解与自己课题相关的研究状况、某学科动态或相关专业知识,都可通过阅读期刊获得。

(3) 会议文献

中国科技论文在线将会议文献定义为"在各类学术会议上形成的资料和出版物,包括会议论文、会议文件、会议报告、讨论稿等。其中,会议论文是最主要的会议文献。"

会议文献按照出版时间的先后,可以分为会前文献、会间文献和会后文献。会前文献主要包括预印本、论文摘要、论文题目等;会间文献主要包括讨论记录、情况报告等;会后文献主要包括论文集,还包括其他有关会议经过的报告、消息报道等。

会议文献的特点是传递情报比较及时,内容新颖,时效性、原创性、专业性和针对性都较强,注重学术交流,大多数经过同行评议或审稿,质量较高,能及时反映科学技术中的新发现、新成果、新成就以及学科发展趋向,是一种重要的情报源。此外,会议文献种类繁多,出版形式多样,传播范围有限,为此,一定时间内的会议文献公开不影响专利的申请(在会议公开后 6 个月内都可以申请专利,但必须在期刊公开前进行)。

(4) 学位论文

学位论文是高等院校和科研院所的本科生、研究生为获得学位资格(博士、硕士和学士)而撰写和提交的学术论文。

学位论文一般分为学士论文、硕士论文和博士论文三个级别,不同级别的论文,质量要求有所不同。一般学士学位论文要求完成至少一项有意义的工作;硕士学位论文要求对研究的课题发表一些独到的见解;博士学位论文需要具有系统性的创作成果。

学位论文与其他论文相比,需在封面上注明授予学位头衔、授予单位名称、授予学位时间及地点,内容上需有研究综述,且论文格式需按照授予单位的论文格式要求书写。学位论文理论性、系统性较强,具有一定的独创性,阐述详尽,内容专一,且参考文献多、全面,有助于读者进行追踪检索,可以代表某一领域较高水平的成果。学位论文一般为某一单位所用,具有一定的保密性,通常在本单位内收藏、流通,除了在一般国家指定单位专门收藏外,很少公开出版发行。国内收藏硕士、博士学位论文的指定单位是中国科学技术信息研究所和国家图书馆。检索国内学位论文可以从中国知网、万方等数据的学位论文部分进行检索,检索国外学位论文可利用 Dialog 国际联机系统、PQDT 文摘数据库、ProQuest 学位论文全文数据库等进行检索。

(5) 科技报告

科技报告又称为研究报告或技术报告,是指科技人员为了描述其从事的科研、设计、工程、实验和鉴定等活动的过程、进展和结果,按照规定的标准格式编写而成的特征文献。科技人员依据科技报告中的描述能够重现实验过程或了解科研结果。

科技报告的专业性强,内容详尽,附有图表、数据、研究方法等信息,涉及或覆盖科研的全过程,有严格的编写规范,但一般不经过同行专家评审或专业编辑人员审查。出版周期不固定,不受篇幅限制,大部分不公开出版发行,为政府出版物;具有不同的密级划分和适用范围限制,一般有密级标识。科技报告一般独立成册,有具体篇名、机构名称和统一的连续编号(报告号),报道成果一般需要经过主管部门组织有关单位审查鉴定。

科技报告一般可以分为四类,分别是专题技术报告、技术进展报告、最终报告和组织管理报告。专题技术报告包括实验/试验报告、分析/研究报告、工程/生产/运行报告即评价报告;技术进展报告包括技术结点报告、时间结点报告;最终技术报告是最终技术完成情况的报告;组织管理报告是最终合同完成情况的报告。

研究报告在一定程度上反映了一个国家或某一个学科的科研水平,是不可多得的科技文献信息源,全球每年都有相当数量的科技报告产生,尤其以美、英、法、德、日等国的科技报告为多。我国科技报告网的网址为 https://www.nstrs.cn/index,用户可以登录查看。

(6) 专利文献

专利是一项发明创造的首创者拥有的受保护的独享权益。专利一般是由政府机关或者代表若干国家的区域性组织根据申请而颁发的一种文件,这种文件记载了发明创造的内容,并且在一定时期内产生一种法律状态,即获得专利的发明创造在一般情况下只有经专利权人许可他人才能予以实施。专利文献按一般的理解主要是指各国专利局的正式出版物,例如专利说明书、专利公报、专利文摘、专利索引、专利分类表等。在我国,专利分为发明、实用新型、外观三类。

专利的典型特征是创新性、新颖性和实用性,除此之外,由于专利制度中特有的优先权原则,发明人往往会在发明完成的第一时间提出专利申请,90%~95% 的发明创造会很快首次出现在专利文献中,且一般 80% 以上的专利不会再以其他形式(论文、会议等)发表。

(7) 政府出版物

政府出版物是各国政府部门及其设立的专门机构出版的文献。就文献性质而言,可以分为行政性文件(如过会记录、政府法令、方针政策、规章制度以及调查统计资料等)、科学技术文献等。

政府出版物内容广泛,但其核心部分是官方发布的法律和行政性文献,如国家的会议文件、司法资料、国家的方针政策、规章制度、有关国情的报告、国家权威机构发布的统计资料、外交文书,等等。

与其他出版物相比较,政府出版物在治理国家、舆论导向、参与国际事务方面具有特殊而重要的作用。获取政府出版物的关键是了解相关政府机构,并掌握相应的检索工具,如美国政府出版物有《美国政府出版物每月目录》(GPO Monthly Catalog),可以通过 OCLC 数据库获取。

(8) 产品资料

产品资料是产品目录、产品样本和产品说明书一类的厂商产品宣传和使用资料,一般是制造厂商为推广产品而发出的以介绍产品性能为主的出版物,如产品目录、说明书、数据手册等。

产品资料内容成熟,数据可靠,有较多的外观照片和结构图,直观性强,但对于真正关键技术在产品样本中的实现一般不做介绍。

(9) 科技档案

科技档案是科学技术档案的简称,是在科学研究、生产技术、基本建设等活动中形成的应当归档保存的图纸、图表、计算材料、照片、原始记录等科技文件材料。

科技档案一般为内部使用,不公开出版发行,部分存在一定密级,因此在参考文献和检索工具中极少引用,一般存储于各级档案馆中。科技档案主要用于资料的归档保存和备查,因此信息内容相对宽泛,无固定格式要求,以案卷归档,成套保存,无密级标注。

(10) 标准

《标准化工作指南 第 1 部分:标准化和相关活动的通用术语》对标注的描述是“通过标准化活动,按照规定的程序经协商一致制定,为各种活动或其结果提供规则、指南或特性,供共同使用和重复使用的一种文件。”由此可见,标准是按照规定程序编制,并经过公认的权威机构批准,供在一定范围内广泛且多次使用的,包括一整套在特定活动领域必须执行的规格、定额、规划、要求做出的技术规定的文件形式。

按照使用范围的不同,标准可以分为国际标准、国家标准、地方标准、行业标准和企业标准。我国国家标准的有效期为 5 年,标准文献辨识特征为标准号 ISO、GB 等。

标准文献具有统一的生产过程,有计划地贯彻执行,具有明确的使用范围和用途,编排格式、叙述方法严格划一、可靠,具有很强的现实性。标准编制、修订和复查期限不断缩短,更新系数不断提高,标准期龄不断缩短,有一定的法律效力和约束力。

标准文献应用在产品设计、生产、检验,工程设计、施工,进出口贸易,写作、文献著录等各个方面。

文献通常存储在文献馆藏系统中,常见的文献馆藏系统及存储资源类型如表 1-3 所示。

表 1-3　文献馆藏系统

机　　构	主　要　收　藏	机　　构	主　要　收　藏
图书馆	图书、期刊、学位论文	专利局	专利申请书、说明书
信息中心(情报所)	科技报告、会议论文、期刊	标准馆	标准
档案馆	科技档案		

1.2.2　概念间的关联关系

数据、信息、知识、情报和文献与文献信息资源检索密切相关,它们之间存在着一种必然的联系,是同一系统的不同层次。

1. 数据与信息

数据是符号,是物理性的,是对物质世界的符号抽象;信息是对数据进行加工处理之后所得的并对决策产生影响的数据,是逻辑性和观念性的;而信息是数据的内涵,信息是加载于数据之上,对数据作具有含义的解释;数据是信息的表现形式和载体,可以是符号、文字、数字、语音、图像、视频等[7]。

数据和信息是不可分离的,信息依赖数据来表达,数据则生动具体地表达出信息。数据是信息的表现形式,信息是数据有意义的表示。数据是信息的表达、载体,信息是数据的内涵,是形与质的关系。数据本身没有意义,数据只有对实体行为产生影响时才成为信息。

2. 信息与知识

知识是系统化了的信息,各种信息经过组织、系统化的加工处理、提高深化才能成为知识。信息是对客观世界中一切事物自身存在方式和运动状态的反映,知识则是在改造客观世界的实践中获得的对客观事物存在和运动规律的认识和总结。知识是人的大脑通过思维重新组合的系统化的信息的集合,是对信息的理解和认识,是信息的一部分。信息可以划分为正确信息和虚假信息、有用信息和无用信息;而知识则是在实践中获取,并经过实践检验的正确、有用的信息。

3. 信息与情报

情报是传递特定效用信息的知识,知识包含情报,知识只有用来解决特定问题和具有使用价值时才转化为情报。

4. 文献与数据、知识、情报

文献是数据、信息、知识、情报的存储载体和重要的传播工具,数据、信息、知识和情报的内容只有记录在物质载体上才能够构成文献;文献经过传递、应用与理论和实践又会产生新的信息。

当然,文献上记录的信息和知识不全是情报;信息、知识、情报等也不全是以文献的形式记录的。

1.3　小结

本章主要向读者介绍了信息素养的基本情况及与本书相关的核心概念。通过对信息素养的产生与发展、信息素养指标、信息素养构成框架的介绍,读者能够对信息素养的研究内容有基本的认识;通过对我国高校信息素养培育状况的了解认识信息素养的发展现状及存在的不足;通过对我国高校信息素养提升举措的介绍,为我国高校信息素养的提升给出了建议;通过对与信息素养相关的基本核心概念的介绍,为本书后续章节内容的学习做好铺垫。

思考与练习

1. 什么是信息素养? 信息素养主要由哪几部分构成?
2. 根据信息素养的基本构成要素,谈谈如何提升自身的信息素养。
3. 信息素养与我们的生活、学习、工作和科研息息相关,请举例说明。
4. 什么是信息检索? 数据、信息、知识、情报和文献之间的关系是什么样的?
5. 十大文献都有哪些? 其主要应用场景是什么?

第 2 章　网络信息资源检索基础

学习目标

1. 了解网络信息资源的含义、分类、特点和组织方式。
2. 理解网络信息资源检索的含义及工作原理。
3. 理解信息检索系统的构成、分类。
4. 理解信息检索语言，能够有意识地使用信息检索语言进行信息检索。
5. 了解常见的信息资源检索方法及检索途径，理解网络信息资源的检索策略，能够基于检索策略使用网络资源信息检索技术提高检索信息的效率。

随着计算机技术和通信技术的快速发展，互联网中的应用场景越来越广。电子邮件使得传统信件的消息可以更快速地达到接收方，网上购物使得购买者免去了必须到实体商家挑选物品的舟车劳顿，共享单车实现了实体资源的共享，为人们的出行提供了便利，智慧教育、智慧医疗、智慧交通、智慧家居等新兴行业依托互联网，产生着越来越广泛的应用，发挥着越来越重要的作用，其产生的信息在互联网中传输、存储，呈现出规模性（Volume）、多样性（Varity）、高速性（Velocity）和价值性（Value）的大数据形式[6]，成为人们获取信息资源的重要渠道。

要从海量复杂的互联网信息资源中获取个人需要的资源，如果使用浏览翻阅的方式，那无疑是大海捞针，极难达到目标。为此，人们借助互联网技术，根据网络中信息资源的特点，提出网络信息资源检索模型、策略、语言、方法、途径，设计出了网络信息资源检索系统，使得用户可以快速精准地获取目标网络信息资源。

本章首先介绍网络信息资源的含义、分类、特点及组成方式，使读者对网络信息资源有初步的了解，然后阐述与网络信息资源检索密切相关的检索模型、检索系统、检索数据库、检索语言、检索方法、检索途径、检索技术和检索策略，从原理的角度揭示网络信息资源检索的实现过程，本章与第 3 章有密切的联系。

2.1　网络信息资源概述

2.1.1　网络信息资源的含义及分类

网络信息资源是网络中各种类型信息资源的总称，是以数字化形式记录，以多媒体形式表达,存储在网络计算机磁介质或光介质以及各类通信介质上,并通过计算机网络通信方式进行信息内容传递的信息集合。按照不同的划分标准,网络信息资源可以划分为不同的类别。

1. 按照来源的不同划分

按照网络信息资源来源的不同进行划分,可以将网络信息资源分为政府信息资源、公众信息资源、商用信息资源等。

1) 政府信息资源

政府信息资源是政府在履行职能过程中产生或使用的信息。互联网中的政府信息资源是各国政府在网上发布的有关该国家及政府的各种公开信息。政府信息资源不仅可以向公众发布其相关履职信息,也可以展示国家政府形象。常见的政府信息资源有新闻、政策、服务、互动模块、相关数据等。

2) 公众信息资源

公众信息资源是由社会公共服务机构拥有的信息资源,主要包括公共图书资源、科技信息资源、新闻出版资源、广播电视信息资源等。

3) 商用信息资源

商用信息资源是商业情报咨询机构或商业性公司为生产经营者或消费者提供的有偿或无偿的商用信息,主要包括产品、商情、咨询等。

2. 按照信息资源加工形式的不同划分

按照信息资源加工形式的不同,可以将网络信息资源划分为网络资源指南和搜索引擎、联机馆藏目录、网络数据库、电子出版物(电子图书、电子期刊、电子报纸)、电子参考工具、软件资源及动态信息等。

1) 网络资源指南和搜索引擎

网络资源指南和搜索引擎都可以向读者提供对网络资源的利用指导与帮助,不同的是,资源指南只提供资源的向导,不提供资源的检索,而搜索引擎提供互联网上信息资源的检索,是一种信息资源检索工具。

2) 联机馆藏目录

联机馆藏目录包括图书馆及信息服务机构提供的公共联机检索(Online Public Access Catalogues,OPAC)馆藏目录、地区或行业的联合目录。

3) 网络数据库

一类网络数据库是由原来的联机数据库系统发展而来,如 DIALOG 联机检索系统、联机计算机图书馆中心(Online Computer Library Center,OCLC)都提供了与 Internet 互连的接口;另一类网络数据库是由专业的信息服务商开发而形成的网络数据库,如 UMI 开发的硕博论文网络数据库(ProQuest Digital Dissertations,PQDD)、万方公司的在线数据库等。

4) 电子出版物

电子出版物是出版物电子化后的产品,包括电子图书、电子期刊和电子报纸等。国内外的许多出版商或信息服务中间商已发展成为网络出版商和服务商。

5）电子参考工具

当各种参考工具书通过专门的网站或参考工具的形式呈现在网上供人们使用时，即成为电子参考工具，如爱思唯尔电子参考工具书（Major Reference Works）就是一个大型工具参考书。

6）软件资源

软件资源是指各种可以在网络上共享或非共享的软件以及与软件相关的信息和资源，如杀毒软件、实时聊天应用软件等。

7）动态信息

动态信息是指通过网络动态发布的新闻、广告、通知、实时交流信息等。

3. 按照网络传输协议的不同划分

网络传输协议是网络中的计算机进行消息通信时遵循的通信规则。不同的应用通常使用不同的协议。按照网络传输协议进行划分，网络信息资源可以分为 WWW 信息资源、FTP 信息资源、Telnet 信息资源、用户通信或服务组信息资源、Gopher 信息资源等[7]。

1）**WWW 信息资源**

WWW（World Wide Web，万维网）简称 Web，是 20 世纪 90 年代初期由欧洲研究中心发明的，由于它能方便迅速地浏览和传递分布于网络各处的文字、图像、声音和多媒体文本信息，并适用于因特网信息服务，因此在 20 世纪 90 年代中期得到迅速发展，因特网的WWW 服务器以每年翻几番的速度增长，成为因特网信息资源的主流。

2）**FTP 信息资源**

FTP（File Transfer Protocol，文件传输协议）是因特网上历史最为悠久的网络工具，它允许人们通过协议连接到因特网中的一个远程主机上读取所需的文件并下载，它相当于在网络上的两个主机间复制文档。因特网刚流行时，网上文件大部分都是来自 FTP 站点的，因此 FTP 在因特网的发展史中发挥着重要的作用。至今，FTP 仍是发布、传递文件的主要方法，而且许多文件在 FTP 服务器上并没有做 HTTP 链接，这一点值得人们重视。

3）**Telnet 信息资源**

Telnet 是因特网的远程登录协议，它允许用户将自己的计算机作为某一个因特网主机的远程终端与该主机相连，从而使用该主机的硬件、软件和信息资源。

4）用户通信或服务组信息资源

用户通信或服务组是因特网上颇受欢迎的信息交流形式，包括新闻组（Usenet News Group）、电子邮件群（Listserv）、邮件列表（Mailing List）、专题讨论组（Discussion Group）等，它们都是由一组对某一特定主题有共同兴趣的网络用户组成的电子论坛，是因特网上进行交流和讨论的主要工具。它们的工作原理与使用方法也非常相似，均用于网络用户间的信息交流，但又各具特色和用途，以锁定各自的特定用户。Usenet 是因特网上的一种应用软件，用于提供新闻组服务，在这个服务体系中，有许多新闻服务器，用户可以在自己的主机上运行新闻组阅读器软件，申请加入某个新闻组，并从服务器中读取新闻组消息或将自己的意见发送到新闻组中，用户可查阅别人的意见并予以回复，由此反复，进行讨论。

5）**Gopher 信息资源**

Gopher 是一种基于菜单的网络服务，类似万维网的客户端/服务器形式的信息资源体系,它是因特网上的一种分布式信息查询工具,各个 Gopher 服务器之间彼此连接,全部操作都在各级菜单的指引下,用户只需要在菜单中选择和浏览相关内容,就完成了对因特网上远程联机信息系统的访问。此外,Gopher 还可提供前文提及的其他多种信息系统的链接,如 WWW、FTP、Telnet 等。

2.1.2　网络信息资源的特点

网络信息资源的出现使人类信息资源的开发和利用进入了新时代,作为新的信息资源形式,在其丰富性和复杂性的前提下,主要体现出了以下五大特点。

1. 信息量大,来源广泛

互联网已经成为继电视、广播和报纸之外的第四媒体,是信息资源存储和传播的主要媒介之一,是集各个部门、各个领域的各种信息资源为一体,供网上用户共享的信息资源网。任何人都可以十分容易地在网上发布信息、传播观点,因此互联网中的信息资源数量十分巨大,有“海量信息”之称;此外,互联网信息的来源十分广泛,信息发布者既有政府部门、院校、研究机构、学术团体、行业协会,更有大量的公司、企业和个人。

2. 信息内容丰富,结构复杂

互联网已成为全球最大的信息资源基地,在互联网上几乎可以获得任何领域的信息,它的信息资源类型主要以数据库为主体,还包括利用多媒体技术形成的集声音、图像、文字等为一体的包罗万象的综合性信息系统;互联网信息资源的存储形式为文本、超文本、多媒体、超媒体;互联网信息资源的信息组织方式也发生了巨大的变化,不仅以知识和信息为存储单元,而且展示了这些单元之间的逻辑关系,为网络环境下不同形式的信息资源的管理和开发提供了技术支持;互联网信息资源借助数字化存储技术,由传统的顺序、线性排列发展到了超文本、超媒体技术,促使信息资源按照自身的逻辑关系组成相互联系的非线性网络结构。

3. 信息传播速度快,更新变化频繁

互联网信息传递便捷,可以实现快速更新。新闻、商业站点、个人用户等信息的传播速度非常快,信息可以实现瞬间交流;在因特网上,信息地址、信息链接、信息内容经常处于变动之中,信息资源的更换、消亡更是无法预测,这为用户选择、利用网络信息资源带来了不便,也为信息的组织带来了不确定性。

4. 信息层次多,品种多样

互联网上的信息资源层次多样,既有文本信息、图像信息、图形信息、表格信息、超文本信息,也有各种电子书刊、联机数据库、软件资源等,互联网上的信息资源是多媒体、多语种、多类型信息的混合体。

5. 信息分布缺乏组织,分散无序

互联网信息资源分散,信息呈现无中心点、无全局管理的特点。用户通过一种文献可以

连接到更多相关或相似的文献,同样,该文献也可能是从另一份文献链接而来,这种前所未有的自由度使互联网信息资源的共建和共享变得潜力无穷,然而也使互联网信息资源处于无序状态,而且海量的信息和快捷的传播加剧了网络信息的无序状态,许多信息资源缺乏加工和组织,往往只是时间序列的信息堆积,缺乏系统性和组织性,而且其更新和消失往往无法预测,这无疑增大了对互联网信息资源进行选择、搜集、管理和维护的难度。

由此可见,随着数字化、网络化技术的飞速发展,网络信息资源呈现出动态性、分布性、多元性和无序性等特点,使信息的查找和检索变得越来越困难。对于 21 世纪文献信息用户和信息管理者来说,困扰他们的不是信息太少,而是信息过多。因此,如何对网络信息资源进行合理的描述、组织、序化和提高信息的利用率是当前研究的重要课题。

2.1.3　网络信息资源的组织方式

根据互联网技术特点的不同和网络信息资源的特点及信息资源构成的不同,基于对网络信息资源开发与利用的需求,可以将网络信息资源的组织方式分为以下六类。

1. 文件方式

以文件系统管理和组织网络信息资源简单方便,是存储图形、图像、图表、音频、视频等非结构化信息的理想方式。通过文件方式组织网络信息资源时,可以充分利用计算机技术中的一整套文件处理理论和技术,此外,Internet 也提供了一些协议帮助用户利用那些以文件形式保存和组织的信息资源。但是文件方式对于结构化信息则难以实现有效控制和管理,并且随着网络信息资源的飞速增长,以文件方式传输信息会导致网络负载越来越大,而且当信息结构较为复杂时,文件系统难以实现有效控制和管理。因此,文件方式只能是组织网络信息资源的辅助方式。

2. 超文本及超媒体方式

超文本及超媒体方式是一种新型的信息管理组织方式,该方式不仅注重所要管理的信息本身,而且更加注重信息之间关系的建立与表示,它是将网络信息按照相互关系,以非线性的方式存储在许多的结点(Node)上,结点间以链接(Link)相连,形成一个可任意连接的、有层次的、复杂的网状结构。超文本方式以线性和静态的文本信息为处理对象,超媒体方式则是超文本与多媒体技术的结合,可以实现将文字、图表、声音、图像、视频等多媒体信息以超文本方式组织呈现。超文本和超媒体方式不仅体现了信息的层次关系,而且符合人们思维的联想方式和跳跃性习惯,用户既可以根据链接的指向进行检索,也可以根据自己的需要和思维任意选择链接进行信息检索,从而在高度链接的各种信息库中自由航行,无须专业检索技巧就可以找到所需的任何媒体的信息。正是由于上述优点,超文本和超媒体方式已经成为 Internet 上占主流地位的信息组织和检索方式。但在一些大型的超文本和超媒体检索系统中,由于其涉及的结点和链接过多,因此很容易出现信息迷航和知识认知过载的问题,因此很难迅速而准确地定位到真正需要的信息结点上。为了避免这些检索瓶颈,需要设立导航工具,并辅以搜索、查询机制,以便用户在任何位置都能到达想去的结点。

3. 搜索引擎方式

搜索引擎是互联网上一种非常重要的信息组织方式,其工作原理是利用自动代理软件,定期或不定期地在因特网上漫游,通过网页间的链接(超链接)实现从一个网页到另一个网页的游走,以获取网页相关信息,并对获取的信息进行自动抽取、标引、归并、排序,建立起索引数据库,当用户在搜索引擎检索页面输入检索词后,搜索引擎将会自动在索引数据库中进行比较匹配,将符合用户要求的信息以超文本方式显示出来,并对检索结果按照一定顺序进行排序显示。这种网络信息资源存储方式的主要特点是非人工构建,自动化程度高,并可提供位置检索、概念检索、截词检索、嵌套检索等功能,且其收录的信息量巨大,耗费的人力资源较小,信息更新速度快,适合特性检索,但缺点是检索结果较为庞大,检准率较低。

4. 目录指南方式

目录指南也是互联网上常用的信息组织方式,它可以借助人工或机器进行信息搜寻,但需要通过人工进行信息分类并制作索引数据库。目录指南方式下,网络信息资源管理人员首先按照预先确定的主题将网络信息资源分门别类地加以组织,然后用户就可以按照门类,通过层层浏览的方式直到找到所需的信息线索,最后通过单击某个超链接打开内容页面进行浏览。

目录指南方式的优点是专题性强、信息质量高,且能很好地满足族性检索的要求,用户按规定的分类体系逐级查看,目的性强,查准率高。目录指南方式屏蔽了网络信息资源系统相对于用户的复杂性,提供了一个基于浏览的简单易用的网络信息检索与利用界面,并且具有严格的系统性和良好的可扩充性。目录指南方式也存在一些不足,一方面,由于网络信息资源的海量特点,很难制定一个全面的范畴体系作为目录指南结构的基础,以涵盖所有的网络信息资源;另一方面,用户为了迅速找到所需信息,还需对相应的体系有较为全面的了解,这也增加了用户的负担;此外,为保证目录结构的清晰性,每个类目下的条目也不宜过多,这大大限制了所能容纳的信息资源的数量。因此,目录指南结构不适合建立大型的网络信息资源系统,但在建立专业性或示范性网络信息资源体系时就显示出其结构清晰、使用方便的优点了。

5. 数据库方式

数据库是对大量的规范化数据进行管理的技术,它将要处理的数据经合理分类和规范化处理后,以记录形式存储于计算机中,用户通过关键词及关键词组配查询,就可以找到所需信息或其线索。利用数据库对网络信息资源进行管理可以大大提高信息管理的效率;由于数据的最小存取单位是信息项(字段),因此可以方便地实现根据用户需求灵活改变查询结果集大小的目的,从而大大降低网络数据传输的负载。

6. 主页方式

网站(Website)是指在因特网上根据一定的规则,使用超文本标记语言(Hyper Text Markup Language,HTML)等工具制作的,用于展示特定内容相关网页(Web 页面)的集合。网站是一种沟通工具,人们可以通过网站发布自己想要公开的资讯,或者利用网站提供相关的网络服务。网站的默认页面为主页(Homepage),人们通常通过网站的默认地址打开主页,通过主页上的超链接引导用户进一步查询网站上的有关内容。美国微软公司将WWW 比作因特网上的大型图书馆,每个站点比作一本书,每个网页比作书的一页,主页比作书的封面和目录,用户可以从主页开始,通过网页超链接访问各类信息资源,从而在WWW 世界中遨游。

2.2　网络信息资源检索概述

2.2.1　定义与作用

1. 定义

信息检索(Information Retrieval,IR)是由美国学者穆尔斯(C.W. Mooers)于 1952 年提出的。信息检索有广义和狭义两个层次的含义。广义来看,信息检索包括信息存储与检索两个环节,即将信息按照一定的方式组织和存储起来,并依据用户的需求,为用户返回所需信息的过程和技术;狭义来看,信息检索是从信息集合中找出所需信息的过程,即信息查寻(Information Search 或 Information Seek)[8]。对于专业图书情报人员及信息检索方面的专业研究人员而言,信息检索包括存储和检索两个过程,但对于普通用户而言,信息检索是信息查找的过程。

互联网的广泛应用和快速发展使世界范围内的信息资源交流和共享变得更为畅通,也为人们提供了一个更为广阔的信息空间。但由于网络信息资源无序、量大、良莠不齐和缺乏统一管理与控制,使得网络环境下的信息获取成为不太容易的一件事情。网络信息资源检索正是试图从技术上改善互联网上信息无序的局面,使得网上信息资源能够为人们所充分利用的一种新型检索模式。当前,信息检索默认为网络信息资源检索。

说明:信息检索和文献检索是两个紧密联系但又不同的概念。文献是情报、知识、信息的重要存储载体,一般情报、知识、信息都是以文献这种载体而存在的,因此,信息检索一般也超越不了作为信息载体的文献;信息检索主要是通过文献检索实现的,文献检索是信息检索的一个重要组成部分。

2. 作用

信息的集中存储和统一检索对于用户进行科学研究和学习有着非常重要的作用,主要体现在以下三方面。

1)有助于节约时间,提高工作效率

科学技术的迅猛发展提升了信息的增长速度,也加重了用户进行信息搜集的负担,优质的信息检索系统必须能够提升用户的信息检索效率,从而提高其工作效率。

2)为用户终身学习赋能

随着信息时代和智能时代的到来,互联网及人类社会生活中的信息量呈现出爆炸式增长的状态,如何在海量的信息世界中快速定位并获取个人所需信息是用户必须具备的技能。

而信息检索技术就是一种能够帮助人们从海量的信息中提取所需信息的手段。

3）有利于减少重复研究，提高科研成功率

科学研究的价值体现在问题解决和知识传承。当从事某一特定领域的学术研究时，首先需要对该领域的研究现状进行调研，了解其研究现状、研究热点、研究难点，再开展具体的研究，从而避免因重复研究而造成的人力、物力、财力的浪费，信息检索手段可以帮助科研人员快速获取相关文献，从而减少重复研究，提高科研成功率。

2.2.2　模型与原理

1. 模型

信息检索经历了从脱机检索到联机检索再到网络检索的过程，逐步发展并形成了一些成熟的检索模型。比较重要的检索模型有布尔检索模型、向量检索模型、模糊检索模型，这些模型依据不同的检索理论对检索元素有不同的描述。

1）布尔检索模型

布尔检索模型是最简单、最易理解的模型，被大多数信息检索系统使用，它是基于特征项的严格匹配模型，其文本查询匹配规则遵循了布尔运算法则。布尔检索模型利用关键词或其他标引词描述文献，检索提问是检索词的布尔组配表达式，检索方法采用了精确的关键词匹配方法。

布尔检索模型易于实现，其结构化提问表达力也比较强，这也对用户构造和修改提问的能力提出了较高要求，检索结果也会相应地随用户提问技能的熟练程度的不同而产生较大的差异。随着信息检索工具的不断提升，多数检索系统已经将构造布尔检索式的要求以功能框的形式嵌入系统中，用户只需熟悉相应的逻辑运算符的作用，即可根据检索框的布局和要求输入相应的检索词实现检索。

2）向量检索模型

向量模型将 N 个关键词看作一个 N 维空间，文献和提问信息用空间中的向量表示。一个文献向量由一组关键词及其对应的权值表示，自动标引利用统计技术将词在文献中的出现频率作为权值。提问向量中也可以给词加权。向量检索模型基于统计理论，用相似统计方法计算文献向量与提问向量之间的相关性。

向量检索模型克服了布尔检索模型的缺点，其检索结果优于布尔检索模型，其相似计算结果可用于检索结果的排序输出，但它丢失了布尔提问表达式中的固有结构，不能表达检索词之间的逻辑关系。

3）模糊检索模型

模糊检索模型提供了对不确定信息的描述方法和处理方法，较接近于客观世界，但有关理论与技术尚不完善。

2. 原理

知其然并知其所以然能发挥事物的最大价值。无论是专业信息检索工作人员还是普通用户，理解信息检索系统的工作原理对于提高检索效率具有非常大的作用。

完整的信息检索由信息存储和信息检索两个阶段组成(图 2-1)。信息存储阶段,信息著录和标引人员采用一定的技术对原始信息进行收集、分析、整理,形成信息记录及能够标识这些信息的检索标引,然后将全部信息记录存储到检索系统(如数据库)中,形成信息集合。信息检索阶段,用户依据检索目标形成检索语言,将检索语言输入检索系统并驱动检索工具在检索系统中进行信息匹配,然后检索系统会将匹配结果返回给用户。

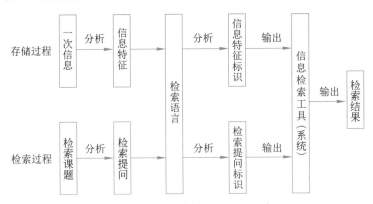

图 2-1　信息检索模型及原理示意

随着计算机技术和通信技术的不断发展,信息检索技术发生了巨大的变化,由原来主要以人工手动实现的检索系统发展到了现在以计算机网络为主的检索系统,从原来面向少量信息内容的检索发展到了现在面向海量信息的检索,由原来以简单文字匹配为主的检索技术发展到了现在的内容匹配和智能推荐。此外,检索系统的工作速度也在不断提升,从用户提供检索需求到获得检索结果,所需等待的时间越来越短,且检索结果越来越精准。随着大数据、云计算、移动计算等技术的不断发展,信息检索技术正向智能化、人性化、个性化、移动化等方面发展。

2.2.3　分类与特点

依据不同的检索标准,信息检索可以划分为不同类型,下面介绍几种常见的信息检索划分标准。

1. 分类

按照检索对象类型的不同,可以分为文献检索、数据检索和事实检索。

1)文献检索

文献检索(Document Retrieval)是指以查找某一课题的相关文献为目标的检索。文献检索是相关性检索而非确定性检索,即检索系统不直接解答用户提出的问题本身,而只是提供与之相关的文献或者文献属性信息和来源指示,供用户参考和取舍,所以其检索对象是包含特定信息的各类文献。文献检索分为全文检索和引文检索。

2) 数据检索

数据检索(Numeric Retrieval)是以特定的数值型数据为检索对象的信息检索。数值型数据多种多样,包括物理性能常数、调查统计数据、外汇收支数据等。数据检索是一种确定性检索,即检索系统直接提供用户所需的确切数据,检索结果一般是确定的。有些数据检索系统不仅能够查出数据,而且可以提供一定的数据整理、运算和推导,从而为定量分析提供依据。

3) 事实检索

事实检索(Fact Retrieval)是指以特定事实为检索目标的信息检索。此处的事实是一种非数值数据。事实检索也是一种确定性的检索,此种检索既包含对数值数据的检索、运算、推导,也包括对事实、概念等的检索、比较和逻辑判断。

其实,用户所需的数据或事实不能脱离文献而单独存在,因此,数据或事实检索也是以文献检索为依托的,它们之间有许多共同之处,文献检索用的大多数技术和方法都适用于数据检索和事实检索。在信息服务过程中,二者也常常是相互配合、相辅相成的。

按照检索方式的不同进行划分,可以分为手工检索和计算机信息检索。

1) 手工检索

手工检索(Manual Retrieval)是一种传统的检索方法,即利用印刷型检索工具书(包括图书、期刊、目录卡片等),以手工翻检的方式检索信息。手工检索不需要特殊的设备,用户根据检索的对象,利用相关的检索工具就可以进行。手工检索的方法比较简单灵活,容易掌握,而且利用手工检索能了解标引规则,按规则进行各项的著录,便于检索者根据文献标引规则查阅相关文献;能了解各类检索刊物的收录范围、专业覆盖面、特点和编制要点;检索回溯期长,可以提高查全率和查准率;便于检索策略的制定和修改,得到的文献信息一般能符合检索者的信息要求,并且手工检索过程中发现的问题可以及时修改和提出。但手工检索费时、费力,特别是进行专题检索和回溯性检索时,需要翻检大量的检索工具,需要反复进行查询,需要花费大量的人力和时间,而且很容易造成误检和漏检。

2) 计算机信息检索

计算机信息检索(Computer Information Retrieval)是把信息及其检索标识转换成计算机可以阅读和处理的二进制编码并存储在数据库系统中,由计算机按照设计好的程序对已经数字化的信息进行查找和输出的过程。计算机信息检索大大提高了检索系统的效率和检索的全面性,拓宽了信息检索的应用领域,丰富了信息检索的研究内容。其中发展比较迅速的计算机检索是网络信息检索,即网络信息搜索,是指互联网用户在网络终端通过特定的网络搜索工具或浏览的方式查找并获取信息的行为。

按照信息处理方式进行分类,信息检索系统可以进一步划分为脱机检索、联机检索、光盘检索和网络检索等多种方式。

手工检索和计算机信息检索的本质是相同的,都是从特定的检索系统中查找、匹配、输出所需信息的过程,区别仅仅在于信息的载体形式、存储方式和匹配机制有所不同。

按照检索要求的不同进行划分,可以分为特定检索和族性检索。

1) 特定检索

特定检索也称为强相关性检索,强调向用户提供高度对口的信息。这种检索强调检索的准确性,只要检索得到的文献信息能够满足用户的需求即可,通常对于检索结果的数量不做要求。

2) 族性检索

族性检索也称为弱相关性检索,强调向用户提供系统完整的检索信息。这种检索注重检索的全面性,要求检索出一段时期内有关特定主体的所有信息。为了尽可能避免漏检相关信息,对于检索的准确性要求相对较低。

族性检索和特定检索是两种比较极端的检索类型。实际上,更多的用户对于检索的要求介于特定检索和族性检索之间,即既要求查找准确的信息,又希望得到全面的信息。但在实际的信息检索过程中,查全和查准常常是不能兼顾的。

按照检索时间跨度的不同进行划分,可以分为定题检索和回溯检索。

1) 定题检索

定题检索(Selective Dissemination of Information,SDI)是根据用户的需求,对用户事先选定的主题定期或不定期地进行文献跟踪检索,把经过筛选的最新检索结果以书目、索引、全文等方式提供给用户,为用户提供从课题前期调研、开题立项、项目进展和成果验收的全过程的文献检索服务,并且可根据用户的要求出具文献综述报告等。定题检索通常在文献信息系统更新时运行,即当信息库加入新的内容时,就会用预先存储在检索系统的检索提问式检索一遍,查找出特定主体的最新信息,并分析整理检索结果,以一定的方式返回给用户。

定题检索的特点是只检索最新的信息,检索时间跨度小。这种检索模式非常适用于信息跟踪,能够及时了解有关主题领域的最新发展动态。

2) 回溯检索

回溯检索(Retrospective Searching,RS)也称为追溯检索,是查找过去一段时期内有关特定主题信息的检索,并将检索结果一次性地提供给用户,使用户通过一次检索就可以全面了解某一课题在某一段时间内的发展情况。

回溯检索的特点是既可以查找过去某一段时间内的特定主题信息,也可以查找最近的特定主题信息。与定题检索有所不同,每个回溯检索一般只运行一次。

按照检索对象信息表现形式的不同进行划分,可以分为文本检索、多媒体检索、超文本检索和超媒体检索。

1) 文本检索

文本检索(Text Retrieval)是查找包含特定文本信息的检索,检索结果以文本形式反映特定的信息。

2) 多媒体检索

多媒体检索(Multimedia Retrieval)是根据用户的要求,对文字、声音、图形、图像等多媒体信息进行识别、查找、获取、组织、存储有关信息的过程。多媒体信息检索包括两层含义:其一是对离散媒体的检索,如查找包含某种颜色或色彩组合的特定图像;其二是对连续媒体的检索,如查找包含某一个特定场景的视频资料。由于多媒体文献的信息组织和处理与传统的文本处理截然不同,检索需求及检索的途径也有所不同,多媒体信息检索在技术上存在一定的难度。

3) 超文本检索和超媒体检索

超文本(Hypertext)是多种信息通过超链接的方式连接起来的一种非线性文本结构。从组织结构上看,超文本的基本组成元素是结点和结点间的逻辑链接,每个结点中存储的信息及信息链被联系在一起,构成相互交叉的信息网络。与传统文本的线性顺序检索不同,超文本检索强调中心结点之间的语义联系结构,靠系统提供的复杂工具做图示穿行和结点展示,提供可浏览式查找;超媒体检索是对超文本检索的补充,其存储的对象超出了文本范畴,融入了图形、图像、声音等多媒体信息,信息的存储结构从单维发展到了多维,存储空间的范围也不断扩大。

按照检索途径的不同进行划分,信息检索系统还可以分为直接检索和间接检索。直接检索(Direct Retrieval)是指读者通过直接阅读,浏览一次文献或三次文献而获得所需资料的过程;间接检索(Indirect Retrieval)与直接检索相对,是指读者借助检索工具或利用二次文献查找文献资料的过程。

2. 特点

由于网络信息资源检索借助于网络通信、信息处理等技术的发展,因此网络信息检索呈现出许多与其他信息检索方式不同的特点。

1) 检索范围大

网络信息资源检索可以借助 Internet 上所有领域、各种类型、各种媒体的信息资源,远远超过了联机检索、光盘检索等信息检索方式可以利用的资源。

2) 用户界面友好

网络信息资源检索工具直接以用户为服务对象,操作简单方便,一般采用图形窗口界面,并提供多种导航功能和多种检索途径,检索者无须掌握复杂的检索指令,只需要在检索界面上按照提示和规则输入检索式就可以获得检索结果。

3) 交互式作业方式

网络信息资源检索工具具有交互式作业的特点,能够及时响应用户的要求,从用户的命令中获取相应的指令,并根据指令执行相应的操作,最后将执行结果反馈给用户。在检索过程中,用户可以根据需要及时调整检索策略以获得最好的检索结果,在遇到问题时,用户还可以利用系统提供的功能获得联机帮助和指导。

4) 传统检索技术和网络检索技术相融合

网络信息检索既沿用了许多传统的检索方法和技术,又借助于网络信息技术的发展,采用了超文本及超媒体、全文检索、智能检索等新的检索技术,但是这些新的检索技术在不同的检索工具中的实现方式存在很多差异,用户需要在检索前详细了解其具体的检索规则。

5) 检索效率高

通过超链接技术,网络信息资源的检索过程和信息的浏览过程都在同一界面内进行,用户只需要简单地单击鼠标,就可以随意浏览和获取可以直接阅读和利用的 Web 页面文献全文,且检索结果中不仅包含文字、图片,还包含声音、动画、影视等形式的信息内容。

6) 信息冗余大

网络信息资源缺乏统一规范的管理和控制,动态性强,且目前的网络信息检索工具在信息搜集、标引等方面存在不足,信息检索过程会产生大量的无用甚至垃圾信息,信息检索的准确性、完整性和权威性难以保证。不过,随着数据挖掘、智能代理、自然语言检索、网络监管等技术和政策的发展以及在网络信息检索中的应用,网络信息资源检索的查全率和查准率将不断提高,检索的质量也将不断提升。

2.3　信息检索系统

2.3.1　系统构成

　　系统是由若干具有独立功能的元素（或部件）组成的一个有机整体，这些元素（或部件）之间相互联系、相互制约，共同完成某种规定的任务或目标。信息检索行为要在一定的环境（或设备）条件下才能实现，这种环境（或设备）条件就是信息检索系统，它是信息检索研究的基本对象之一。信息检索是一种有目的和组织化的信息存取活动，其基本工作原理就是对信息资源集合与信息需求集合的匹配和选择，信息检索系统是具有信息存储和信息查询功能的信息服务设施（或工具），其基本原理如图 2-2 所示。

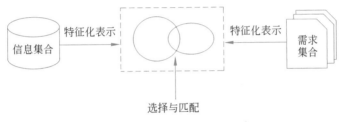

图 2-2　信息检索基本原理示意

　　从信息检索的基本过程角度看，信息检索系统包含以下五项基本要素。

　　（1）明确的目标。信息检索系统应具有明确的服务对象、专业范围及用途。

　　（2）不可缺少的资源。信息检索系统必须收集、加工、存储一定数量或规模的信息资源。

　　（3）技术装备。信息检索系统的技术装备主要涉及存储信息的载体、匹配选择的机制、信息的输入/输出/显示/传递等设备。

　　（4）方法与措施。信息检索系统应提供一定的方法与措施，保证信息检索系统的查全率和查准率。

　　（5）功能。信息检索系统应具有的检索及其他信息服务功能。

　　从逻辑功能角度看，信息检索系统的基本组成如图 2-3 所示。

1. 信息选择与采集模块

　　该模块用来从信息源中选择和采集目标信息。

2. 信息标引处理模块

　　该模块用来对信息资源中具有检索价值的特征信息（如题名、作者、主题内容、类别等）进行提取与标识，并组织成索引文档，为用户的查询和访问提供准确而有效的检索入口。

　　标引是指对信息资源的各种检索特征进行分析并使之显性化，以便为存储和检索这两个环节提供某种连接的一种重要的信息加工操作。从技术上讲，标引处理主要有人工标引、

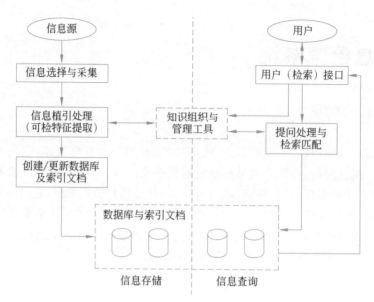

图 2-3 信息检索系统逻辑结构示意

自动标引、混和标引。自动标引分为全自动标引和半自动标引、自动抽词标引、自动赋词标引。自动抽词标引指利用计算机直接从文献的题名、文摘或正文中抽取关键词以标识文献内容,并自动生成关键词索引文档;自动赋词标引则是让计算机模拟标引员的赋词标引方法,通过分析文献内容,从词表中选取与文献主题相符或密切相关的词语符号作为索引词。自动标引的一般流程如图 2-4 所示。

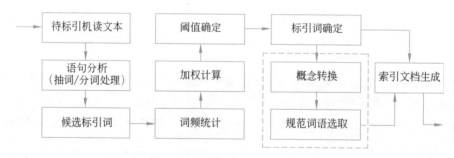

图 2-4 自动标引处理流程示意

中文文本自动标引的词语切分常采用词典切分法、切分标记法、单汉字法、N-gram 法进行处理。词典切分法是目前中文自动标引研究中占比较大的一类方法,根据机器内词典具体形式的不同,分为主题词表法、关键词词典法、部件词典法。

(1)主题词表法的基本处理过程一般为利用非用词表排除文本中的禁用词,并将剩下的短语放在短语文件中,利用机读主题词表对短语文件中的短语逐一进行比较,抽取匹配成功的词,将其所在位置、范畴号等信息记录在抽词文件中,利用一些主题判断规则和汉语的局部语法特征对上述两个文件中的信息进行加工,从而确定用于标引的词语。

(2)关键词词典法试图构造一个庞大的关键词词典,并以此作为切分工具,对待切分的文本语料进行扫描和切分。该方法使用的切分词典一般规模庞大,灵活性比较差。

（3）部件词典法以"汉语中二字词数量最多,一字词次之,其他多字词中的大多数又可以拆分成若干二字词或一字词"为理论前提,建立一种由一字词和二字词组成的部件词典。匹配时,利用部件词典对文本进行正向扫描,二字前进,最长匹配。先取二字词看是否为词的可能部件,不成功时则取当前的第一字判读是否为重要词的可能部件。该方法不仅可以减轻对词典的组织管理负担,还可以提高处理速度和组词的灵活性。

切分标记法将汉字分为四类:非用字、条件用字、表内用字、表外用字。通过挑选和标记建立一个非用字后缀表(字典),作为辅助抽词的工具。具体的切分和标引处理方法为:用计算机扫描输入的汉字串,逐字与非用字后缀表中的汉字进行比较,如果是非用字,则舍去,否则取出;依据预先拟定的不同构词模式对抽出的字符串进行分解,形成单词或专用词组;对抽取出来的单词或词组进行优化,形成最终的标引用词。

单汉字法的标引处理的基本思想是:将文本中的汉字逐一取出,同时记录下它们的文献号、字段号以及汉字所处的位置编号,然后把这些信息写入为每个汉字建立的索引文档中。用户检索时,将用户给出的检索词拆分为单个汉字,分别查找单汉字索引文档,并根据汉字的文献记录号和位置信息进行比较和匹配。

N-gram 法中的 N-gram(N>0)是指由 N 个相邻字符组成的子字符串序列,采用 N-gram 法对文本进行处理,可得到该文本包含的所有长度为 N 的字符串集合,如对 information 进行 4-gram 处理,有{info,nfor,form,orma,rmat,mati,atio,tion}。N-gram 法是一种与语种无关的纯统计分析式的文本处理技术,这种方法通过对汉语文本中的 N-gram 指标的出现频率进行统计分析,无须词典和规则,可大大提高文本标引的处理速度和自动化水平。

图 2-4 中,自动标引中的词语加权方案一般可以采用绝对词频法、逆文档频率法和词区分值法进行计算。

1) 绝对词频法

通常认为,当某作者要深入阐述或解释某一话题时,他常会重复使用某些特定的词语,这种强调手法可以作为判断词重要性的标志,即将词在文档中的出现频次作为该词重要性的有效测度。绝对词频法基于该思路,在给定的一个由 N 篇文档组成的文档集合中计算出每篇文档中每个不同的词的出现频次 $Freq_{ik}$,把每个不同词在 N 篇文档中的出现频次相加,得到词 k 的集合频率 $Tfreq_{ik}$,按集合频率递减次序排列这些词,并用试错法确定高频词和低频词的阈值,排除高频词和低频词,挑选余下的中频词作为标引词,并按照它们的 $Freq_{ik}$ 决定其在相应文档中的权值。

绝对词频法简单,容易实现,有一定的实用性,但该方法仅使用中频词作为标引词,简单排除了高频词和低频词,不仅可能会降低查全率和查准率,而且确定高频词和低频词的截止界也是很困难的。

2) 逆文档频率法

通常认为,某词的重要性与它在特定文档中出现的频次呈正比,与含有该词的文档数呈反比,其计算公式为

$$IDF_k = \log(N/n_k) + a$$

其中,N 为文档集合中的文档总数,n_k 为含有词 k 的文档数量,a 为参数,通常取 1 或 0.5,进一步地,结合词的绝对频率值 $Freq_{ik}$ 可以形成词 k 在文献 i 中的权值计算公式:

$$\text{Weight}_{ik} = \text{Freq}_{ik} \times \text{IDF}_k$$

逆文档频率法中，Weight_{ik} 的计算综合考虑了词的绝对频率和逆文档频率，从局部和全局两方面计算其在特定文献中的重要性，不仅计算方法比较简单，加权效果也较好。

3）词区分值法

词区分值是使用某个词作为内容标识时，它具有的区分不同内容文档的能力。通常认为，对一个文档集合 D，其中的每篇文档都用等长的文档向量表示，可以计算出任意两篇文档向量之间的相似度。若把集合 D 中的全部文档对的相似度都计算出来，就可以得到一个平均相似度 AvgSim。因此，对于某个文档集合来说，其平均相似度越大，检索效率就越低，反之，平均相似度越小，检索效率就越高。如果一个词作为标引词使用后能使文档集合的 AvgSim 显著减小，或者把它去掉后会使 AvgSim 的值明显增大，就说明该词的区分能力好，是一个有效的标引词；如果一个词作为标引词会使 AvgSim 的值显著增大，去掉后使 AvgSim 的值显著减小，则说明该词的区分能力差，不适合做标引词。基于以上分析，词区分值的计算方法为

$$DV_k = \text{AvgSim}_k - \text{AvgSim}$$

其中，DV_k 为词 k 的区分值，AvgSim_k 为去掉词 k 之后的文档集合的平均相似度。词区分值法的加权计算量比较大，曾在 SMART 系统中使用过。

3. 数据库创建与维护模块

数据库创建与维护模块在"信息资源选择与采集"和"信息标引处理"模块工作的基础上，建立和维护可直接用于信息检索的数据库，其主要内容包括数据录入或扫描、错误检查与校对、数据格式转换、文档更新维护。

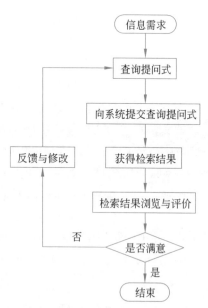

图 2-5　用户与信息检索系统
　　　　交互模型示意

4. 用户（检索）接口

用户通过用户（检索）接口输入信息检索需求，从数据库与索引文档中检索目标信息，并查看返回的检索结果。通常认为，用户的信息查询是一个对提问式不断修改并逐步获取理想检索结果的过程，基本模型如图 2-5 所示。

用户检索接口模块通常由用户模型、信息显示、交互语言和反馈机制四大部分构成。

1）用户模型

用户模型是指由检索设计人员建立的用户认知模型。该模型的建立涉及系统、用户和外部环境等多方面，并需要考虑不同用户（群体）的知识水平、技能与经验及其不同的信息需求状态等因素，以增强人机接口设计的人机工程学水平。由于检索系统最终要通过用户的使用才能发挥其作用，因此，一个良好的用户认知模型的建立和形成是接口模块设计的关键所在。

2）信息显示

信息显示是指检索系统以屏幕显示的形式提供给用户的各种操作信息,如以下拉菜单和弹出式窗口显示的选择信息、帮助信息、错误信息;以线性列表方式分页显示的检索结果信息,等等。

3）交互语言

交互语言是指系统提供给用户使用的检索命令集合(包括基本命令和扩展命令)和其他对话工具。目前,随着人机交互技术的发展,接口软件在保留检索命令语言方式的基础上,增加了一些更为直观和形象的检索对话方式,如菜单、图标、对话框等。

4）反馈机制

反馈机制即检索系统对用户操作及其反馈的信息做出的一种反应机制。从本质上讲,信息检索是一个不断求精的匹配过程,因此用户接口模块尤其需要嵌入并强化一种相关反馈机制。

一个设计良好的用户接口应在人机对话的过程中让用户感觉不到它的存在,并能使用户把精力专注于自己的操作任务上,因此一般遵循减轻记忆负担、为不同用户提供不同接口和提供信息反馈机制三大原则。

对于用户(检索)接口模块的技术设计与选择问题,可在严格遵循上述基本设计原则的基础上进行。目前适用于检索系统的人机交互技术主要有字符用户界面技术、图形用户界面技术和多通道用户界面技术。

5. 提问处理与检索匹配

提问处理与检索匹配模块是整个信息检索系统的技术核心,它的主要功能是接收并处理用户输入的检索词或提问式,将它们与数据库索引文档中存储的数据项进行匹配运算,然后把运算结果返回给用户。该功能模块的主要操作流程是接收用户提问→提问校验→提问加工→检索匹配。

2.3.2　系统分类

依据不同的划分标准,信息检索系统可以划分为不同的类型。按照信息检索手段划分,可以分为手工信息检索系统、机械式信息检索系统和计算机信息检索系统;按照检索功能划分,可以分为文献检索系统、数据库管理系统、自动问答系统、管理信息系统、决策支持系统;按照信息检索系统的物理结构划分,可以分为硬件部分、软件部分和信息资源集合。

1. 手工信息检索系统

手工信息检索系统(Manual Retrieval System)是一种以印刷型检索工具为主体的系统,它主要是以纸质印刷载体为依托,以各类型文献信息资源为检索对象,采用手工方式进行查询并获取所需信息,主要包括书本式检索系统和卡片式检索系统。手工信息检索系统的特点是检索过程灵活,可以随时修改检索策略,检索结果较为准确,但检索速度慢、效率低、更新慢、查全率低。

印刷型检索工具是出现较早、使用时间较长的传统手工信息检索系统。印刷型检索工具主要以文献信息、事实和数据信息为检索对象,因此又可细分为文献检索工具和事实数据检索工具。

2. 机械式信息检索系统

机械式信息检索(Mechanical Retrieval System)是从手工信息检索到计算机信息检索的过渡阶段,发展于 20 世纪 40 至 50 年代。机械式信息检索系统包括穿孔卡片检索系统和微缩品检索系统两类系统。穿孔卡片检索系统是利用探针及其辅助设备,借助于穿孔卡片集合进行信息选取的系统;微缩品检索系统是以微缩胶片和微缩平片作为存储载体,利用相应的光学或电子技术设备处理和检索信息的系统。

机械式信息检索系统改进了信息的存储和检索方式,通过对机械动作的控制,借助机械信息处理机的数据识别功能代替部分人脑,促进了信息检索的自动化,但它并没有发展信息检索语言,只是采用单一的方法对固定存储形式进行检索。由于它过分依赖于设备,而且检索复杂、成本高、检索效率和质量不理想,因此机械信息检索系统很快被计算机信息检索系统取代。

3. 计算机信息检索系统

20 世纪 50 年代初,美国海军兵器中心图书馆利用 IBM 701 机开发了计算机信息检索系统,标志着计算机信息检索阶段的开始。

计算机信息检索系统(Computer Information Retrieval System)主要是由计算机硬件及软件系统、数据通信网络、数据库、检索终端设备和各类检索应用软件等组成的。从广义来讲,计算机信息检索系统是由计算机技术、电子技术、远程通信技术等构成的用于信息存储和检索的系统,包括信息存储和信息检索两个环节。信息存储是按照既定的标准和原则从信息源中选择合适的信息,提取这些信息的主题内容特征和外部特征,用系统的索引语言进行标引,形成信息的检索特征标识,将其整理和排序,构成可供检索的数据库;信息检索是将符合要求的检索提问式输入计算机检索系统,由计算机根据检索程序在选定的数据库中进行匹配运算,然后将符合检索提问要求的检索结果按照指定的格式输出。

计算机信息检索过程是在人机的协同下完成的。与手工信息检索系统相比,计算机信息检索系统具有检索范围广、信息量大、检索速度快、效率高、检索不受时空限制、数据更新快、可以及时获得最新数据、查全率和查准率高、检索功能强、辅助功能完善、使用方便等特点。

根据检索者和计算机之间进行通信的方式不同,计算机信息检索系统又可以具体分为脱机检索系统、联机检索系统、光盘检索系统和网络检索系统。

1)脱机检索系统

脱机检索系统(Offline Retrieval System)是通常使用单台计算机的输入/输出装置,以磁带作为存储介质,由检索人员把众多检索提问集中起来,以连续的顺序检索方式定期成批地上机检索并将检索结果分发给用户,所以又称脱机批处理检索系统。脱机检索系统直接在单独的计算机上执行检索任务,不使用远程终端设备和通信网络,系统的数据储存和处理能力都很有限,检索者必须制定完备的检索策略才能保证较好的检索效果,适用于大量检索而不必立即获取检索结果的情况。脱机检索系统于 20 世纪 70 年代被联机检索系统取代。

2）联机检索系统

联机检索系统(Online Retrieval System)是由通信网络将计算机检索终端与系统主机远程连接构成的主从结构式的信息检索系统,由联机存取中心、通信网络、检索终端设备组成。用户使用终端设备按规定的指令输入检索词或检索式,借助通信网络同计算机的数据库系统进行问答式及时互动。联机检索系统采用实时操作技术,克服了脱机检索存在的时空限制,检索者可以随时调整检索策略,直至获取满意的检索结果,从而提高了检索效果。

联机检索的信息存储,即建立数据库,就是按照一定的要求、格式和结构存放各种信息的。存储信息的数据库一般需要经过代码和格式的转换才能成为可供联机检索用的联机数据库。围绕联机数据库形成数据库的顺排文档和建立倒排文档,可以满足用户按不同途径查询数据库的要求。联机信息检索是存储的逆过程,用户首先分析自己的检索需求,使其成为清楚明确的检索提问,然后通过系统词表将其转换为系统语言,结合制定的检索策略,由计算机在联机数据库中进行比较、匹配,凡是数据库中的文献特征与用户检索提问表达式及其逻辑组配关系一致的记录都称为检索命中记录。

3）光盘检索系统

光盘检索系统是采用计算机作为手段,以 CD-ROM 致密型光盘作为信息存储载体,利用计算机和光盘驱动器读取存储在光盘上的信息进行信息检索而形成的一类信息检索系统。光盘检索系统由计算机软件和硬件系统、光盘驱动器、光盘数据库、检索软件和其他辅助设备构成。

光盘数据库种类繁多,提供的检索途径和记录格式也各不相同,但是它们的检索原理都是相同的。在进行光盘检索时,检索人员首先要将存储在 CD-ROM 光盘上的数据传送到一个大容量硬盘上,以进行数据转换和索引处理,建立数据索引,帮助检索者快速获取信息。检索人员通过计算机终端设备运行检索软件,在检索软件的帮助下完成对数据索引的查询并输出检索结果。

光盘检索系统主要有单机光盘检索系统和网络光盘检索系统两类。20 世纪 80 年代中期以来,光盘信息检索得以迅速发展,其作为联机检索、网络检索的有效补充手段,特别适用于开展专题检索和定题检索服务。

4）网络检索系统

网络检索系统是以网络上的信息资源作为检索对象而形成的检索,由自动索引程序、网络数据库和检索代理软件三部分构成,采用客户机/服务器(Client/Server,C/S)结构。

网络检索系统的工作原理是系统通过自动索引程序广泛收集网络信息资源数据,经过判断、筛选、标引、分类、组织等处理后形成供检索用的数据库,创建目录索引,并大多以Web 页面的形式向用户提供有关的资源导航、目录索引及检索界面。用户可根据自己的信息检索要求和检索工具的要求通过检索界面输入检索表达式。系统检索软件按照检索用户输入的检索表达式在数据库中进行查询,并对检索结果进行评估和比较,按照与检索表达式的相关程度进行排序后提供给用户。

由于网络信息资源异常丰富、种类繁多,网络检索系统也呈现多样化。网络检索系统改变了计算机信息检索的传统方式和方法,彻底打破了信息检索的区域性和局限性,将计算机信息检索拓展到了更广阔的领域。

4. 各类型检索系统的选择

计算机信息检索作为目前信息检索的主要方式,呈现联机检索系统、光盘检索系统和网络检索系统多元并存的特点。不同类型的计算机信息检索系统各有特点,相互补充,以满足用户不同类型的信息检索需求。选择不同类型的计算机信息检索系统,不仅要考虑各类型检索系统的特点和性能(检索速度和效率等),还要结合考虑检索系统收录的学科范围、文献类型、数据量,用户的信息检索需求,能够承担的检索费用、检索技术等,检索操作和服务的便利性,以及用户对系统的熟悉程度、偏好等,各种因素应综合加以考虑。

2.3.3　文献检索工具

网络信息资源检索的主体对象是文献,文献检索是借助一定的文献检索工具,以获取与检索课题相关的特定文献为目标的检索活动,其最终目标是获得一批相关文献的线索(所需信息的文献资料来源)或文献。根据所获文献的著录特点、著录款目内容和揭示文献深度的不同,文献检索工具可以细分为目录型检索工具、题录型检索工具、文摘型检索工具和索引型检索工具。

1. 目录型检索工具

目录(Catalog)是著录一批相关文献并按照一定的次序编排而成的一种揭示与报导文献的工具。目录又称书目,可供人们从已知的某种文献线索入手,查找所需相关文献的款目及文献的获取线索。

提供目录信息检索的检索工具称为目录型检索工具。目录型检索工具可以进一步细分为出版目录、馆藏目录和联合目录等多种类型。出版目录是出版机构报道其文献出版情况的目录;馆藏目录是为报道一个图书馆收藏的文献情况而编制的,能够揭示文献的馆藏地点、馆藏状况、可借阅情况等馆藏信息;联合目录是多个图书馆或信息中心合作出版的目录,反映了这些合作单位的收藏情况。

目录的载体形式多种多样,传统的书本型卡片目录正在被机读目录(Machine Readable Catalog,MRC)取代。联机公共检索目录(Online Public Access Catalog,OPAC)是直接面向用户的网络版目录,它集机读目录、馆藏目录和联合目录于一身,网络将世界上许多图书馆连接起来,用户在联网的任何一个计算机终端登录后就能直接免费检索到这些图书馆的馆藏情况。比较有名的联机公共检索目录有全国期刊联合目录、国家科技图书文献中心、CALIS 联合目录公共检索系统、联机计算机图书馆中心等。

2. 题录型检索工具

题录(Bibliography)是在目录的基础上发展而来的一种检索工具。题录和目录的主要区别在于著录的对象不同。目录一般以一件独立完整的出版物为著录的基本单位,即以图书、期刊的自然出版形式为完整的单位进行介绍,而题录通常以一个内容独立的文献单位(篇目)为著录单元,揭示期刊、报纸、会议录中包含的论文的篇名、作者、来源出处及文种等。题录在揭示文献内容特征的描述上比目录更深入。《全国报刊索引》就是一种按分类编排的题录型检索工具(图 2-6 和图 2-7)。

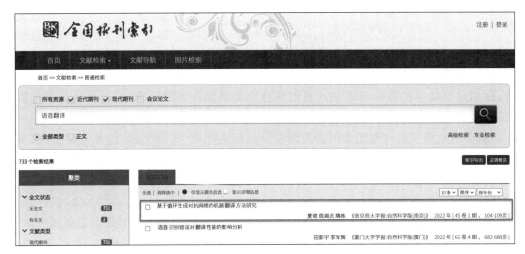

图 2-6　题录格式示意(1)

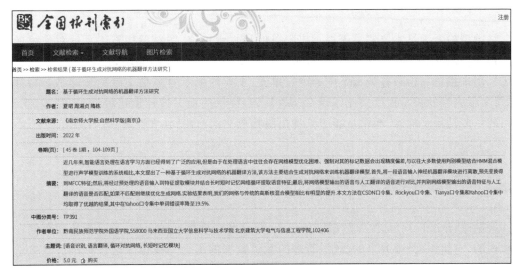

图 2-7　题录格式示意(2)

3. 文摘型检索工具

文摘(Abstract)是以简练的文字将文献的主要内容准确扼要地摘录下来,并按一定的著录规则与排列方式系统地编排起来的检索工具。按照揭示文献信息含量的不同,文摘可以分为指示性文摘(Indicative Abstract)、报道性文摘(Informative Abstract)和评论性文摘(Critical Abstract)。指示性文摘主要揭示文献的研究对象、范围、方法等,一般不包含具体的数据、方法、结论等内容,为此也被称为简介;报道性文摘是原文内容的浓缩,详细揭示文献的研究范围、方法、结论,甚至原始数据及作者对此所做的解释,是检索期刊采用的主要文摘形式;评论性文摘主要记录他人对文献内容的分析解释、补充和评价。

4. 索引型检索工具

索引(Index)也称辅助索引(Subsidiary Index),是将某一信息集合中的相关信息按照某种可查顺序排列并系统地指引给读者的一种检索工具。索引条目一般由索引标识和存储地址组成。索引标识是索引条目指示的文献信息某方面的特征,如主题词、著者姓名、分类号等;存储地址指明检索标识表达的特定信息在信息集合中的地址,它通常是文献存取号(文摘号),不同的标识系统构成不同的索引。

索引分为通用索引和专用索引。通用索引包括主题索引、分类索引、著者索引、引文索引等。其中,主题索引是以主题词(叙词或关键词)作为索引标识,按其字序排列形成的索引,分类索引是以分类号或类目名称作为索引标识,按照分类号排列形成的索引;著者索引是以文献上署名的著者、译者、编者等责任者的姓名或机关团体名称作为索引标识,按其字序排列形成的索引;引文索引是以引文著者和引文的其余题录部分作为标识编制成的索引;专用索引是以某些领域专用的名词术语或符号作为索引标识编制成的索引,专用索引有分子式索引、专利号索引等。

5. 各类检索工具的特点

目录型检索工具主要侧重于揭示出版单位和收藏单位;题录型检索工具针对文献的各种书目信息,以报道为主、检索为辅,既可以独立使用,又可以附有索引,独立性强;索引型检索工具用来报道和检索各类文献中的内容单元,主要的揭示对象是文献单元的某一特征信息,对文献内容的揭示程度要比题录专、深、具体,提供的检索途径也比较详尽、完善、系统。索引的主要功能是检索,通常从属于某种出版物或文档,自身独立性差。

2.4　信息资源数据库

数据库(Database)是按照数据结构组织、存储和管理数据的仓库,是一个长期存储在计算机内的、有组织的、可共享的、统一管理的大量数据的集合。数据库是计算机信息检索系统的重要组成部分,是重要的电子信息资源管理工具,也是计算机信息检索操作的主要对象。

2.4.1　基本结构

数据库可以看作由字段、记录、文档三个不同层次的要素构成的一个文档集合。对于一个数据库而言,它是由若干文档组成的;对于一个文档而言,它是由大量的记录组成的;而对于每个记录而言,它又是由若干字段构成的,这就是文献数据库的层次结构。

1. 字段

字段(Field)是数据库的基本数据单位,是记录的基本单元,是对某一实体的具体属性进行描述的结果。各类数据库中包含的字段都是不同的。一般来说,字段与文献信息的著录项目相对应。各字段拥有表明其特征的标识符,字段的内容称为字段值或者属性值。

文献数据库中的字段通常分为基本字段和辅助字段两类。基本字段表示文献的内容特征,有题名(TI)、摘要(AB)、叙词(DE)、自由标引词(ID)等,辅助字段表示文献的外部特征,有作者(AU)、作者单位(CS)、出版物名称(PN)、出版年份(PY)、语言(LA)等。

2. 记录

记录(Record)由若干字段构成,是文档的基本单元,也是计算机可存取的基本单位,是对某一实体的全部属性进行描述的结果。在全文数据库中,一个记录相当于一篇完整的文献;在书目数据库中,一个记录相当于一条文摘或题录,或者相当于目录中的一个款目。

记录有逻辑记录(Logical Record)和物理记录(Physical Record)之分。逻辑记录与存储环境无关,它是把一些在逻辑上相关的数据组织到一起的数据集合,是面向用户的记录,相对于印刷型检索工具中的一个条目;物理记录则是指在硬件设备上的一个基本存储单位,是计算机内存与外存间进行数据交换的基本单位。

3. 文档

文档(File)即文件,是数据库内容的基本组成形式,是由若干逻辑记录组成的信息集合。一般来说,一个数据库通常包括一个顺排文档和一个倒排文档。

1) 顺排文档

顺排文档(Sequential File)也称主文档,是将数据库的全部记录按照记录号的大小排列而成的信息集合。顺序文档中的全部记录按录入的先后顺序存放,记录间的逻辑顺序(计算机处理记录的顺序)和物理顺序(记录在数据库中的实际存储顺序)一致。

2) 倒排文档

倒排文档(Inverted File)是把数据库记录中的可检字段及其属性值提取出来,按照某种顺序重新组织后形成的一种可以用作索引的文档,为此,倒排文档也称索引文档。选取不同的字段,可以形成不同的倒排文档。

由此可见,顺排文档和倒排文档的主要区别在于顺排文档以信息的完整记录作为处理和检索的单元,而倒排文档则以文献的属性作为处理和检索的单元,是索引文件。计算机进行检索时,先对倒排文档进行查询以获得相关信息的存取号,然后对顺排文档进行查找,按存取号查找记录。

2.4.2　分类

不同的数据库,其存储电子信息资源的内容和形式均有所不同,为此,检索途径和检索方法也存在较大差异。从信息检索角度看,按照检索的数据库包含电子信息资源的内容级别和内容表现形式的不同,可以将数据库分为参考数据库和全文数据库两大类。

1. 参考数据库

参考数据库(Preference Database)是指存放某一学科领域原始文献的来源和属性信息的数据库。数据库中的记录是通过对原始文献的来源和属性的再加工和过滤(如编目、索引、文摘等)而形成的,记录的内容包括文献的题目、著者、原文出处、文摘、主题词等。参考数据库的作用是为用户指出获取原始信息的线索,目的是引导用户快速全面地鉴别和找到相关的信息。参考数据库包括书目数据库、文摘数据库和索引数据库等。

1) 书目数据库

书目数据库(Bibliographic Database)主要针对图书进行内容、属性和存储地址的描述和报道,数据库内容除了描述图书的题名、作者、出版项等书目信息外,还提供用户索取原始信息的馆藏信息。书目数据库主要是指二次文献数据库,包括各种机读版的题录型、文摘型的数据库,如《中国生物医学文献数据库》(CBM)、《中国学术期刊文摘》数据库(CSAD)、Medline 数据库等。这些数据库提供了可满足用户多种信息检索需求的有关文献的多种特征,如文献的篇名、著者、出处(包括刊名、年、卷、期、页码)、摘要、收藏单位等,不仅可以告知用户所需文献的线索——题录(包括篇名、著者、出处),还可以提供整篇文献内容浓缩的替代品——文摘。因此,书目数据库是文献检索中最常用的数据库。

2) 文摘数据库和引文数据库

文摘数据库(Abstract Database)和引文数据库(Index Database)主要是针对期刊论文、会议论文、专利文献、学位论文等进行内容和属性的加工,它提供确定的文献来源信息以供人们查阅和检索,但一般不提供原始文献的馆藏信息。

文摘数据库以单篇文献为记录单元,对其收录的一次文献(期刊论文、会议论文、技术报告等)的外部特征(题名、作者、来源等)、内容特征(关键词、内容摘要等)进行著录和标引,通过它可以了解文献出版和原始文献全文的内容梗概。

引文数据库是用来查询引用与被引用情况的数据库,例如查某篇论文被其他哪些论文引用、某期刊被其他论文的引用、某作者被其他论文的引用等,属于科学/信息/文献计量学研究使用的工具,多用于评价某论文的质量,某作者、某机构在研究中的地位,也可发现科学发展规律等。很多研究类机构用这些指标评价科研人员的工作情况。

著名的中外文引文数据库有 Web of Science 核心集的五大引文索引数据库:科学引文索引(Science Citation Index,SCI)、社会科学引文索引(Social Sciences Citation Index,SSCI)、艺术与人文引文索引(Arts and Humanities Citation Index,AHCI)、科技会议录索引(Index to Scientific & Technical Proceedings,CPCI-S)、社会科学与人文科学会议录索引(Conference Proceedings Citation Index-Social Sciences & Humanities,CPCI-SSH)、工程索引数据库(Engineering Index,EI)、中文社会科学引文索引(Chinese Social Sciences Citation Index,CSSCI)、中国科学引文数据库(Chinese Science Citation Database,CSCD)等;著名的中外文文摘数据库有 SCOPUS 数据库(文摘和引文数据库)、英国物理、电子电气、计算机与控制及信息科学数据库(Information Service in Physics、Electro-Technology、Computer and Control,INSPEC)、Pubmed、化学文摘数据库(Chemical Abstracts,CA)等。

2. 源数据库

源数据库(Source Database)是能够直接为用户提供原始资料或具体数据的数据库。源数据库类型多样,结构各异,动态性强,检索方便,使用频繁,可以提供数值、事实和全文等多种数据信息,能够直接满足用户的信息需求,使用户不必转查其他信息源。源数据库主要包括以下几种类型。

1）数值型数据库

数值型数据库（Numeric Database）以各种调查和统计数据为存储对象，专门提供以数值方式表示的数据。数值型数据库包括各种有价值的数值、数值有关的运算公式和运算规则等信息，是进行科学研究、定量分析、经济预测、管理决策等的重要工具。

2）事实型数据库

事实型数据库（Fact Database）是指主要以各种有检索和利用价值的事实信息为存储对象的数据库。事实型数据库种类繁多，存储的信息内容丰富，包括各种名词术语、学科信息、机构信息、人名信息等方面的信息，能够为用户提供各种事实的直接信息。事实型数据库中的信息多来源于百科全书、字词典、人名录、机构名录等。

3）全文型数据库

全文型数据库（Full-text Database）是存储原始文献内容全文或其中主要部分的数据库。全文型数据库主要以期刊论文、会议文献、学位论文、研究报告等为存储对象，是将一个完整的信息源的全部内容或主要部分转换为计算机可以识别和处理的信息单元而形成的数据集合，可以向用户提供一步到位的查找原始文献的信息服务。全文型数据库需要对文献的字、词、句乃至段落等进行更深层次的编辑加工，以允许用户使用自然词语以及截词、邻近算符等匹配方法方便快捷地查到所需的文献内容，并能直接获取文献原文。著名的中外全文型数据库有中国国家知识基础设施（China National Knowledge Infrastructure，CNKI）的学术文献总库、万方数据库、Science Direct 数据库等。全文型数据库集文献线索的查询和文献全文的提供于一体，实现了毕其功于一役的一站式信息服务，是科研人员使用得最多的数据库。

2.5　信息检索语言

2.5.1　含义与作用

1. 含义

为使信息检索过程高效，即令信息标识方法和信息检索语句的比对顺利，就需要用一定的语言对信息检索需求加以表达。只有信息标引人员与信息检索人员基于共同的检索语言，才能形成共同的约定，以使检索过程顺利高效。

在存储信息时，信息的内外特征需要按照一定的语言加以描述；检索信息时，信息的提问也需要按照同一语言的规定加以表达。这种将信息的存储与检索联系起来、将标引人员与检索人员联系起来，以便实现共同理解和交流的语言即为信息检索语言（Information Retrieval Language，IRL），信息检索语言是信息组织与信息检索时所用的语言，也称文献检索语言、情报语言、标引语言、索引语言等。

2. 作用

信息检索语言的实质是将信息存储与信息检索联系起来，以在信息标引人员、检索人员和信息用户之间起到桥梁的作用。信息检索语言的主要功能体现在以下四方面。

（1）信息检索语言可以用来对信息内容及其外部特征加以规范化标引，从而保证不同标引人员表征信息概念的一致性。

（2）信息检索语言可以用来对检索系统中的信息特征标识和检索提问标识进行规范和控制，以便于标引用语和检索用语进行相符性比较，从而实现将信息存储与信息检索联系起来。

（3）信息检索语言可以实现对信息的组织和排序，将内容相同及相关的信息加以集中或解释其相关性，保证信息存储的集中化、系统化、组织化和有序化，使检索者能够进行有序化检索。

（4）信息检索语言可以为检索系统提供多种检索途径，是各类检索系统的重要组成部分。

由于覆盖的学科领域不同，不同的信息检索系统包含的信息资源数量和类型也不同。信息用户通常需要用不同的信息检索语言进行检索，以适应不同系统的检索特性要求。需要强调的是，即使是同一信息检索系统，也往往需要同时采用多种检索语言，以形成多种不同的检索途径和角度。因此，在信息检索领域，随着检索技术手段和检索系统性能的不断更新发展，也由于在表达各种概念及其相互关系时采用的方法不同，先后出现了多种信息检索语言，这些检索语言可以按照不同的标准划分为不同的类型。

2.5.2　分类

1. 按照结构原理划分

按照结构原理的不同，信息检索语言可以分为分类语言、主题语言、自然语言、引文语言、分类主题一体化语言、代码语言等多种类型。

1）分类语言

分类语言（Classification Language）是以学科体系为基础，采用分类号和相应的分类款目名称表达信息内容的主题概念，并按学科体系的逻辑次序将信息资源系统地加以划分和组织的语言。它按照知识门类的逻辑次序，运用概念划分和归属的方法，采取由总到分、由一般到个别、由抽象到具体、由低级到高级、由简单到复杂的层层划分逐步展开，形成一个有序的等级制体系。分类语言能够反映事物之间的相关、从属、派生等关系，便于用户按学科门类进行族性检索。

分类语言通过分类法表现，分类法常以分类表的形式展示。我国图书馆和文献信息部门常用的分类表有《中国图书馆图书分类法》（简称《中图法》）、《人民大学图书馆分类法》（简称《人大法》）和《中国科学院图书馆分类法》（简称《科图法》）。国外使用比较广泛的分类表有《国际十进分类法》（*Universal Decimal Classification*，UDC）、《杜威十进分类法》（*Dewey Decimal Classification System*，DDC）和《美国国会图书馆图书分类法》（*Library of Congress Classification*，LCC）。国外一些著名的信息机构也有自编的分类法。此外，一些检索工具往往编有自己的分类体系，结构也相对简单。

分类表在文献信息存储和检索过程中起着非常重要的作用。存储文献时，人们基于分类表对文献进行标引,形成文献分类目录,进而对文献进行排架;检索文献时,读者基于分类表,可以从学科、专业等角度对文献进行检索。分类语言一般具有以下特点。

(1)分类语言是以学科分类为基础的一种信息检索语言,能较好地体现学科的系统性,符合人们认识事物的规律和处理事物的习惯,便于从学科和专业的角度检索文献,也便于组织文献信息的级架,因此容易被人们熟悉和使用。

(2)分类语言采用的检索标志是国际广泛采用的拉丁字母和阿拉伯数字,通用性强。但在标引文献信息时,须经过双重间接转换(主题概念—学科概念—分类号码),转换过程易发生偏差,容易出错。

(3)分类语言能较好地反映学科的纵向关系,但不容易反映学科间相互交叉渗透的横向联系,因此不易准确标引和检索交叉学科的文献。

(4)分类语言是一种先组式的信息检索语言,即在检索之前就已经固定好标志系统,具有相对稳定性,不能随时修改和补充,难以反映新兴学科的内容,因此较难标引和检索新兴学科的文献。

(5)使用分类语言标引和检索文献信息时,必须对学科的分类体系有较深的了解。

我国通用的《中国图书馆分类法》(第 5 版)分类表由基本部类、大类、简表和详表 5 大部分组成。基本部类有五大类,分别是马列毛邓、哲学、社会科学、自然科学和综合性图书。基本部类下分为 22 个大类,它们的标识符和对应科目如表 2-1 所示。

表 2-1　《中国图书馆分类法》(第 5 版)分类表示意

基本部类	基本大类	基本部类	基本大类
一、马列毛邓	A 马列主义、毛泽东思想、邓小平理论	四、自然科学	N 自然科学总论
二、哲学	B 哲学、宗教		O 物理科学和化学
三、社会科学	C 社会科学总论		P 天文学、地球科学
	D 政治、法律		Q 生物科学
	E 军事		R 医药、卫生
	F 经济		S 农业科学
	G 文化、科学、教育、体育		T 工业技术
	H 语言、文字		U 交通运输
	I 文学		V 航空、航天
	J 艺术		X 环境科学、安全科学
	K 历史、地理	五、综合性图书	Z 综合性图书

2) 主题语言

主题语言(Subject Language)又称主题法,是使用语词标志的一类文献信息检索语言。主题语言的主要特点有:一是将自然语言中的词语经过规范化后直接表达文献主题;二是将各种概念完全按字顺排列,不考虑概念之间的相互关系,检索者较易使用;三是按文献论述的事物集中文献,便于对某一事物的检索;四是用参照系统及其他方法间接显示文献主题概念之间的关系;五是其系统性不及分类检索语言,难以对某一学科或某一专业文献做全面、系统的检索;六是较易与自然语言结合使用。

按照主题性质的不同,主题语言又分为标题词语言、单元词语言、叙词语言、关键词语言和引文语言。

（1）标题词语言

标题词语言（Heading Language）又称标题法,是以标题词作为文献内容标志和检索依据的一种主题语言,也是最早出现的一种按主题标引和检索文献的检索语言,它采用标题词作为文献信息内容的标引和检索标识。标题词不仅需要描述文献的主题内容,且需经过规范化处理。标题词语言一般具有固定组配关系,通常由主、副标题词组配构成,一般按字母顺序排列。标题词语言具有较好的通用性、直接性和专指性,但灵活性较差。

标题词语言的规范工具是标题词表,常用的标题词表有《中国分类主题词表》《美国国会图书馆主题词表》和《医学主题词表》。

（2）单元词语言

单元词（Uniterm）又称元词,是指从信息内容特征中抽取出来,经过规范化,只表达唯一独立概念的最基本、不能再分的单位词语。单元词语言（Uniterm Language）是后组式语言,它把单元词作为标引文献的单位,并将一些单元词在执行检索时组合使用。单元词语言强调单元词的组配,但仅限于字面组配,例如"计算机"和"系统"分别是单元词,而"计算机系统"就不是单元词,而是由单元词组合而成的复合概念。单元词语言的规范工具是单元词表。简单的单元词表只有一个字序表,较完备的单元词表则是由字序表和分类词表组成的。

（3）叙词语言

叙词是指从文献内容中抽取出来,能概括表达文献内容的基本概念,经过规范化且具有组配功能,并且可以显示词间关系的名词或名词性词组。叙词语言（Descriptor Language）又称叙词法,是以叙词作为信息标引和信息获取的依据,对文献内容主题进行描述的一种规范化主题语言。叙词语言属于后组式检索语言,它可用复合词表达主题概念,在检索时可由多个叙词组成任意合乎逻辑的组配,形成多种检索方式。叙词语言是多种检索语言的综合应用,它的基本原理是概念组配。概念组配是概念的分析和综合,而不是简单地依据字面意义进行组词和拆词。例如"通信对抗"可用"通信"和"电子对抗"两个概念进行有效组配,简单地将"通信"和"对抗"进行组配是不正确的方法。

叙词语言对语词组配的级别高,指示文献主题的深度大,不受限制,灵活自由,所以对文献内容的揭示也比较充分。此外,叙词语言又吸收了分类语言的基本原理,不断加强对词表的分类控制,通过编制分类索引和等级索引等辅助词表克服标题法单线排列的不足,增强了族性检索的能力,从而强化了检索功能。

叙词语言将文献主题归纳于各知识主题,它对概念关系的揭示主要依靠参照系统,其对照系统包括 Y（用）、D（代）、F（分）、S（属）、Z（族）、C（参）和组代等,构成一个网络体系。

主题法也可用于工具书条目的排检。例如《中国大百科全书》各卷的"内容索引"就是各卷条目和条目中内容的主题索引。主题排检法的一般形式是主题词揭示文献记述的中心内容对象,而主题词本身则按首字读音或笔画等顺序加以排列,其优点是能在主题词下获得不同学科的文献信息。

《汉语主题词表》是一部大型的综合性叙词型中文词表,包括人类知识的所有门类,分三卷十个分册出版,共收词十一万条。该词表是 1974 年作为"汉字信息处理系统工程"的配套项目开始编制的,经过近 9000 人 5 年时间的工作,于 1980 年编成问世。该词表主要供计算机系统存储和检索文献使用,亦可用来组织卡片式主题目录和书本式主题索引。《汉语主题词表》由主表(字期表)、附表和辅表组成。

主题法和分类法的主要区别在于:主题法用主题词表达文献的中心内容,强调"直指性";分类法按知识体系分类归并概念和文献,强调"隶属性"。

(4) 关键词语言

关键词语言(Keyword Language)又称关键词法,是一种直接从文献的题名、摘要或正文中抽取出来关键词,并使用自然语言进行表示的方法。关键词法一般不会对抽取的词语进行规范化处理,如果做规范化处理,也只是做极少量的规范化处理,如去除无意义的冠词、介词、副词等,保留能揭示信息内容特征的具有检索意义的关键性词汇。

关键词可分为单纯关键词(Simple Keyword Index,SKI)、题内关键词(Keyword in Context,KWIC)和题外关键词(Keyword out of Context,KWOC)三种。单纯关键词是指从文献的正文、摘要和题名中分析出的一组关键词,没有修饰词;题内关键词在每条款目中保留了非关键词,如冠词、连词、介词等,用于反映关键词之间的语义关系,使之成为一个具有完整意义的短语,从而准确地表达文献的主题内容;题外关键词是上述两种关键词的方法和原理的结合。

由于关键词使用自然语言,人们容易掌握,因此是众多普通检索用户最常使用的检索方法。但因关键词未经规范化处理,因此存在同义词、近义词等,这会造成标引和检索之间的误差,从而导致文献漏检,使得查准率和查全率较低。此外,自然语言中多种形式的相关关系在关键词中得不到显示,这也给信息检索的查准率和查全率带来了挑战。

(5) 引文语言

人们在进行科研活动时,往往会参考他人的著作来为自己的文章提供佐证和参考,并在其成果的中列出参考的著作名称,这些参考的著作就称为引文(Citation),而利用引文的文献称为来源文献(Source Item)。由于来源文献和引文之间在内容上存在某种程度的相关性,所以引文就完成了文献集中的功能。引文语言就是利用文献信息之间的相互引证关系作为文献内容主题标识,并以此标引和检索文献而建立的检索语言。引文语言是一种自然语言,它没有固定的词表,标引词来自文献的主要著录款目。

3) 代码语言

代码语言是用某种符号代码系统标引信息特征、排列组织信息和检索信息的语言。常见的符号代码有元素符号、化合物分子式、专利号、标准号、报告号、合同号等。这些符号代码在相应的专业领域内有着显著的检测价值,人们往往利用它们作为标引和检索的标识,编制出不同的专用索引,如化学物质索引、分子式索引、专利号索引、标准号索引等,这些索引常常附在与之关系密切的检索工具中,为特定专业的研究人员提供了简洁的检索途径。

以上检索语言又可以分成描述信息外部特征的检索语言和描述信息内容特征的检索语言两类。描述信息外部特征的检索语言一般不反映文献的实质意义,如题名、作者、出版者、代码语言、引文语言等都属于描述外部特征的语言;分类语言和主题语言则属于描述信息内容特征的检索语言。描述信息内容特征的检索语言与描述外部特征的检索语言相比,在揭示信息特征与表达信息提问方面更具有深度。

2. 按照组配方式划分

按照组配方式的不同,检索语言可以划分为先组式语言和后组式语言。

1) 先组式语言

在先组式语言(Pre-Coordination Language,PCL)中,检索词预先使用固定关系进行组配,并编制在词表中,检索时,用户只能根据词表中固定好的组配词语查找信息资源,用户不能任意组配检索词。如分类语言中的各级分类款目、标题词语言中的标题词都不能任意变更次序进行组配。先组式语言有很好的直观性和专指性,但灵活度较差。

2) 后组式语言

后组式语言(Post-Coordination Language,PCL)是在检索前,检索词在词表中没有预先组配,而是以单元词或概念因子等形式出现,检索时,用户可以根据不同的检索需求对它们进行任意组配,以表达不同的概念。单元词、叙词、关键词均属于后组式语言。后组式语言提供了灵活的组配方式,在计算机检索中得到了广泛的应用。

3. 按照规范化程度划分

按照规范化程度的不同,信息检索语言可以划分为自然语言和人工语言。自然语言(Natural Language)又称非受控语言或非规范化语言,是在检索系统中使用直接来自文献信息或用户提问的非规范词或自由词的检索语言,其检索词一般是直接从文献篇名、正文或文摘中抽取的具有实际检索意义的词语。该语言对主题概念中的同义词、多义词等不加处理,取其自然状态,因此称为自然语言,关键词语言就属于自然语音。人工语言(Artificial Language)又称受控语言或规范化语言,是指检索词来自文献信息或用户提问,并受到信息检系统控制,人为地对检索语言的概念加以控制和规范的检索语言。人工语言对检索语言中的各种同义词、多义词、同形异义词、缩略词等进行规范化处理,使每个检索词只能表达一个概念。分类体系语言中的分类款目、叙词语言、单元词语言、标题词语言以及代码语言都属于人工语言。

比较成熟的检索系统通常是自然语言和人工语言并用,两种检索语言互为补充,以保证较高的检索效率。人工语言和自然语言的不断融合形成了一种新的知识体系——知识组织系统(Knowledge Organization Systems,KOS)。知识组织系统是一种机器可理解的系统,即可以被计算机系统识别、读取和理解,它的核心在于构建概念(知识)属性的形式化描述框架,以满足基于机器理解的信息处理和知识管理的功能需求,并实现不同系统、不同层面上的互操作,是"各种用来组织信息和增进知识管理水平的方案的总和",既包括各种词表、分类法等传统信息组织技术,也包括语义网络、本体等现代信息和知识组织技术。网络环境下知识组织体系(Networked Knowledge Organization Systems,NKOS)的电子化可以描述为网络知识体系网络,随着网络技术的不断发展,网络环境下知识组织体系开始在各类数据库、搜索引擎和知识管理方面得到广泛应用,例如 Baidu、Yahoo、Google 的主题分类指南以及很多门户网站的分类索引服务体系就是网络环境下知识组织体系的应用雏形。

2.6　网络信息资源检索方法

用户要想获取互联网上的信息资源,必须首先明确信息资源的位置。在互联网中,通常采用统一资源定位符(Uniform Resource Locator,URL)唯一标识互联网中的资源。统一资源定位符也称网址。由于互联网中的资源众多,用户不可能精确地知悉每个资源的网址信息。为了能够快速获取目标信息,用户可以借助检索工具进行信息检索。根据是否借助检索工具,网络信息资源检索方法可以分为浏览法和检索法两种。

2.6.1　浏览法

浏览法通常是指用户不借助任何检索工具获取目标网络信息资源的方法。浏览法一般包括偶然发现、顺"链"查找、网址定位和目录浏览。

1) 偶然发现

偶然发现是用户在日常使用网络时意外发现的一些有用信息,此种获取方式具有很强的偶然性和不可预见性。

2) 顺"链"查找

顺"链"查找是指用户在阅读网页时,通过单击网页上的超链接实现从一个网页跳转到另一相关网页,进而获取目标信息资源的方法。此方法获取信息资源的效果与链接目标网页的质量有关,如果添加有超链接的文本内容与链接目标网页的内容关系紧密,且目标网页质量较高,则可高效地获取目标信息,但也有可能在顺链而行的过程中偏离检索目标或迷失于网络信息空间中。

3) 网址定位

网址定位法是指当用户清楚某资源网址的情况下,通过直接输入网址定位网络资源。此方法直接高效,但需要用户准确记录网址。用户可以通过直接保存网址的方法记录网址,也可以通过收藏网址的方法记录网址,后一种方法便捷高效,但需借助具有收藏功能的软件实现(如浏览器的收藏夹、电子笔记软件等)。

4) 目录浏览

目录浏览是用户对目录型结构的网络资源,通过浏览其分类目录结构获取目标资源的方法。目录型网络资源检索工具采用的分类法主要有主题分类法、学科分类法、图书分类法等,其常常采用人工干预的方法保证信息资源的科学性和合理性,从而保证用户检索结果的相关性。但也正因为目录浏览需要人工干预,这种数据库的规模一般较小,而且更新和维护的速度也相对较慢,数据库更新周期较长(图 2-8)。

2.6.2　索引法

索引法是指用户借助一定的网络信息资源检索工具,检索并获取网络中目标信息的过程。目前,用户使用广泛的互联网信息资源检索工具是搜索引擎。

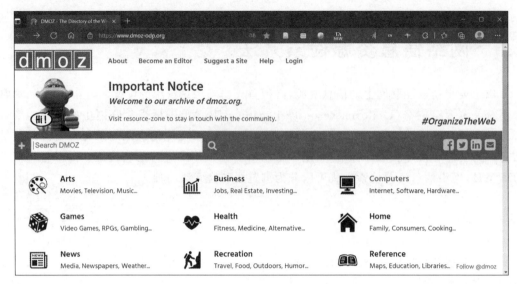

图 2-8　目录搜索引擎示意

搜索引擎通过自动驱动特定的计算机程序实现定期地对互联网上的资源进行检索和更新,并将检索结果进行处理,然后存储到特定的数据库中并创建数据索引,以便根据用户的检索需求在该数据库中进行内容匹配,最后将检索结果返回给用户。

搜索引擎支持用户使用关键词、词组或自然语言等方式构成检索表达式,向搜索引擎提出检索要求,搜索引擎基于一定的原理代替用户在索引数据库中进行检索,并将检索结果返回给用户。搜索引擎普遍支持布尔检索、截词检索和字段检索等功能。与浏览法相比,利用搜索引擎进行网络信息资源检索不仅可以提高检索速度,扩大检索范围,而且检索过程也简单方便。

索引法的主要局限在于检索结果的质量与检索系统有着密切的关系,具体体现在以下两方面:检索结果的全面性与搜索引擎爬取并保存网络数据的范围有关;检索结果的精准性与搜索引擎的索引系统、搜索引擎分词策略等有关。除此之外,检索结果的排名策略、广告推送情况等也会对检索结果产生影响。

典型的索引型网络资源检索工具有 Google 搜索引擎、百度搜索引擎、Bing 搜索引擎、Yandex 搜索引擎等(图 2-9)。

信息资源检索方法是建立在现有检索条件的基础上,通过选用适当的检索系统和检索工具,按照一定的顺序,从不同方面入手查找课题所需信息,以获得最满意的检索效果的方法。根据检索需求的不同,网络信息资源检索方法又可以分为常规法、追溯法和综合法。

2.6.3　常规法

常规法也称工具法,是目前最常用的一种信息资源检索方法,它是指利用文摘、题录、索引等各类检索工具或者各类计算机检索系统直接查找文献信息的一种方法。常规法在实际检索应用过程中依据课题对时限的要求,又可分为顺查法、倒查法和抽查法三种情况。

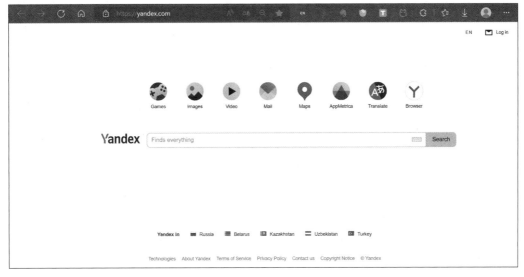

图 2-9　Yandex 搜索引擎首页

1）顺查法

顺查法是一种按照时间顺序进行信息检索的方法，其依据检索课题涉及的起始年代由远及近地进行信息查找。顺查法适用于检索理论性或学术性的课题信息。

2）倒查法

倒查法也是一种按照时间顺序进行检索的方法，但其检索顺序与顺查法不同，它按照时间顺序由近及远地进行查找，直到满足信息检索的需求目标为止。倒查法多用于检索新课题，或有新内容的老课题，或对某课题研究已有一定基础，需要了解其最新研究动态的课题信息检索。

3）抽查法

抽查法是一种根据检索课题的特点，选择与该课题有关的文献信息最可能出现或最多出现的时间段，并进行重点检索的方法。抽查法是一种花费时间少而获得文献数量多的检索方法。需要注意的是，抽查法必须建立在熟悉该学科发展的前提下，否则很难达到预期的检索效果。

2.6.4　回溯法

回溯法被又称引文法，是指在已获得所需文献的基础上，再利用文献中所附的参考文献、相关书目、推荐文章和引文注释等信息作为信息检索的入口，依据文献之间的引证和被引证关系揭示文献之间的某种内在联系，进而查找到更多相关文献的方法。

回溯法是一种扩大信息线索的辅助方法，在检索工具不全或检索系统收录内容不完整的情况下，可以借助此种方法进行检索。此方法的不足之处在于需要花费较多的时间，而且检索的盲目性较大，此外，由于原文引用的参考文献的数量有限，使用该方法检索的信息的查全率一般欠佳。

2.6.5　综合法

综合法也称交替法或循环法,是将常规法和回溯法结合起来使用的检索方法,即在查找文献信息时,既利用一般的检索途径,又利用原始文献中所附的参考引用文献作为检索入口,分阶段、按周期地交替使用两种方法。综合法在检索效率方面具有一定的优势。

2.7　信息资源检索途径

信息检索的实施必须依赖于检索前已经掌握的信息线索、现有的检索系统或检索工具以及合适的检索途径。检索途径(Retrieval Approach)也称检索点(Access Point),主要是指信息检索的角度和渠道。选择检索途径的依据有两点:一是检索者已经掌握的信息线索,二是选用检索系统可以提供的检索途径。根据检索系统对文献特征的揭示,主要分为文献外部特征和文献内容特征两种,信息检索途径可以相应地分为内容特征检索途径和外部特征检索途径两类。

2.7.1　内容特征检索

文献的内容特征包括文献论及的事物、提出的问题、涉及的基本概念或主题以及文献内容所属的学科范围。反映文献内容特征的检索途径有分类途径和主题途径。

1. 分类途径

分类途径是按照信息内容,利用分类检索语言实施检索的途径。分类检索是从文献内容所属的学科类别进行检索,依据可参照的分类体系进行。分类途径的基本实施过程为:首先分析提问的主题概念,选择能够表达此概念的分类类目(包括类名和类号),然后按照分类类目的类号或字顺在分类体系中进行查找,进而得到所需文献信息。分类途径的查全率较高。

2. 主题途径

主题途径是按照信息内容,利用主题检索语言实施检索的途径。主题途径的实施需要使用各种主题词索引,如主题索引、关键词索引、叙词索引等。主题途径的基本实施过程为:首先分析提问的主题概念,选择能够表达概念的主题词,然后按照主题词的字顺在主题词索引中进行查找,进而得到所需的文献信息。主题途径的查准率较高,能够反映新兴学科、交叉学科和边缘学科的发展。

2.7.2　外部特征检索

外部特征主要针对文献检索而言,文献的外部特征是指文献载体外部可见的标识特征,如文献的题名、作者、编号等,基于外部特征,用户可以通过题名途径、作者途径、编号途径、引文途径等进行信息检索。

1. 题名途径

题名途径是按照已知的文献题名进行文献信息检索的途径。文献题名主要包括书名、篇名、刊名、出版物名、会议名称等。题名检索途径符合读者的检索习惯,对于已经明确名称的文献,使用题名查找会更便捷、快速、准确。

2. 作者途径

作者途径是按照文献责任者的名称检索文献的途径。文献责任者主要包括个人作者责任者、团体责任者、编者、译者、主办者、专利权人等。作者途径可以系统地发现和掌握同一作者名称下的学科内容详尽或有内在联系的文献,有利于系统研究某一方面的问题或某一著者的全部著作和学术思想,在一定程度上能够满足族性检索的要求。

3. 编号途径

编号途径是利用文献具有的独特的编序号或标识代码,如专利号、标准号、图书索引号等查找文献相关信息的检索途径。利用号码途径检索文献信息准确、快捷,但号码难以记忆。常见的号码有图书标准号和国际标准刊号。

4. 引文途径

引文途径可以通过被引文献或引文文献进行检索,即通过原文献查找引文和利用文献中的参考文献查找引文。

2.8　网络信息资源检索技术

计算机信息检索的过程实际上是检索词与标引词相互匹配的过程。单个检索词的计算机检索比较简单,两个或两个以上检索词的计算机需要根据检索课题的要求,运用检索算符对检索词进行组配。在计算机系统中,常见的检索符有基本检索符、布尔逻辑检索符号、截词符、位置算符等[9]。

2.8.1　基本运算符

在网络信息检索中,搜索引擎的简单检索一般会用到基本运算符,掌握一些常用的基本运算符会提高检索结果的精准性。

1) 双引号

在进行信息检索时,有时需要使用多于一个的检索词表达检索需求,即需要将多个检索词作为整体表达检索需求,此时,可以通过在多个检索词的两边加英文状态下的双引号(“”)的方法实现整词检索。如需要检索语音识别软件,则使用两边加双引号的“speech recognition software"要比单纯地使用 3 个英文单词组成的检索式更精准。

2）加号

在进行信息检索时，如果要在结果中包含某个特定的检索词，可以在其前面加一个"＋"，而且"＋"和检索词之间不能有空格。例如，查找有关数字图书馆方面的信息，检索条件可以表示为"＋数字图书馆"，这表示"数字图书馆"一词必须出现在检索结果中。

3）减号

在进行信息检索时，如果要求结果不包含某特定的检索词，可以在该词前面加一个"－"，如查找结果不能包含"数字图书馆"，则可以在检索语句后加"-数字图书馆"，而且"－"和检索词之间不能有空格。

4）通配符

在进行简单检索时，可以在检索词末尾加一个通配符（＊）以代替任意字母组合（最多可代替 5 个小写字母），但"＊"不能用在单词的开始或中间。使用通配符可以自动查找具有相同词干的所有单词，提高检索的全面性，扩大命中结果的数量。如检索提问式"computer＊"表示自动查找以"computer"开头的若干单词，结果将包含如 computer、computers、computerized 之类的单词。

几乎所有主要搜索引擎都支持以上基本检索功能，只是具体使用时会在符号表示方面有所差别，使用该方法有所不同，用户需要在使用前查找使用说明。

2.8.2　布尔逻辑检索技术

布尔逻辑运算符可以规定检索词之间的逻辑关系，主要的逻辑算符有逻辑"与"（AND）、逻辑"或"（OR）和逻辑"非"（NOT）[10]。

1）逻辑"与"

逻辑"与"用来组配不同的检索概念，其含义是检出的记录必须同时含有所有的检索词。如要求检索结果中包含 A 和 B 两个词语，则可用"AND""and"或"＊"标识组配方式为"A and B"或"A ＊ B"，以检索出数据库中同时包含 A 和 B 两个词的文献。逻辑"与"的作用是增加限制条件，即增加检索的专指性，以缩小提问范式，减少文献输出量，可以提高查准率。

2）逻辑"或"

逻辑"或"用来组配具有统一或同族概念的词，如同义词、相关词等，其含义是检出的记录中至少含有两个或多个检索词中的一个。如要求检索结果中包含至少 A、B、C 三个词语中的一个，则可以用 OR、or 或＋表示，组配方式为"A OR B OR C"或"A＋B＋C"，表示数据库中凡含有检索词 A 或 B 或 C 的文献均为命中文献。使用逻辑"或"相当于增加了检索主题的同义词、近义词和相关词，其作用是放宽了提问范围，增加检索结果，起到扩检的作用，可以提高查全率。

3）逻辑"非"

逻辑"非"用来排除含有某些词的记录，即检出的记录中只能含有"NOT"算符前的检索词，不能同时含有其后的词，如需要检索包含 A 词但不包含 B 词的文献信息，则可以使用"NOT""not"或"-"表示，组配方式为"A not B"或"A -B"，表示数据库中含有 A 词而不含有 B 词的文献为命中文献，其作用是组配出不希望出现的检索词，从而能够缩小命中文献的范围,增强检索的查准率。

以上三种布尔逻辑运算符的优先级从高到低分别是逻辑"非"→逻辑"与"→逻辑"或"。在同一组检索提问式中,如想改变其执行的优先顺序,可以通过优先运算符"( )"进行改变(与数学中的运算相同)。

需要说明的是,搜索引擎和文献数据库一般都会提供逻辑检索功能,但其使用的逻辑运算符的表示方式会有所差异,用户需要根据搜索工具的具体使用规定选择和使用。

2.8.3 截词检索技术

截词检索是指在检索中用截词符号表示检索词的某一部分的词形变化,因此检索词的不变部分加上由截词符号代表的任何变化形式构成的词汇都是符合要求的检索词,结果中只要包含其中任意一个就满足检索要求。截词检索的目标是提高检索的查全率。不同的数据库和搜索引擎有不同的截词符号,常用的截词符有"?"" * "" $ "等,如 DIALOG 数据库使用"?"进行一个或多个词的匹配,Elsevier SDOL 数据库使用" * "进行零个或多个词的匹配。根据截词符号所处位置的不同,截词检索可以分为后截断、前截断和中截断。

1)后截断

后截断使用截词符号代表检索词的词尾部分,从而在保证检索词前一部分一致的情况下,使得检索词的词尾部分有若干变化。后截断主要用于词的单复数、年代、作者、同根词等作为关键词的文献信息检索。例如可以使用截词检索语句"comput * "检索以"comput"为开头的词的相关文献信息,从而可以检索出包含"computer""computing""computerized""computerization"等词的文献信息。

2)前截断

前截断使用检索词符号代表检索词的前缀部分,从而在保证检索词后方一致的情况下,使得检索词的前一部分可以有所变化。如使用检索词" * physics"可以检索出包含"physics""astrophysics""biophysics""geophysics"等词语的检索结果。

3)中截断

中截断允许检索词的中间部分有若干变化,可以用来解决有些单词在英美国家拼写方式不同、在某个位置上出现单复数不同拼写等毗连词语问题。例如使用检索词"wom * n"将可以获得包含"women"和"woman"的检索结果。

2.8.4 邻接检索技术

邻接检索又称位置检索,是指运用位置算符(Position Operator)表达检索词概念之间的位置临近关系。邻接检索避免了布尔逻辑检索中无法区分逻辑与联结起来的两个概念的关联程度,邻接检索有以下 5 种形式。

(1)同字段邻接。邻接符号 F,检索式为 A(F)B(其中 F 是 Field 的首字母),表示它关联的两个概念 A、B 必须同时在同一字段中出现。

(2)同自然段邻接。邻接符号 P,检索式为 A(P)B(其中 P 是 Paragraph 的首字母),表示它关联的两个概念 A、B 必须同时在同一自然段中出现。

（3）同句邻接。邻接符号 S，检索式为 A(S)B(其中 S 是 Sentence 的首字母)，表示它关联的两个概念 A、B 必须同时在同一自然句中出现。

（4）有间断无序邻接。邻接符号 n N(其中 N 是 Near 的首字母)，检索式为 A(n N)B，表示它关联的两个概念 A、B 间可以插入 0～n 个其他词汇，且两个概念前后顺序不定，其中 n 代表可插入词的个数。当 n＝0 时，检索式可直接写作 A(N)B。例如检索式"information 1N research"可以检索出"information research""research information""information science research""research physical information"等结果。

（5）有间断有序邻接。邻接符号 n W(其中 W 是 With 的首字母)，检索式为 A(n W) B，表示它关联的两个概念 A、B 间可以插入 1～n 个其他词汇，但两个概念之间的前后顺序固定，不可改变，其中 n 代表可插入词的个数。当 n＝0 时，检索式可以直接写为 A(W)B。

2.8.5　限制检索技术

限制检索技术是对检索词范围(时间、文献类型、期刊名称、文献语种等)进行约束的检索技术。这种限定技术常在缩小检索范围、提高查准时使用。检索系统执行提问式时，系统只对提问式中指定的字段进行匹配运算，查找出相匹配的记录。美国 Dialog 系统就支持通过以后缀代码和前缀代码进行限制检索范围。

1) 后缀限制

在检索词后加"/"，再加上后缀代码，构成后缀检索。常用的后缀检索代码有"/TI"(表示检索词限定在文献题目字段)、"/AB"(表示检索词限定在文献摘要)、"/PA"(表示检索词限定在文献类型中的专利字段)、"/88—89"(表示检索词限定在文献集合中的 1988—1989 年)、"/DE"(表示检索词限定在叙词字段中)等。

2) 前缀限制

在检索词前面加上前缀代码和符号，构成前缀限制。常用的有"AU＝著者姓名"，表示查找某一著者的信息，限定在著者字段；"CS＝团体机构"，表示查找某一机构的信息，限定在团体机构字段；"JN＝期刊名称"，表示查找某一名称期刊中的信息，限定在期刊名称字段；"LA＝文种"，限定在语言字段；"PY＝出版年份"，限定在年度字段。

2.8.6　全文检索技术

全文检索是以原始记录中词与词之间的特定位置关系为检索对象的运算，是对文献全文内容进行字符串匹配的过程。全文检索技术中的"全文"表现在它的数据源是全文的、检索对象是全文的、检索技术是全文的、提供的检索结果也是全文的。全文检索的概念反映了全文检索与受控检索在自由词检索方面的差异，与其他检索技术相比，全文检索具有以下 7 个特点。

1) 直接性

提供存取全文文本的空间，能直接检索原始文献，不必进行二次检索，即全文检索得到的是全文文本，而非文献线索。

2）详尽性

文献的正文部分或附属部分都可以检索和显示，不失专指性，不产生漏检，用户可以直接查到文献中的每段、每个句子或每个词，还可以看到某些边缘性的情况。

3）方便灵活性

文本中的任何字符或字符串都可以作为检索入口点，用户可以直接查找文本中的任何成分或特定单元。

4）广泛适用性

能处理结构化和非结构化等各类文本数据，能够采集各种来源的文本，这些来源可以跨越地理广泛分布，并且可以使以不同介质和不同格式产生的文本经过整理转换成为标准形式，实现全文检索。

5）后处理能力

具有对检索出的文本进行处理的能力，并且以用户乐于接受的形式提供检索后未经加工处理的文本，使检索系统功能得到延伸。

6）用户友好性

易学易用，界面友好，检索方法接近自然语言。

7）易于自动化

分词和标引等都易于在计算机上实现，方便实现自动化处理。

2.8.7　超文本检索技术

超文本是一种信息组织形式，也是一种信息获取技术。通常，人们习惯将信息分为文本信息、图像信息、声音信息等。文本信息包括文字信息与数字信息，而超文本信息包括文本信息、图像信息与声音信息等，即一切可用现代计算机存储的信息。超文本与普通文本的差别不仅在于存储信息的形式，还在于超文本能存储信息之间的多种复杂联系。正因为超文本能够在信息对象之间建立较强的关联关系，因此，它能够使得人机之间的交互更方便，使得用户对系统使用更快捷，而且页面之间的关联关系也正符合人们联想式的阅读与思维习惯，超文本技术的使用极大地推动了互联网 Web 服务的兴起。

1. 超文本的组成

作为一种信息管理技术，超文本以结点作为基本信息单位，构成一个相互关联的更大的信息网络。结点可以是文字、数据、图像、声音、动画、视频、计算机程序或它们的组合。结点的大小由实际应用确定，结点中的信息通过链接形成非线性的网状结构，每个结点包含特色的主题，结点一般分为以下几种。

（1）表现类结点。此类结点包括文本、图形、图像、声音、视频、混合媒质及按钮结点等。

（2）组织型结点。此类结点是用来组织结点的结点，包括各种媒体的目录结点和索引结点。目录结点包含媒体的索引指针，该指针指向索引结点。

（3）索引结点由索引项组成，索引项用指针指向目的结点，或指向索引项的相关索引项，或指向相关表中对应的一行，或指向原媒体的目录结点。

（4）推理型结点。推理型结点用于辅助链的推理与计算，包括对象结点和规则结点。

对象结点用于描述对象,由结点电槽、继承链和嵌入过程组成。对象结点常用 Is‑a 链连接起来,用于表现知识之间的结构关系。规则结点用于保存规则,并指明满足规则的对象、判定规则的使用是否合理、进行规则解释等。

在超文本技术中,链(Link,又称超链接)是关键,它定义了超文本的结构,提供了浏览、查调结点的能力,是超文本的灵魂。

从超文本系统的基本组成角度看,超文本系统可以划为 3 个层次,即数据库层、超文本抽象机层和表现层。

(1)数据库层涉及信息的存储,是系统结构中的最底层,它以数据库作为存储基础。由于系统中的信息数量庞大,所以要存储的信息量也非常大,此外,为了满足用户及时获得检索结果的需求,信息存储必须能够快速存取信息,而且数据库层还需要解决多用户访问信息的安全性、信息的备份等问题。

(2)超文本抽象机层是超文本系统的中间层,它标识每个结点,记录了结点与结点之间的链接关系和链接类型,对有关结点和链的结构信息进行保存,通过其可以了解每个相关联的属性。

(3)表现层又称用户接口层,该层体现了超文本系统的特殊性,其设计的好坏直接影响超文本系统是否能够成功实现。表现层是 3 层系统结构模型中的最高层。表现层应该具有灵活方便、简单直观等特点,是超文本和超媒体系统的人机交互界面。

超文本技术是支持协同工作的自然工具,可以实现创建注释、维持一组信息的多种组织形式,并在不同用户间传递信息,而这些操作都是协同工作的基础。协同工作使得多个用户可以在同一组超文本数据上共同操作,即实现了协作超文本或组文本技术。

2. 超文本技术特点

超文本技术与受控标引检索、全文检索等传统检索技术相比具有显著的区别,其特性主要体现在内容非线性组织和单元关联性、体现信息的层次关系、动态性、交互界面友好、信息内容表述方式的多样性和直观性(不仅有文字,还有图片、照片、地图等各种信息,避免了检索语言的复杂性等)。这些特点使超文本信息检索与传统信息检索技术相比具有明显的优越性,这种优势主要体现在以下几方面。

(1)以知识单元为单位,通过链接将同一文献或不同文献的相关部分链接起来,检索时可以深入知识单元。传统的检索技术以文献为单位,检索结果都是整篇文献。

(2)传统的检索系统采用准确匹配的检索方法,检索结果是一组未经排列的文献,无关文献间的重要性,而在超文本检索系统中,文献是结构化建立的,并非处于同一层次,用户使用检索系统时,可以看到文献之间的链接以及两个文献间路径和相隔的结点数,由此可以确定文献的重要性。同时,还可以根据需要在没有链接的文献之间加上链接。

(3)一般检索中,由于用户不熟悉检索语言和检索策略,在检索时会存在很大的困难,尤其是跨数据库检索时,由于每个数据库具有不同的特征和使用不同的检索语言,这更增加了用户检索的难度。而超文本系统可借助文档间的链接进行内容浏览,按照链接逐步找到所需信息,避免了使用检索语言的复杂性。另一方面,超文本系统还可以提供界面化操作,一个独特的用户界面可以便捷地实现不同数据库的检索语言一体化。

3. 超文本检索系统分类

虽然对超文本检索系统的分类还没有统一的标准,但为了理解方便,可以借助 Carison 的观点将超文本检索系统分为 3 类:基于浏览的检索系统、基于提问的检索系统和智能检索系统。

1) 基于浏览的检索系统

基于浏览(Navigation based)的检索系统是最一般的超文本检索系统模式,它体现了现有超文本系统信息存储与检索的特点。

传统的信息检索系统数据库由文献集合库和结构化辅助数据集合两部分组成,文献集合库包括与文献有关的大量数据,辅助数据集则提供检索入口及与文献集合库的关联关系。一般情况下,文献集合库不提供检索入口功能,该功能是通过辅助库实现的,辅助数据集和借助检索线索,从文献集和库中获得相关文献信息。

基于浏览的超文本系统数据库也包含两个部分,分别是文献集合和文献链接网。文献链接网用来连接集合中的文献,它不仅可以将同一文献或不同文献的相关部分连接起来,也可以将语义相近的信息单元连接起来,由此可见,文献链接网相当于传统检索系统中的辅助数据集的功能。

在超文本检索系统中,如果两个语义相关的信息单元之间没有链接,它们就无法通过浏览检索方式在这两个信息单元之间相互引导浏览,因此,一般超文本检索系统允许用户自行加入链接关系,以使系统的链路网络相对完善。

基于浏览的超文本检索系统的最主要检索方式是浏览检索方式,只通过跟踪信息结点之间的链接,在网络中移动以获得所需信息。通过对系统包含内容的浏览,可以了解信息单元本身的内容、数据库的组织方式、信息之间的相关程度、信息的查询路径等,用户可以据此调整检索策略及检索目标,以快速高效地找到目标信息。

通过浏览的方式,用户可以在完全不了解检索语言和检索策略的情况下进行检索,随时发现相关主题,扩大检索范围,获取满意的检索结果。但这种检索方式只适用于中小型检索系统,因为一旦检索结点和结点链接多到一定程度,系统的浏览速度将会大大降低,检索者在众多的路径面前也会失去判断能力。另外,依靠浏览不能快速获取信息集合,浏览一个结点只能判断一个信息单元的取舍,投入的时间和精力较大,即使引入字符串匹配、关键词匹配等辅助检索手段,也很难快速获取检索目标。

2) 基于提问的检索系统

基于提问(Query based)的超文本检索系统可以看作一种双层结构的检索模型,该模型下的检索系统由 3 部分组成:信息集合、辅助数据集合、结点链路。结点之间的链接可分为连接不同信息单元的结构链(Structural Link)、连接表达不同语义的辅助语义链(Semantic link)以及连接信息集合元素和辅助数据集合元素的连接链(Connection Link)。辅助数据链集合和语义链构成检索系统的一个层面,即概念层;信息集合与结构链构成检索系统的另一层面,即文献层;连接链则贯穿于两个层面之间,实现两个层次的切换和沟通。

概念层表示文献的语义集合,相当于文献层的索引,当在概念层中加入新的语义结构时,系统会自动建立新的概念结构与概念层中原有语义以及文献层中各种信息元之间的对应关系,当新的文献单元加入文献层时,系统也会建立信息单元和语义结构的联系。

3）智能检索系统

智能检索系统实质上是基于导航浏览和提问系统的逻辑功能的延伸，它利用人工智能技术对检索课题进行推理、判断，并自行修改和开发检索策略。

2.8.8　智能化检索技术

1. 智能化检索技术的含义与特点

信息检索的发展过程经历了布尔检索、向量空间检索、模糊集合检索、概率检索、全文检索等重要阶段，在此过程中，后一阶段比前一阶段在理论上更加完善，内容结构等更科学合理。发展到超文本检索时，检索系统不仅检索过程更加灵活、方便、友好，而且检索结果图文声并茂，更加生动形象，超文本检索系统将信息检索提高到了相当高的阶段。但是单纯运用超文本技术或者简单地将超文本技术与传统的检索方法和系统相结合，并不能都取得令人满意的效果和效率。随着智能技术的不断发展，人们意识到，只有使信息检索系统向智能化方向发展，即将信息自动化处理技术、超文本技术、传统检索技术和人工智能技术结合起来，才能得到真正方便实用的信息检索系统，即智能检索系统。

智能检索是一个既查找所需信息，又对检索到的信息做适当加工以产生新信息，并将所有这些信息提供给用户的检索过程。智能检索系统是指具有联想、比较、判断、推理、学习等能力，能够模拟人类进行信息检索的计算机检索系统，它不仅能完成简单的匹配检索，还能对机内存储的数据进行一定程度的分析、比较、联想、综合、判断或演绎、推理，从而输出满足查询条件且系统中原本没有或没有明显表示出来的新信息。智能检索属于人工智能范畴，是信息检索的发展方向。对于智能检索，用户可以通过以下几句话加深理解。

"某一用户，为了寻求某一问题的求解方法或获取一些有用的信息，来到信息服务中心。该用户不知道如何精确地描述其信息需求，即无法精确地说明其信息需求。信息中心的检索咨询人员可以通过和用户的交流理解用户的信息需求，通过对一个或多个具有文献描述的数据进行访问，找出用户所需的文献信息。"

从智能的角度来看，要完成上述智能检索过程中的最后一句体现的功能，就要求系统必须做到以下几方面。

（1）能够考虑个别用户的特性。

（2）能够在问题描述这一级解决用户问题，即不需要用户对其信息需求做太多的特殊描述，从而减轻用户在检索描述方面的困难。

（3）能够充分考虑某些概念，如问题求解状态、系统能力、所需响应时间等。

（4）有一个完整有效的人机接口，以便使系统能够和用户进行一些必要的会话。

（5）能够确定存储有关文献的数据库、文献结构、内容及其用户求解问题的有关知识，并能在检索过程中使用这些知识。

（6）能够自动确定用户和文献之间的某些关系。

（7）具有不断学习和自我完善的功能。

智能检索系统的核心必须具有智能化人机接口，从而在用户求解问题的过程中发挥更恰当的作用，同时必须具备系统推理能力，以此确定用户及其提问和数据库文档之间的关系,它可以通过启发式的推理完成。现有的检索系统增加智能化的人机接口而形成智能检索系统必须具有以下功能。

(1) 主动向用户提供检索系统的参数,如数据库分布、更新情况等,帮助用户选择数据库。

(2) 具有语法分析功能,使用户能用自然语言进行提问。

(3) 帮助用户确定检索策略。

(4) 记忆不同用户使用的检索模式及其对数据库的覆盖范围和对所得结果的评价,以便完成自我学习和知识更新。

集中融合传统检索技术和人工智能技的新一代智能型信息检测系统完全能以自然语言方式接收检索课题,并像人类那样进行课题分析与设计,在全过程中自动完成课题的检索。

2. 智能信息检索系统的基本构成及有关问题

从理论上讲,一个智能型信息检索系统一般应由以下几部分组成。

(1) 知识获取及加工部分。该部分完成对计算机专家、信息检索专家以及其他相关领域专家相关知识的获取和加工,并将其以适当的方式存储在知识库的相应文档中,以此构成检索系统运行的智能基础。

(2) 信息资料获取及加工部分。该部分完成对各种文献型及非文献型信息资料的获取及加工,也以适当的形式将其存放在知识库的相应文档中,以此构成检索系统运行的"物质"基础。

(3) 知识库。该部分是该智能信息检索系统的核心部分之一,主要存放来自知识获取及加工系统的分析方法集、检索策略集以及来自信息资料获取与加工系统的信息资料集(各种数据库)等。

(4) 知识库管理系统。该部分完成对知识库的日常管理和维护。

(5) 搜索机。该部分是智能信息检索系统的又一核心部分,负责接收用户提问,借助知识库完成相应的检索,并以适当的方式将检索结果提供给用户。

(6) 输入或输出接口。该部分接收用户的检索请求,并向用户输出检索结果。

2.9　信息资源检索策略

2.9.1　定义

信息资源检索策略有狭义和广义两个层次的概念。狭义上的信息资源检索策略是指检索提问表达式的构造,即运用检索系统特定的检索技术,确定检索词之间的逻辑关系,形成表达用户信息需求的检索提问表达式;广义上的信息资源检索策略是指在分析检索课题的实质内容、明确检索目标的基础上,选择检索系统和检索工具,明确检索途径和检索方法,确定检索词之间的逻辑关系以及查找步骤最佳方案的一系列科学安排。

信息资源检索策略是影响检索效果的关键因素,好的信息资源检索策略不仅可以优化检索过程,从整体上节省检索时间和检索费用,还可以获得较高的查全率和查准率,取得最佳的检索效果。

2.9.2　常用检索策略

根据检索途径的不同,计算机检索策略可以分为手工信息资源检索策略和计算机信息资源检索策略两类。

1. 手工信息资源检索策略

手工信息资源检索通常使用印刷型检索工具书,检索过程是通过手翻、眼看、大脑判断完成的。手工信息资源检索策略的制定一般包括分析检索课题、选择检索工具、确定检索标识、选择检索途径、确定检索方法、实施检索以及索取原始信息等过程。其中选择检索工具、选择检索途径和确定检索方法是核心。

选择检索工具时,选择与信息需求结合紧密、学科专业对口、覆盖信息面广、量大、报道及时、解释信息内容准确、具有一定深度、索引体系完善的手工检索系统为最佳,如文摘类和题录类检索工具是较好的选择。

检索途径由选择的检索系统提供,主要有分类途径、主题途径、著者途径、号码途径等,其中分类途径和主题途径是最常用的检索途径,分类途径以学科体系为入口进行检索,具有族性检索的特点,查全率较高,但是一般只能满足单维概念的检索,对多维概念的检索查准率较低。若信息需求范围较宽,泛指性较强,宜选用分类途径。主题途径以叙词或关键词为入口进行检索,具有特性检索的特点,查准率较高,能满足多维概念的检索,并能及时反映新兴学科、交叉学科和边缘学科的发展。若信息需求范围窄,专指性要求强时,宜选择主体性途径。无论哪种检索途径,都各有特点,需要根据检索的目的与要求、检索系统提供的检索途径等进行选择,也可以交叉使用多种检索途径,以使各种途径起到交叉互补效应,从而使检索结果更接近实际需求。

检索程序是由人的手查眼阅实现的,检索提供与存储标识之间的比较是靠大脑随时思维做出判断而完成的,检索需求往往只存在于人脑,因此,检索程序不必严格按照书面表达语句书写,可以边查边思考,根据需要实时修改检索策略。

2. 计算机信息资源检索策略

计算机检索策略是在分析情报需求的基础上,明确检索范围,选择检索途径,确定检索词和逻辑组配方法,通过试检或反馈进行调整,使得整个检索计划体现用户目标的过程。计算机信息检索策略的构造涉及多方面的知识和技术。检索者只有了解各个检索系统的特性和功能,熟悉系统数据库的结构和内容、特定的文献标引规则、检索方法和检索技术,才能制定一个科学合理的检索策略。计算机信息检索策略的制定与实施一般有以下六个步骤。

1) 分析检索课题

检索课题的分析(主题分析)是制定检索策略的根本出发点,也是检索效率高低或检索成败的关键。分析检索课题要明确以下几方面的问题。

(1) 明确检索课题的主要内容。

（2）明确检索课题涉及的学科、专业范围。

（3）明确所需文献的类型、语种、年代及数量要求。

（4）明确用户对查新、查全、查准的指标要求及其侧重。

2）选择检索系统和数据库

选择计算机检索系统的关键是选择数据库，因为数据库类型和包含内容学科的范围不同，直接决定了该数据库的适用对象和检索需求。一般来说，数据库的选择应考虑以下几个因素。

（1）数据库的内容（Content）。内容涉及数据库收录的学科专范围、语种、年份、文献类型等，数据库内容与用户需求的符合程度是提高检索效率的前提和基础。

（2）数据库的覆盖范围（Coverage）。覆盖范围涉及收录的时间范围、覆盖的地理范围、文献来源机构和文献量等。

（3）数据库的及时性（Currency）。及时性涉及数据库文献著录的完整性和准确性、提供索引的种类和数量、数据库信息的准确性、可靠性和及时性，以及数据库更新的频率和周期等。

（4）数据库的成本（Cost）。成本涉及数据库的收费标准、使用的难易程度等。

3）确定检索词

检索词是表达信息需求和检索课题内容的基本单元，也是系统中相关数据库进行匹配运算的基本单元。计算机检索系统的检索词可以分为三类，分别是控制词汇、非控制词汇和人工代码。

（1）控制词汇。控制词汇来源于特定的受控检索语言，因此，选择检索词时必须使用检索系统数据库中相应的词表，根据词表规定的词间关系、词表的使用规则、版本等进行选择。受控检索语言主要有分类语言和主题语言，相应的检索词是分类号和主题词。

（2）非控制词汇。非控制词汇主要是关键词。关键词的选择应尽可能多地使用同义词，避免使用多义词。需要使用多个关键词时，应考虑关键词间的位置关系。

（3）人工代码。人工代码是一种人为规定的符号体系，计算机检索中的代码主要有分类代码、国家地区代码、产品代码等。代码的使用应参照相应的代码表，代码的输入格式一定要符合检索系统的要求。

4）构造检索提问表达式

检索提问表达式（简称检索表达式或检索提问式）是检索策略的具体体现。在计算机检索过程中，检索提问和存储标识之间的匹配是由计算机自动完成的，因此，构造一个既能表达检索课题要求，又能为计算机系统识别的检索提问表达式成为计算机检索的关键。

检索提问表达式由检索词和运算符组成，运算符主要有布尔逻辑算符、位置逻辑检索符、截词检索符、限制检索符、加权检索符等。运算符的功能是对检索词进行组配，表达各种复杂的概念关系，以准确表达课题需求的内容。检索提问表达式的构造应注意以下几点。

（1）根据检索系统和数据库的特性和要求编制检索提问表达式。

（2）应遵守概念组配的原则，避免使组配结果产生多重含义。

（3）检索提问表达式应尽量简洁、清楚地表达逻辑关系，尽可能提高计算机的检索速度和检索效率。

5）试验性检索和修改检索策略

由于检索课题千差万别，计算机检索系统的情况各不相同，检索人员对系统的熟悉程度和检索水平也不一样，因此检索策略很有可能出现失误，甚至错误。这就要求检索人员在正式实施检索前，应先进行快速少量的试验性检索以检验检索策略是否有效，并充分利用计算机检索的实时性和人机交互功能，不断了解反馈信息，反复分析，消除不确定因素，及时调整检索策略。

6）实施检索

计算机信息检索的实施主要是将构造好的检索提问表达式输入计算机检索系统，使用检索系统认可的检索指令进行匹配运算并输出检索结果，信息用户对检索结果进行整理、选择，并获取原始信息。

2.9.3　信息资源检索效果评价

1. 检索效果评价指标

检索效果的评价指标是衡量检索系统性能和检索效果的标准。根据兰卡斯特（F. W. Lancaster）的阐述，判定一个检索系统的优劣主要体现在质量、费用和时间三方面。在信息检索系统领域，质量标准主要通过查全率和查准率进行评价，费用标准即检索费用，是用户为检索课题投入的费用，时间标准是指用户检索信息时花费的时间，包括检索准备时间、检索过程时间和获取原文时间等。克兰弗登（Cranfield）在分析用户基本要求的基础上，提出了 6 项检索系统性能评价指标，分别是收录范围、查全率、查准率、响应时间、用户负担和输出形式。收录范围是指一个系统收录的文献是否齐全，包括专业范围、语种、年份与文献类型等，这是提高查全率的前提和基础；用户负担是指用户为检索课题投入的费用；输出形式是指用户获得文献的信息类型（题录、文摘还是全文）以及获得方式（脱机打印、联机打印、下载、E-mail）等。

随着网络信息检索系统和搜索引擎等的快速发展，关于评价指标的研究不断有新的观点出现，而实际上，用户检索时最关心的是查全率、查准率和响应时间[9]。

1）查全率

查全率（Recall Factor）是衡量某一检索系统从信息集合中检索出目标信息成功度的一项指标，即检出的相关信息与全部相关信息的百分比，反映了该系统信息库中的相关信息量在多大程度上被检索出来。设查全率为 R，查准率为 P，漏检率为 M，误检率为 N，检出文献总数量为 m，检索系统中的相关文献总量为 a，检出的相关文献总量为 b。

查全率（R）＝检出相关文献总量/检索系统中的相关文献总量×100%

即　　　　　　　　　　　　$R＝b/a×100\%$

若要利用某个检索系统查某课题，如果在该系统数据库中共有 30 篇相关文献，检索出其中的 20 篇，那么查全率就等于 67%。

2）查准率

查准率（Pertinency Factor）也称相关率，是衡量某一检索系统信号噪声比的一种指标，即检出文献中合乎需要的文献数量占被检出文献总量的百分比。

$$查准率＝检出的相关文献总量/检出文献总量×100\%$$

即 $$查准率(P)＝b/m×100\%$$

如利用某个检索系统检索出来的总数量为 40 篇,其中与目标课题相关的文献数量为 30 篇,那么查准率就为 75%。

3) 漏检率

查全率的误差是漏检率(Omission Factor),即未被检出但合乎需要的文献数量占检索系统中存在的合乎需要的文献总量的百分比。

$$漏检率(O)＝未出相关文献量/系统中相关文献总量×100\%$$

4) 误检率

查准率的误差是误检率(Noise Factor),即误检文献量(检出的不相关文献量)与检出文献总量的百分比,是衡量信息检索系统误检文献的尺度。

$$误检率＝误检文献量/检出文献总量×100\%$$

即 $$误检率(N)＝(1－B/M)×100\%＝100\%－P$$

如检出的文献总量为 50 篇,其中确定与课题相关的文献有 40 篇,不相关的文献有 10 篇,则误检率为 20%。

评价信息检索系统检索效果的主要指标是查全率和查准率,与之对应的,评价信息系统检索系统的检索误差的主要指标是漏检率和误检率。误差越大,效率越低,检索系统的性能就越低;误差越小,效率越高,检索系统的性能就越高。

检索系统的响应时间是指从发出检索请求到获得检索结果平均消耗的时间,主要包括用户请求到服务器的传送时间、服务器处理请求的时间、服务器的答复到用户端的传送时间,以及用户端计算机处理服务器传来信息的时间。

2. 检索效果的主要影响因素

对于信息检索系统来说,系统内信息存储不全面、收录遗漏严重、词表结构不完善、词间关系模糊或不正确、索引词汇缺乏控制、标引不详尽或者标引的专指度缺乏深度、不能精确描述信息主题、组配规则不严密、容易产生歧义等问题都是影响查全率和查准率的因素。

对于信息用户来说,检索课题要求不明确或者不能全面且完整地描述检索要求、检索系统选择不恰当、检索途径和检索方法单一、检索词使用不当或者检索词缺乏专指性、组配关系错误等也都会影响检索效果。

网络信息资源检索工具的核心作用是向用户提供满足用户需求的检索结果,并以恰当的方式将检索结果呈现给用户。因此,检索结果是否能够满足用户需求、系统检索功能设置是否合理、用户界面使用是否友好,以及对检索结果的处理和显示是否恰当等都是影响信息检索效果的因素。

1) 收录范围

每种网络信息资源检索工具都有特定的收录对象与收录方针,因此,选择检索工具时,必须首先对检索工具收录的数据资源范围、资源类型、数据量的大小、索引深度、数据更新频率、处理语言等进行了解。一般来说,数据量越大,检索结果越完整;收录的资源类型越多,使用同一套检索指令就可以检索多种数据库,检索就越方便;索引的深度越深,获得的检索结果就越详尽;数据更新频率越快,用户获得的检索结果就越具新颖性。

2）检索功能

检索功能直接影响信息检索的查全率、查准率和检索的灵活性、方便性以及检索速度。选择和评价检索工具的功能可以从以下几方面进行。

（1）判断检索方式是单一还是多样。包括是否既提供分类目录浏览查询，又提供关键词查询；是否既提供简单查询或简易查询模式，供一般用户使用，又提供各种形式的高级或复杂检索模式，以方便用户进行组配检索和精确检索；是否既提供自然语言检索，又提供受控语言（主题词、叙词）检索，以弥补自然语言检索效率不高的缺陷。

（2）判断采用的检索技术是否先进和多样。包括是否支持利用各种运算符进行布尔逻辑检索、截词检索、组配检索和精确检索；可否采用自动标引、自动聚类、数据挖掘、人工智能等相关技术和功能，为用户扩大检索范围、提高查全率和查准率创造条件。

（3）判断是否对检索的信息资源拥有选择和限定的权利。包括可否对检索的数据库、文档、可检字段（题名、著者、文摘、全文等）、时间范围、文献类型等进行限定和选择。可检字段越多，检索途径就越多，检索就越方便，越有助于提高查全率和查准率。

3）检索效率

目前，衡量检索工具检索效率的指标以查全率和查准率为主，此外还有响应时间、联机容易程度等因素。

4）用户界面设计

用户界面的设计直接影响人机交互的效率和效果。一般情况下，判断用户界面是否优良主要从以下方面着手：直观判断其是否容易使用；是否提供在线辅助说明之类的文件；检索界面的功能键和工具条的设置是否清晰、明确、完备；检索界面是否简单，切换是否灵活；检索步骤是否简捷、紧凑等。

5）检索结果处理和显示

检索结果的显示方式直接影响用户的浏览效果。目前，大多数检索工具采用按数据资源的权威性、检索内容和网站的相关性进行排序，越相关的结果越靠前；同时，大多数检索工具还允许用户自定义显示检索结果的数量和详细程度，这样不仅节省了用户的浏览时间，也提高了检索结果的参考价值；此外，检索工具在显示检索结果时，都会以超链接的方式展现，方便了用户链接和获取原始文献。

3. 提高检索效果的措施

从理论上讲，理想的检索效果应当是全面而又精确的检索。要提高检索效果，可以参考使用以下措施和方法。

1）提高检索系统的质量

提高检索系统的质量可以通过扩大检索系统数据库中信息资源的收录范围；提高信息资源的质量；检索课题要符合数据库的收录内容；数据库的著录内容要详尽、准确，辅助索引完备；具有良好的索引语言专指性和较高的标引质量等措施实现。

2）提高用户利用检索系统的能力

提高用户利用检索系统的能力可以通过用户要具备一定的检索语言知识，能够正确选取检索词和合理使用运算符完整、准确表达信息需求的主题；灵活运用各种检索技术、检索方法和检索途径；能够结合使用综合性检索系统和专业性检索系统实施跨库检索；制定优化的检索策略,准确地表达检索要求,尝试多次检索,并随着背景知识的增加不断调整检索策略;采用严谨的科学态度,认真遵循检索操作步骤,预防操作失误,最大限度地发挥检索系统的作用;根据不同检索课题的需要,合理兼顾和调整对查全率和查准率的要求等措施实现。

2.10 小结

本章重点介绍了与网络信息资源检索密切相关的一些概念、技术、原理等,通过学习网络信息资源检索模型、原理、分类、特点等知识,有利于提高学生对于网络信息资源检索内部原理的理解;通过介绍网络信息资源检索方法、检索技术、检索策略等知识,有利于提高学生的信息资源检索效率,培养学生的信息检索意识。本章内容为后续章节中信息检索与文献检索做好了铺垫。

思考与练习

1. 什么是网络信息资源? 按照来源范围的不同,网络信息资源可以分为哪几类? 各类信息资源有什么特点?

2. 简要说明目录型检索工具、题录型检索工具、文摘型索引工具及索引型检索工具的主要特点和使用场景。

3. 在实际检索过程中,你用到了哪些检索方法? 试着体会每种检索方法的使用场合。

4. 试着使用布尔逻辑检索技术、截词检索技术、邻接检索技术、限制检索技术、全文检索技术进行信息资源检索,进一步体会各种检索技术的功能和适用场合。

第 3 章 搜索引擎与信息搜索技巧

学习目标

1. 理解搜索引擎的作用、分类、工作原理。
2. 了解常见的搜索技巧,并能够根据需要使用这些搜索技巧提高搜索效率。
3. 熟悉常见的索引型搜索引擎,并能够熟练使用搜索引擎进行信息检索。
4. 了解搜索引擎的未来发展趋势。

搜索引擎是索引型网络检索工具的一种,其特点是可以定时地对收录网站的网页进行检索和更新,以确保其索引数据库信息的新颖、有效和相对完整。此外,搜索引擎还能根据用户输入的查询关键词,并遵从多个查询关键词的相对位置,对网页关键词的接近度进行分析,按照关键词的接近度区分搜索结果的优先次序,筛选与关键词较为接近的结果并提交给用户。

3.1 搜索引擎概述

3.1.1 含义与功能

1. 含义

搜索引擎(Search Engine,SE)是根据一定的策略,运用特定的计算机程序,搜集互联网上的信息,并对信息进行组织和处理,并根据用户需求,将处理后的信息结果返回给用户的应用系统,它是为用户提供检索服务的系统。

目前,搜索引擎泛指网络上以一定的策略搜集信息,对信息进行组织和处理,并为用户提供信息检索服务的工具和系统,是网络资源检索工具的总称。从使用者的角度看,搜索引擎为用户提供了一个查找 Internet 上信息内容的接口,查找的信息内容包括网页、图片以及其他类型的资源。

2. 功能

搜索引擎是高效获取网络信息资源的有力工具,网络用户可以通过搜索引擎查找新闻、网页、图片、音乐、人物、视频等信息,而各种功能新颖的搜索引擎产品也不断出现,因此搜索引擎的实际应用功能是无法尽数的。下面仅从三方面概括介绍搜索引擎应具备的最基本的功能。

1) 及时、全面地搜索网络信息

迅速及时地查找到尽可能多的网络信息,并将新出现的信息收录到自己的索引数据库中,这是搜索引擎技术的首要功能。

2) 搜索有效且有价值的网络信息

搜索引擎应提供当前有效的、有价值的网站或网页信息,无效的信息不但没用,还可能造成损害。

3) 有针对性地搜索网络信息

网络信息搜索的针对性是指搜索引擎能够通过名词的关联性等技术满足人们对主题内容的深度查找。

由于目前的搜索引擎在技术上存在一定的局限性,无论是信息搜集的及时性、信息甄别的有效性、信息价值评判的合理性方面,还是识别主题的针对性方面,都还不能达到人们的要求,因此,虽然现有的搜索引擎的基本工作原理已经相当成熟,但在质量、性能、服务功能和服务方式上依然存在较大的提升空间。

3.1.2　分类

按照不同的分类原则,搜索引擎可以有多种分类方式。按照工作方式或者检索机制进行分类是最常见的一种分类方式。按照搜索引擎工作方式的不同,可以将搜索引擎分为目录型搜索引擎、索引型搜索引擎和元搜索引擎。

1. 目录型搜索引擎

目录型搜索引擎也称分类索引(Search Index)或网络资源指南(Directory),是一种网站级的浏览式搜索引擎。目录型搜索引擎是由专业信息人员以人工或半自动的方式搜集网络资源站点信息,且采取人工方式对搜集到的网站加以描述,并按照一定的主题分类体系进行编制,形成的一种可供浏览、检索的等级结构式目录(网站链接列表)检索系统。目录型搜索引擎下,用户通过逐层浏览目录的方式,在目录体系的从属、并列等关系引导下逐步细化,寻找合适的类别,直至定位到具体的信息资源。目录型搜索引擎往往根据资源采集的范围设计详细的目录体系,用户检索的结果是网站的名称、网址链接和每个网站的内容简介。

目录型搜索引擎收录的网络信息资源都经过了专业信息人员的鉴别、筛选和组织,并且层次结构清晰,易于查找和导航,质量高,确保了检索工具的质量和检索的准确性。但目录型搜索引擎的数据库规模相对较小,且对新兴学科、交叉学科和某些分类主题的内容收录不够全面,同时由于检索范围只限定在对网站的描述中,因此检索范围非常有限;此外,由于目录型搜索引擎的更新维护速度受系统人员工作时间的制约,更新不及时就可能导致检索内容的查全率不高,因此,目录型搜索引擎比较适用于查找综合性、概括性的主题概念,或对检索的准确度要求较高的课题。

2.索引型搜索引擎

基于关键词检索的索引型搜索引擎是名副其实的搜索引擎,是一种网页级搜索引擎。索引型搜索引擎主要使用一个称作"网络机器人(Robot)"或"网络蜘蛛(Spider)"或"网络爬虫(Crawlers)"的自动跟踪索引软件,通过自动的方式分析网页的超链接,依靠超链接和HTML代码分析获取网页信息内容,并采用自动搜索、自动标引、自动文摘等事先设计好的规则和方式建立和维护其索引数据库,以 Web 形式给用户提供一个检索界面,供用户输入检索关键词、词组或逻辑组配的检索式,其后台的检索代理软件代替用户在索引数据库中查找出与检索提问匹配的记录,并将检索结果反馈给用户。索引式搜索引擎实际只是一个WWW 网站,与普通网站不同的是,索引型搜索引擎网站的主要资源是它的索引数据库,索引数据库的信息资源以 WWW 资源为主,还包括电子邮件地址、用户新闻组、FTP 等资源。

索引型搜索引擎由自动跟踪索引软件生成索引数据库,数据库的容量非常庞大,收录、加工的信息范围广、速度快,能向用户及时提供最新信息。但由于标引过程缺乏人工干预,因此准确性较差,加之检索代理软件的智能化程度不是很高,从而导致检索结果的误差较大。

索引型搜索引擎比较适用于检索特定的信息及较为专深、具体或类属不明确的课题。从搜索结果来源的角度来看,索引型搜索引擎又可进一步细分为两种,一种拥有自己的检索程序,并且构建索引数据库,搜索结果直接从自身的数据库中调用;另一种租用其他搜索引擎的数据库,并按指定格式排列搜索结果。

目录型搜索引擎与索引型搜索引擎在使用上各有优劣。目前,目录型搜索引擎和索引型搜索引擎呈现出相互融合渗透的趋势,很多搜索引擎网站也都同时提供目录和基于自动搜索软件的搜索服务,以便于尽可能地为用户提供全面的检索服务和检索结果。如 Google索引型搜索引擎就是借用 Open Directory 目录型搜索引擎提供分类查询功能的,而 Yahho目录型搜索引擎则首先通过与 Google 等搜索引擎合作,然后通过收购推出了自己的雅虎全能搜以提升搜索功能和扩大搜索范围。在默认搜索模式下,目录型搜索引擎首先返回自己分类目录中匹配的网站,而索引型搜索引擎则默认进行网页搜索,因此,用户一般将索引型搜索引擎的查询称为全网站搜索、全网页搜索,把目录型搜索引擎的查询称为分类目录搜索或分类网站搜索。

3. 元搜索引擎

元搜索引擎(Meta Search Engine,MSE)是一种将多个独立的搜索引擎集成到一起,提供统一的用户查询界面,将用户的检索提问转换成其共享的各个独立搜索引擎能够接受的查询语法,同时提交给多个独立搜索引擎并检索它们的资源库,然后将获得的反馈结果经过聚合、去掉重复信息及综合相关度排序等处理,再将最终检索结果一并返回给用户的网络检索工具。由此可见,元搜索引擎是对搜索引擎进行搜索的搜索引擎,是对多个独立搜索引擎的整合、调用、控制和优化利用。相对于元搜索引擎,可被利用的独立搜索引擎称为源搜索引擎(Source Search Engine)或成员搜索引擎(Component Search Engine)。

元搜索引擎主要由检索请求预处理、检索接口代理和检索结果处理三部分构成。其中,检索请求预处理部分负责实现用户个性化的检索设置要求,包括调用哪些搜索引擎、检索时间限制、结果数量限制等;检索接口代理部分负责将用户的检索请求翻译成满足不同搜索引擎本地化要求的格式;检索结果处理部分负责所有元搜索引擎检索结果的去重、合并、输出处理等。与独立搜索引擎相比,元搜索引擎一般没有自己的网络机器人及数据库,但在检索请求预处理、检索接口代理和检索结果处理等方面,通常都有自己研发的特色元搜索技术。元搜索引擎的工作过程一般为:用户向元搜索引擎发出检索请求,元搜索引擎根据请求向多个搜索引擎发出实际检索请求,搜索引擎执行元搜索引擎检索,并将检索后的结果以应答的形式传送给元搜索引擎,元搜索引擎再将从多个搜索引擎获得的检索结果汇集整理,通过浏览器展示给用户,如图 3-1 所示。

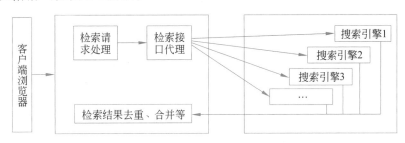

图 3-1　元搜索引擎工作过程示意

集合式搜索引擎(All-in-One Search Page)是元搜索引擎发展进程中的一种初级形态,它是通过网络技术,在一个网页上链接多个独立搜索引擎,检索时须点选或指定搜索引擎,一次输入,多个搜索引擎同时查询,搜索结果由各搜索引擎分别以不同的页面显示。集合式搜索引擎无自建数据库,无须研发支持技术,也不能控制和优化检索结果,其实质是利用网站链接技术形成的搜索引擎集合,而并非真正意义上的搜索引擎。

4. 智能搜索引擎

智能搜索引擎是结合了人工智能技术的新一代搜索引擎,它将信息检索从基于关键词层面提升到了基于知识层面,对知识有了一定的理解和处理能力,能够实现分词技术、同义词技术、概念搜索、短语识别以及机器翻译技术等。智能搜索引擎具有信息服务的智能化和人性化,允许用户采用自然语言进行信息检索,为人们提供了更方便、更确切的搜索服务。

5. 学科信息门户

学科信息门户是将特定学科领域的信息资源、工具和服务集成为一个整体,为用户提供可靠的学科信息导航,也称门户网站或信息门户。学科信息门户通常为用户提供对网上信息的"密集"访问,即将来自不同信息源的信息集合在一个页面上,使用户得以从一个统一的入口检索不同网站信息,无须逐个访问每一个网站。不同于搜索引擎,学科信息门户经过人工选择和标引,保证了信息的质量,对于高校教学和科研工作而言,学科信息门户具有特别的意义,它能使科研人员用较少的精力和时间浏览到高质量的专业信息。

6. 网络版参考咨询工具

各类型传统的工具书几乎都有了网络版,这些网络版参考咨询工具门类丰富,囊括词典、百科全书、人名录、书目、文摘、索引等各种类型,并且提供便利的全文链接,是网络信息检索工具中的重要一员。

7. FTP 资源检索工具

网络上存在着大量为普通公众提供文件服务的 FTP 服务器,承载着众多的数据资料和免费软件,并允许用户匿名登录、下载和上传信息,极大地扩展了资源共享的空间。

3.1.3　工作原理

为了让用户以最快的速度获取到想要的搜索结果,搜索引擎通常会将待查找的内容以预先整理好的网页索引的形式存储在搜索引擎数据库中。普通的信息搜索不能真正理解网页上的内容,它只能机械地匹配网页上的文字,而真正意义上的搜索引擎通常指收集了互联网上几千万到几十亿个网页,并对网页中的每一个文字(关键词)进行索引,并建立索引数据库的全文搜索引擎,当用户查找某个关键词时,所有在页面内容中包含该关键词的网页都将作为搜索结果被搜索出来,在经过复杂的算法进行排序后,这些结果将按照与搜索关键词的相关度高低依次排列[11]。

1. 构成模块

典型的搜索引擎通常由三大模块组成,分别是信息采集模块、信息组织模块和信息检索模块。

1) 信息采集模块

信息采集模块的主要功能是搜索、采集和标引网络中的网站或网页信息。信息采集有人工采集和自动采集两种。人工采集是由专门的信息采集人员跟踪和选择有价值的网络信息资源,并按照一定的方式进行分类、组织、标引并组建成索引数据库。自动采集通过采用一种称为 Robot 的网络自动跟踪索引程序完成信息的采集,由 Robot 在网络上检索文件并自动跟踪该文件的超链接以及循环检索被参照的所有文件。Robot 的具体过程是:首先打开一个网页,然后把该网页的链接作为浏览的起始地址,把被链接的网页获取过来,抽取网页中出现的链接,并通过一定的算法决定下一步要访问哪些链接,同时,信息采集器将已经访问过的 URL 存储到自己的网页列表并打上已搜索的标记,自动标引程序检查该网页并为其创建一条索引记录,然后将该记录加入整个查询表中,信息收集器再以该网页的超链接为起点继续重复这一访问过程,直至结束。

一般搜索引擎的采集器在搜索过程中只取链长比(超链接数目与文档长度的比值)小于某一阈值的页面,数据采集于内容页面,不涉及目录页面。在采集文档的同时记录各文档的地址信息、修改时间、文档长度等状态信息,用于站点资源的监视和资料库的更新。在采集过程中,还可以构造适当的启发策略,指导采集器的搜索路径和采集范围,减少文档采集的盲目性。

为了维护采集页面的新颖性,搜索引擎可以采用定期采集和增量采集两种方式进行内容采集。每次定期采集将替换上一次的内容,因此,该种采集方法也称批量采集。由于每次采集都相当于重新采集一次,因此,对于大规模搜索引擎来说,每次采集的时间通常会花费几周。由于此种方法的开销较大,因此搜索引擎两次采集的时间间隔不会很短(例如

Google 曾每隔 28 天采集一次)。定期采集的好处是系统实现比较简单,但其主要缺点是时新性(freshness)不高,且重复采集带来的额外消耗也较大。增量采集开始时搜集整个网络,但以后只采集那些新出现的网页和在上次采集后有改变的网页(增加到数据库中),以及发现自从上次搜集后已经不再存在的网页(从数据库中删除)。由于除新闻类网站外,许多网页的内容变化并不是很经常的(有研究指出,50%的网页的平均生命周期大约为 50 天),每次搜集的网页量不会很大,所以可以经常性地启动采集过程(例如每天)。增量采集表现出来的信息时新性较高,但其主要缺点是系统实现比较复杂,复杂性不仅体现在搜集过程,还在于下面将要谈到的索引建立过程。

在具体的搜集过程中,抓取一篇篇的网页可以通过不同的方式实现。最常见的一种方式是爬取,即将 Web 服务中的网页集合看作一个有向图,搜集过程从给定起始 URL 集合 S ("种子")开始,探查网页中的超链接,沿着网页中的超链接,按照某种搜索策略(如深度优先、广度优先等)不断从 S 中移除 URL(探查过的 URL 将移除),并下载相应的网页,并解析出网页中的超链接,判断该超链接是否已被访问过,并将未访问过的 URL 加入集合 S 中。

需要说明的是,搜索引擎不可能对 Web 上的所有网页都进行完全搜集,为此,通常在某种条件限制下确定搜集过程的结束条件(例如磁盘满、搜集时间超过预期时间等)。那么,在有限的条件下,哪些网页值得搜索呢?对比较重要的网页进行搜索,是一个不言而喻的答案。那么,如何使搜索引擎搜索到比较重要的网页呢?研究表明,这与搜索策略有一定关系,使用图搜索算法中的广度优先搜索策略进行搜索得到的网页集合,要比使用深度优先算法得到的网页集合重要。

广度优先搜索算法实施时的一个困难是:由于 HTML 的灵活性,其中出现 URL 的方式各种各样,要从每一篇网页中提取出包含的所有 URL 是一件很难保证的事情。此外,由于网页站点具有蝴蝶结结构特性(图 3-2),因此广度优先搜索方式搜集到的网页不大会超过所有目标网页数量的 2/3。

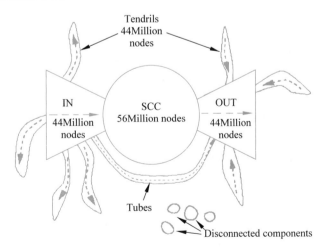

图 3-2 蝴蝶结结构特性

广度优先搜索算法的另一种改进方法是:在第一次全面搜集网页后,搜索引擎将维护一个相应的 URL 集合 S,此后的所有搜索将直接基于该搜索集进行,即每搜索到一个网页,就判断该集合是否发生变化,如果发生变化且有新的 URL 加入,则抓取新增加的 URL 对应的网页,然后将这些新的 URL 添加到集合 S 中;如果 S 中的某个 URL 对应的网页不存在了,则将该 URL 从 S 中删除。由此可见,这种广度优先搜索方式是一种极端的广度优先搜索策略,即第一层搜索集合是一个比较大的 URL 集合,从该集中的 URL 开始,最多只往下搜索一层。

此外,另一种抓取网页的方法是:让网站拥有者主动向搜索引擎提交它们的网址(为达到宣传自己网站信息的目的,网站作者通常会很乐意进行这种操作),搜索引擎系统在一定时间内(两天到数月不等)定向对提交网址的网站派出"蜘蛛"程序,扫描该网站的所有网页并将有关信息存入数据库中。当前,大型商业搜索引擎一般都采用此种方法。

不同的信息采集方式和不同的自动采集软件采用的标引和搜索策略都各不相同,这对信息检索的质量有着直接影响。自动采集能够自动搜索、采集和标引网络中的众多站点和网页,保证了对网络信息资源跟踪和检索的有效性和及时性;人工采集基于专业性的资源选择和分析标引,保证了资源的采集质量和标引质量。因此,目前许多网络信息资源检索工具都采取了自动采集和人工采集相结合的信息采集方式。

2)信息组织模块

采集到原始网页信息后,还需要进行信息资源的组织,以满足用户方便高效的信息查找需求,该功能通过信息组织模块完成。

信息组织模块又称表查询模块,该模块的核心作用是建立全文索引数据库。搜索引擎信息组织和整理的过程称为建立索引的过程,该阶段实现了将纷繁复杂的网站或网页数据整理成可以被检索系统高效、可靠、方便使用的格式。

通过数据库管理系统组织采集的网络信息资源并建立相应的索引数据库是搜索引擎提供检索服务的基础。不同搜索引擎的数据库的收录范围不一样,数据库中收录的网络信息资源数量存在很大差异,数据库中记录的网络信息资源内容也各不相同。索引数据库中的一条记录既可以对应于一个网站,记录的内容包括网站名称、网址、网站的内容简介等,也可以对应于一个网页,记录的内容包括网页标题、关键词、网页摘要及 URL 等信息。由于数据库的规模和质量直接影响检索的效果,因此需要对数据库数据进行及时的更新和处理,以保证数据库能够准确地反映网络信息资源的当前状况,这样,搜索引擎就能从数据库已保存的信息中迅速找到所需的信息资料了。

信息组织模块对信息组织和处理的对象可以分为两类,分别是对内容信息的处理和对非内容信息的处理。对内容信息的处理主要是对文本内容信息的处理,目的是建立以词项(Term)为中心的文本倒排索引,以提高信息系统的检索效率。网络信息不仅包括内容信息,也包括一定程度上的非内容信息,如链接结构信息、文本结构信息等,这些结构信息在评价数据质量、挖掘数据相关性等方面发挥着十分重要的作用,这些信息就是非内容信息。对非内容信息的处理主要是处理链接结构信息、文本结构信息等,非内容信息的组织与处理最广泛的应用是利用超链接结构分析方法对网络数据质量进行评价。具体而言,信息组织模块需要通过对采集的海量信息执行关键词提取、重复或转载网页的消除、链接分析、网页重要度计算等为后期用户信息检索做好准备。

(1)关键词提取。

对于普通网页,查看其源代码(可以通过浏览器的"查看源文件"功能查看)就可以发现,网页中除了包含用户从浏览器中正常看到正常文字内容外,还含有大量的 HTML 标记(以"＜"和"＞"括起来的部分),如图 3-3 所示。此外,由于 HTML 文档产生来源的多样性,多数网页内容比较个性随意,除包含有意义的文字内容外,还包含许多与主要内容无关的信息,如广告、导航条、版权说明等,如图 3-4 所示。

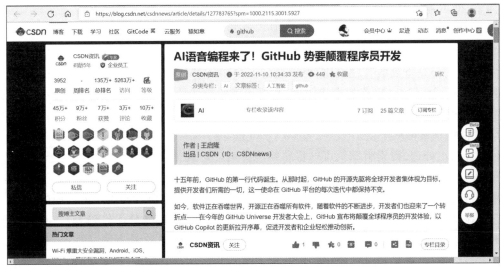

图 3-3　HTML 网页文档源代码示意

图 3-4　HTML 网页文档示意

为支持后续用户信息查询的需求,搜索引擎需要从网页源代码中提取出能够代表该文档内容的特征信息。从认识和实践角度看,文档中所含的关键词即可作为文档特征的代表,为此,信息处理模块需要做的第一个基本工作就是从网页源代码中提取出其所含的关键词。对中文网页而言,需要根据分词词典,用分词工具从网页文字中切分出分词词典中所含的词语,使用分割成的多个词语近似代表一个网页。对于一般文档和常用的分词词典而言,文档分词后将可能得到多个结果词;从效果和效率考虑,不应让所有词都出现在分词后的词表中,还需要去除掉诸如"的""在"等没有内容指示意义的停用词;分词结构中的某一个词,如果在一篇网页中多次出现,直观理解可以得出,该词对于该篇文档而言比较重要。至此,一个网页可以通过约 200 个词语进行标识。

(2)重复或转载网页的消除。

信息的网络化使得信息的传播和复制变得非常便捷,据统计,互联网上网页的重复率平均约为 4,即当用户通过一个 URL 在网上看到一篇网页时,平均还有另外 3 个不同的 URL 也会给出相同或者相似的内容,这种现象使得用户有了更多获得信息资源的机会,但对于搜索引擎而言,重复网页的存在不仅需要其消耗更多的机器时间和网络带宽资源以采集网页信息,而且重复结果的返回也会为用户的体验带来挑战。为此,消除内容重复或主题内容重复的网页是搜索引擎的一个重要任务。

(3)链接分析。

从信息检索角度看,如果检索系统仅从文字内容考虑,则可以依据共有词汇假设确定网页的关键词,也可以在此基础上考虑词频和词在文档集合中出现的文档频率等以进一步提高精准度。当考虑 HTML 标记时,关键词的提取还可以进一步改善,如在同一篇文档中,<H1>和</H1>之间的信息很可能就比在<H4>和</H4>之间的信息更重要。此外,互联网范围内,Web 页面之间通过超链接标签对"<A>"和"</A>"实现网页之间的互联互通,如果一个网页与其他网页之间的链接对越多,则说明其重要程度越高,据此可以作为网页重要程度的衡量标准。

(4)网页重要程度的计算。

实际搜索时,搜索引擎返回给用户的是一个与用户查询相关的结果列表,列表中各条目的排序体现了其重要性。对于重要性的衡量,人们参照了科技文献重要性的评估思想,即"被引用多的就是重要的"。"引用"可以通过网页中的超链接体现。作为 Google 核心技术的 PageRank 就是这种思路的成功体现,重要程度的具体计算方法可以在用户查询前实施,也可以在用户查询时进行。

3)信息检索模块

经过以上处理,搜索引擎就可以将原始网页集合处理为与网页对应的一组子集元素以及元素之间的内部表示,元素间的内部表示构成了信息检索的直接基础。对每一个子集元素来说,这种表示至少包含原始网页文档、URL 和标题、编号、所含的重要关键词的集合(以及它们在文档中出现的位置信息)及其他一些指标(如重要程度、分类代码等)。其中,系统关键词的集合和文档的编号构成了倒排文件的结构,使得信息检索系统一旦得到一个关键词输入,就可以迅速输出该关键词对应的相关文档的编号,这种根据输入关键词获取网页结果信息的功能是通过信息检索模块实现的。

信息检索模块又称信息查询服务模块,是搜索引擎与用户查询需求的交互界面,是实现检索功能的程序,它实现了将用户输入的检索表达式拆分为具有检索意义的字或词,再访问查询表,如果找到与用户要求内容相符的网站,便采用特殊的算法,通常根据网页中关键词的匹配程度、出现的位置、频次、链接质量等计算出各网页的相关度及排名等级,然后根据关联度高低,按顺序将这些网页链接返回给用户。信息检索模块主要完成以下三方面的工作。

（1）查询方式和匹配。

查询方式是指检索系统允许用户提交查询的形式。一般认为，对于普通网络用户来说，最自然的查询方式就是想要什么就输入什么，但该方式是一种相当模糊的说法，如用户输入"中国人民解放军战略支援部队信息工程大学"，则检索系统可能认为用户想检索中国人民解放军战略支援部队信息工程大学目前向外发布了哪些信息，但用户也许是想看看今年的招生政策，或想了解外界目前对中国人民解放军战略支援部队信息工程大学的评价，由此可见，用户需求和系统的理解差距较大。在其他情况下，用户可能关心的是间接信息，如用户输入"珠穆朗玛峰的高度"，则"8848 米"应该是他需要的，但按照传统信息检索系统的检索方法，该数据不可能包含在分词结果中；当用户输入"惊起一滩鸥鹭"时，很可能是想知道该诗的作者是谁，或希望能获得该诗的其他语句。

尽管如此，用一个词或者短语直接表达信息需求，希望网页中含有该词或者该短语中的词，依然是主流的搜索引擎查询模式，这不仅是因为它的确代表了大多数的情况，还因为它比较容易实现。

（2）结果排序。

得到满足用户查询需求的相关文档集合后，还需要以一定的形式将结果集合呈现给用户。多数搜索引擎采用列表形式进行展现。列表是一种按照某种标准确定列表中元素排列顺序的方法。通常，搜索引擎是依照搜索结果与查询词之间的相关性确定搜索结果的排列顺序的，这是一种有效的顺序排列方式。但事实上，有效地定义相关性本身就是一件很困难的事情，从原理上看，它不仅与查询词有关，还与用户的检索背景及查询历史有关，不同查询需求的用户可能会输入同一个查询词，同一个用户在不同的时间输入的相同的查询词可能针对不同的信息需求。为了形成一个合适的顺序，早期的搜索引擎采用传统信息检索领域很成熟的基于词汇出现频度（词频）的排序方法。基本词频思想是：一篇文档中包含的查询词越多，则该文档的排序就应越靠前。随后，又提出了基于文档频率的排序方法，其基本思想是：若一个词在越多的文档中出现过，则该词用于区分文档相关性的作用就越小。以上方法都具有合理性，但由于网页编写的自发性和随意性，仅针对词的出现决定结果文档的顺序，在网页上进行信息检索结果展示表现出了明显的缺点。为此，人们提出了基于 PageRank 的排序方法，即通过为每篇网页建立独立于查询词的重要性指标，将它和查询过程中形成的相关性指标结合在一起，形成一个最终的排序。该方法是目前搜索引擎给出查询结果的主要排序方法。

（3）文档摘要。

搜索引擎给出的结果是一个有序的条目列表，每一个条目有 3 个基本元素：标题、网址和摘要。其中，摘要需要从网页正文中生成。一般来讲，从一篇文字中生成一个恰当的摘要是自然语言理解领域的一个重要课题，目前已经取得了傲人的成果。传统搜索引擎常采用两种生成摘要的方法，一种方法是静态生成方式，即独立于查询，按照某种规则，事先在预处理阶段从网页内容中提取出一些文字，如截取网页正文开头的 512 字节或者将每一个段落的第一个句子拼起来，此种方式生成的摘要预先存放在检索系统中，一旦相关文档被作为检索结果选中，搜索引擎就读出该文档预先生成的摘要并返回给用户。显然，此种方式对查询子系统来说是最轻松的，不需要做另外的处理工作。但该方式的最大缺点是摘要与查询无关，即当用户输入某个查询时，他一般希望摘要中能够突出显示和本次查询直接对应的文字,希望摘要中出现和其关心的文字相关的句子。因此,人们提出了动态摘要方式,即搜索引擎在响应查询时,根据查询词在文档中的位置提取出网页周围的文字,在显示时将查询词高亮显示,这是目前大多数搜索引擎采用的方式(图 3-5)。此种方式下,为了保证查询的效率,需要查询分词时记住每个关键词在文档中出现的位置。

图 3-5　查询结果页面中查询词高亮显示示意

2. 工作过程

搜索引擎的基本工作过程可以划分为 3 个阶段,即信息发现、建立索引库和信息查询与排序。

1)信息发现

搜索引擎首先需要按照一定的方式在互联中搜集相关网页信息,并把获得的信息保存下来以建立索引库。需要注意的是,搜索引擎搜集的信息不只包含网页内容信息,还包括用户搜索习惯等其他信息。

2)建立索引库

搜索引擎对信息发现结果获得的网页相关信息进行提取和组织,建立索引库。该阶段,搜索引擎需要首先进行数据分析与标引处理,对已经收集到的资料按照网页中的字符特性等进行分类,建立搜索原则。如对于中文词语"软件",搜索引擎必须为其建立一个索引,当用户查询该词时,搜索引擎知道去哪里调取相关资料。需要说明的是,对于网页内容而言,不同搜索引擎对字符的处理方式(如大小写处理、中文的分词等)存在不同,每个搜索引擎都有自己的存档归类方式,这些方式往往影响着未来的搜索结果。标引完成后,搜索引擎需要进行数据组织,负责形成规范的索引数据库或便于浏览的层次型分类目录结构,通常需要计算网页的优先等级,该原则在 Google 中非常重要。一个接受很多网页链接的网页,搜索引擎必然在所有的网页中将其排序进行提升。

3)信息查询与结果排序

在该阶段,搜索引擎会驱动检索器,根据用户输入的查询关键词在索引库中检索结果文档,并对检索结果和查询词进行相关度评价,以对将要输出的结果进行排序,然后将查询结果返回给用户。搜索引擎不仅负责帮助用户用一定的方式检索索引数据库,获取符合用户需要的网络资源信息,还负责提取检索用户的相关信息,利用这些信息提高检索服务的质量,即信息挖掘。信息挖掘在个性化服务中起着关键的作用。

3. 工作机制

搜索引擎的工作机制就是采用高效的蜘蛛程序,从指定的 URL 集合开始,顺着网页上的超链接,采用深度优先算法或广度优先算法对整个互联网上的网页资源进行遍历,并将网页信息抓取到本地数据库,然后使用索引器对数据库中的重要信息单元(如标题、关键字、摘要等)或全文进行标引,以供查询导航,当用户提出查询请求时,搜索引擎的检索器就将用户通过浏览器提交的查询请求与索引数据库中的信息通过某种检索技术进行匹配,并将检索结果按某种方式进行排序并返回给用户。搜索引擎的工作机制示意如图 3-6 所示。

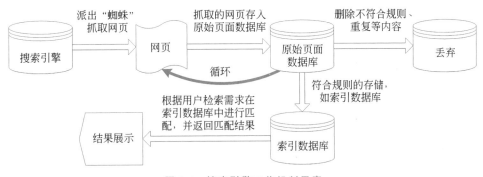

图 3-6 搜索引擎工作机制示意

基于以上分析,可以给出搜索引擎的体系结构图,如图 3-7 所示。

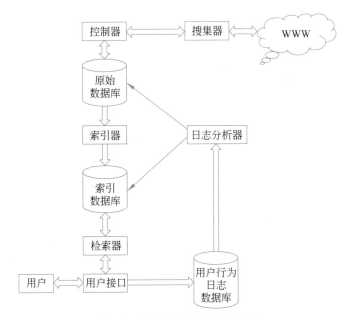

图 3-7 搜索引擎体系结构示意

在搜索引擎体系结构示意图中,大部分模块和前面的原理描述直接对应,这里需对控制器模块进行说明。对于需要向大规模搜索引擎稳定地提供网页数据的爬虫来说,其需要持续、海量地搜集网页,此时需要综合考虑效率、质量和"礼貌"的问题,这就是控制器需要实现的功能。所谓效率,是指如何利用尽量少的资源(计算机设备、网络带宽、时间等)完成预定的网页搜集量;所谓质量,是指在时间有限和搜集网页数量有限的情况下,需要尽量做到比较"重要"的网页被搜索到或不漏掉很重要的网页;所谓"礼貌",是指爬虫在进行网页抓取时,需要尽量避免在短时间内频繁地从某网站抓取过多的网页内容,以免影响该网站的正常工作或被该网站实施"反爬取"。

3.1.4　搜索原则

互联网的快速发展促进了搜索引擎市场的繁荣,越来越多的搜索引擎应运而生。由于目标定位、系统性能等方面的差距,各搜索引擎的数据采集范围、采集方式、排序机理等均存在一定区别。如何根据自己的需要,借助搜索引擎快速准确地搜索到个人需要的目标信息,对于用户来说非常重要。下面介绍一些提高检索效率的原则方法,以帮助用户提高搜索效率。

1. 分析搜索对象,选用适当的搜索引擎

搜索引擎品种多样,工作方式不同,信息来源更有差异,每种搜索引擎都有其不同的特点,也有其局限性,只有选择合适的搜索引擎才能得到最佳的目标结果。选择哪个搜索引擎,用户应根据个人的具体查询需求而定,一般的选择规则是:如果查找目标不太具体明确,则可以使用综合性索引型搜索引擎,如 Google 搜索引擎、Baidu 搜索引擎、Bing 搜索引擎等,这些综合性搜索引擎是通过网页的完全索引搜索信息的,可提供的信息广且全;如果用户已明确搜索主题,检索目标为需要从总体或要全面地了解某一个主题内容,则可以使用目录型搜索引擎,如新浪搜索引擎,此类网站中的分类目录提供的内容很大程度上是由人工编辑整理的,系统性强、可靠性高。

2. 确定搜索途径,尝试不同的搜索方式

目前,大多数搜索引擎都提供两种搜索途径,一是分类浏览,二是关键词检索。根据不同的检索目的确定正确的检索途径,才能达到预期的检索效果。分类浏览适合于对信息所属知识类目有大概了解的用户,或是对某类信息想要有初步认识的用户,而关键词检索则对于细节性问题的查准率较高。利用分类浏览方式搜索信息的一般步骤是:首先使用搜索引擎或其他方法浏览某一类别,得到一个大致的范围,然后在得到的搜索结果网址中选择一些具有代表性的网址,进入这些网站进行浏览,再从跟踪的网页中单击相关超链接,从而进一步发现更多的网址和信息。

3. 准确提炼,尽量使用搜索关键词而不是句子

搜索信息前,一定要明确搜索目标,并且尽量将大而泛的搜索需求转换为小而精的搜索目标。除此之外,当前大部分搜索引擎采用的是基于关键词匹配法的搜索技术,如果输入的

是句子,则搜索引擎会对输入的句子基于一定的规则进行分词,根据分词后的结果展开搜索。系统分词可能会导致所分词语与目标检索对象之间存在一定差距,为此,用户搜索时应尽量将自己的搜索目标抽取为若干关键词,再通过一定的逻辑关联词关联后进行搜索。

4. 适当使用搜索运算符

大多数搜索引擎允许用户使用布尔逻辑运算符 AND、OR、NOT 及与之对应的"＋"(限定搜索结果中必须包含的词汇)、"－"(限定搜索结果中不能包含的词汇)等逻辑符号提高搜索结果的精确度。

需要强调的是,布尔逻辑运算符在不同的搜索引擎中的含义和使用方法略有不同,为此,除非用户明确地知道运算符在某个搜索引擎中是如何使用的,否则可能会因使用错误而导致搜索结果有误。对于多数用户,不建议直接使用布尔逻辑运算符,可以选用搜索引擎自带的高级搜索功能实现(图 3-8)。

图 3-8　百度高级搜索示意

5. 巧用搜索小技巧

用户除了可以借助逻辑运算符形成逻辑表达式提升搜索准确性外,还可以使用一些其他符号或技巧提升搜索效率。

1) 双引号运算符

使用双引号(西文符号)运算符可以实现整词检索。双引号括起来的部分,搜索引擎会认为是一个不可分割的最小单位,会作为一个不可分割的整体进行搜索。

2) 书名号运算符

使用书名号可以实现书籍搜索和整词检索。在查找音乐、电影、电子书时,可以通过在检索关键词的两边加上"《》"大大提升检索的准确率,如图 3-9 和图 3-10 所示。此外,对于使用书名号括起来的内容,搜索引擎一般不会再进行拆分,会将其作为一个整体进行搜索。

3) 限制查询范围

搜索引擎限制查询范围的能力越强,其就能越精准地找到所需的目标信息。如搜索粉色玫瑰花,可以在百度图片搜索框下输入"玫瑰花",另外在"全部颜色"下拉选项中选择"粉色"选项,如图 3-11 所示。

图 3-9 整词检索示意(1)

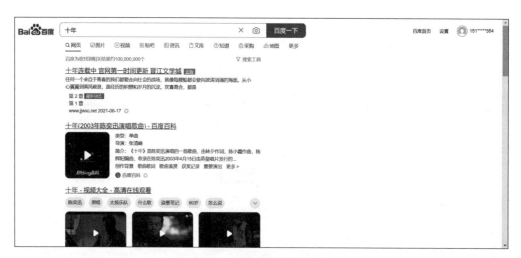

图 3-10 整词检索示意(2)

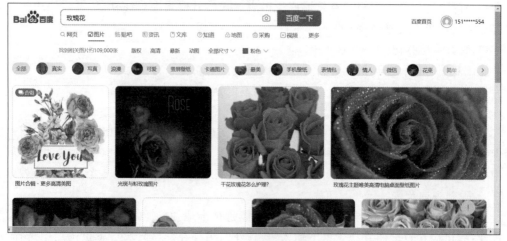

图 3-11 限制查询范围搜索示意

6. 培养高效的搜索习惯

网络信息资源检索是一种需要通过大量实践才能发展起来的技能,真正的搜索者不会在搜索不到满意的结果时就马上离开搜索引擎,他们会思考,会回顾,并通过不断地练习和总结培养快速高效地找到所需内容的搜索能力。

3.2　目录型搜索引擎

目录型搜索引擎的工作流程与索引型搜索引擎的工作流程基本相似,通常由信息采集模块、信息组织模块和信息查询和展示模块三个基本模块组成,但其中的信息采集和信息组织主要由人工完成。常见的目录型搜索引擎有 Yahoo、Galaxy、搜狐、新浪、Open Directory Project、Infoseek、The WWW Vitual Library、BUBL LINK、AOL Search 等。本书以 Open Directory Project、搜狐、新浪为例简要说明目录型搜索引擎的基本使用方法。

3.2.1　Open Directory Project

1. 概述

Open Directory Project(开放式分类目录搜索系统,ODP)是互联网上最大的目录型分类检索系统,它是由来自世界各地的志愿者共同维护与建设的最大的全球目录社区,Google、Netscape、Dogpile、Thunderstone、Linux 等搜索引擎都在使用 ODP 的目录体系,用户可以通过 URL“http://www.odp.org/”进行访问,其主页面如图 3-12 所示。

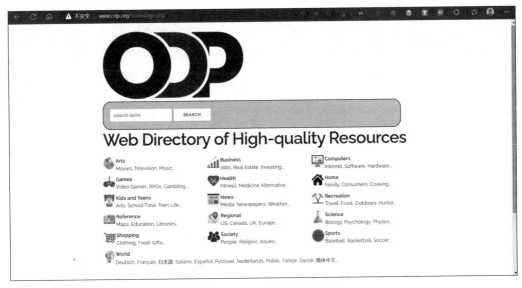

图 3-12　目录型搜索引擎示意

Open Directory Project 默认以领域为类别进行内容分类，分为 Arts、Business、Computers、Games、Health、Home、Kids and Teens、News、Recreation、Reference、Regional、Science、Shopping、Society、Sports 15 个类别，支持德语、法语、日语、中文等 80 多种语言。

2. 检索功能

Open Directory Project 支持分类目录检索和关键词检索两种检索方式，即用户可以通过单击网站首页中提供的类目名称进行纵深查看，也可以在主页的检索框中输入检索词进行目标内容检索。

3.2.2　新浪

1. 概述

新浪网是一家服务于中国及全球华人社群的网络媒体公司，成立于 1998 年 12 月，为全球用户提供全面及时的中文资讯、多元快捷的网络空间以及轻松自由地与世界交流的先进手段。

新浪网包含分频道的中文新闻和内容、社区和社交服务以及基于新浪搜索和目录服务的网络导航能力，同时通过移动应用，如新浪新闻、新浪财经和新浪体育以及移动门户提供针对移动端用户订制的新闻资讯及娱乐内容。新浪网的重要频道包括新浪新闻、新浪财经、新浪科技、新浪微博。用户可以通过 URL"https://www.sina.com.cn/"访问新浪网，其首页如图 3-13 所示。

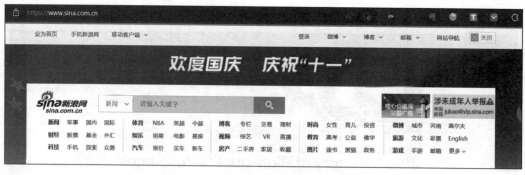

图 3-13　新浪首页

2. 检索功能

与 Open Directory Project 一样，新浪也提供了目录检索和关键词检索两种检索方式，检索时也支持使用逻辑运算符。

1）分类检索

分类检索是指从分类目录首页开始，按照树状主题分类逐层单击查找所需信息资源的一种检索方法。

2) 关键词检索

关键词检索是利用所需信息的主题词(关键词)进行信息内容查询的一种方法。使用关键词方法进行检索时,只要在新浪分类目录页面的检索框中输入关键词,然后在资源列表中选择查询的资源类型(网页、MP3、新闻标题、图片等)后单击"搜索"按钮即可开启检索过程(图 3-14)。

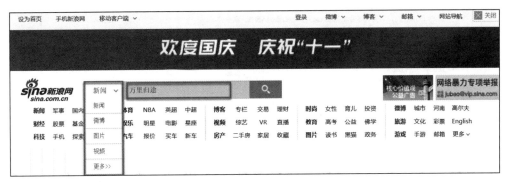

图 3-14　使用关键词进行内容搜索

3. 检索结果

新浪网站的检索结果包括网页、新闻、视频、音乐、图片、地图、网址等多种形式,用户可以在检索结果页面中通过单击检索结果列表的超链接进入某一检索结果进行查看(图 3-15和图 3-16)。

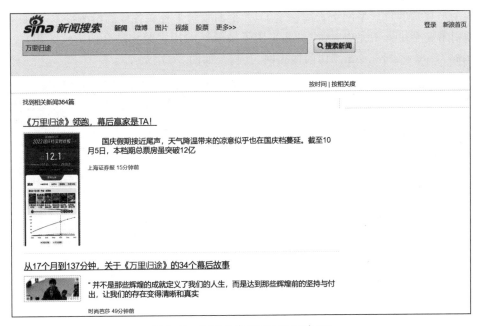

图 3-15　新浪检索结果页面示意(1)

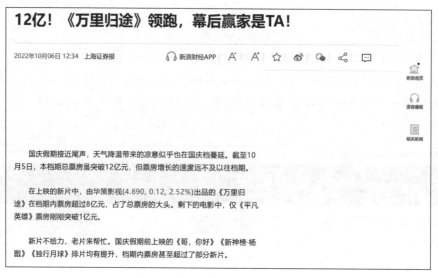

图 3-16 新浪检索结果页面示意（2）

3.2.3 搜狐

1. 概述

搜狐公司成立于 1996 年，1998 年 2 月推出了中国第一个全新的中文网络资源目录系统。站点的全部内容采用人工分类编辑，并充分考虑用户的查询习惯，确保了分类体系和网站信息的人性化特点以及网络资源目录的准确性、系统性和科学性，是目前中国影响力最大和国内用户首选的目录型网络资源检索工具，全面收录了各式各样的网络资源，其目录导航式搜索引擎完全由人工完成，大类设置采用了按学科和按主题相结合的方式。用户可以通过"https://www.sohu.com/"访问搜狐网，其首页如图 3-17 所示。

图 3-17 搜狐网首页示意

2. 检索功能

与上述两种目录搜索引擎类似,搜狐搜索引擎主要有分类目录导航检索和关键词检索两种检索方式。

1) 分类目录导航检索

分类目录导航检索是按照信息所属的类别,使用分类目录,层层单击进入查找所需的信息,查询结果会提供有关该主题的全部网站。因此,使用分类目录导航检索的关键是要考虑清楚待查询信息的所属类别。

2) 简单检索

实施简单检索时,用户只需要在分类目录主页的检索框中输入查询的关键词或者关键词的逻辑组合,就可以检索到相关的信息。

3. 检索结果

搜狐搜索引擎会根据分类类目及网站信息与关键词(组)的相关程度排列出相关的类目和网站,相关程度越高,排列位置越靠前(图 3-18)。

图 3-18　搜狐检索结果页面示意

4. 搜狗搜索引擎

2004 年 8 月,搜狐推出了第三代互动式搜索引擎——搜狗(http://www.sogo.com),它采用人工智能新算法分析和理解用户可能的查询意图,对不同的搜索结果进行分类,对相同的搜索结果进行聚类,在用户查询和搜索引擎返回结果的人机交互过程中,引导用户更快速、更准确地定位自己关注的内容。该技术已全面应用到搜狗网页搜索、音乐搜索、图片搜索、地图搜索等服务中,能够帮助用户快速找到所需的搜索结果。该技术也使得搜狗成为全球首个第三代互动式中文搜索引擎,是搜索技术发展史上的重要里程碑。此外,基于搜索技术,搜狗还推出了若干桌面应用产品,比较有代表性的产品是搜狗输入法、搜狗浏览器。

3.3　索引型搜索引擎

3.3.1　概述

1. 工作过程

索引型搜索引擎是通过网络爬虫程序从最初少量的几个网页内容开始爬取,并通过跟踪该少量网页上的超链接抓取这些链接指向的网页,然后爬取这些最新获得的网页内容,并跟踪最新获得的网页上的超链接,爬取这些网页上的超链接指向的网页,以此类推,直到将大部分网页采集完成并为其建立索引数据库,将这些索引数据库信息分布存储在大型服务器为止。当用户在索引型搜索引擎的搜索输入框中输入检索内容时,搜索引擎将会在预先存储的索引数据库中搜索,以找到与检索内容最匹配的网页信息,并返回与搜索内容匹配的所有可能结果;然后,搜索引擎会基于索引结果页中搜索目标出现的次数、关键词出现的位置(如是否在标题中、网址中等)、是否有同义词、索引网页的重要性(可以通过查看指向网页的外部链接收录及这些链接的重要性评价)等因素进行排序,最终将搜索结果在很短的时间里展示在浏览器中。

通常,搜索结果页面中的每一条搜索结果都包含标题、链接地址以及一段有助于确定该网页是否是查找内容的摘要信息,如图 3-19 所示。

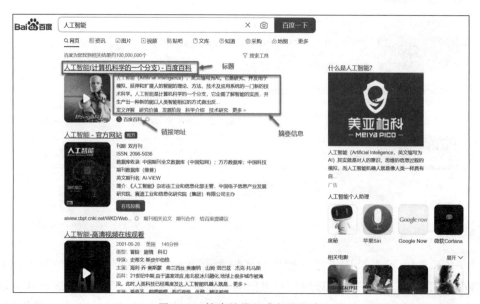

图 3-19　搜索结果组成部分示意

2.使用情况

StatCounter 是一家位于美国的网站通信流量监测机构，它提供各种类型的统计报告以及网站流量统计服务，用户可以在该机构的网站（https://gs.statcounter.com/）查看全球搜索引擎的实时使用情况，图 3-20 和图 3-21 展示出了世界主要搜索引擎的市场综合使用和排名情况，其中 Google、Bing、Baidu、YANDEX 和 DuckDuckGo 均为索引型搜索引擎。

图 3-20　全球市场 2022 年 9 月搜索引擎排名

图 3-21　国内市场 2022 年 9 月搜索引擎排名

3.3.2　Google 搜索引擎

1. 概述

Google 公司是由斯坦福大学的博士生拉里·佩奇(Larry Page)和谢尔盖·布林(Sergey Brin)于 1998 年 9 月组建的。Google 来自于"Googol"一词,该词是一个数学名词,表示一个"1"后面跟着 100 个"0",该术语体现了 Google 公司整合网上海量信息的远大目标。Google 被公认为全球最大的搜索引擎公司,拥有世界上最大的搜索引擎数据库,收录的资源类型包括网页、图像、多媒体数据、新闻组资源、FTP 资源和其他各种类型的资源。除了 HTML 文件外,Google 搜索支持 10 余种非 HTML 文件的搜索,如 PDF、DOC、PPT、XLS、mp3、SWF、PS 等。Google 数据库现存超百亿的 Web 页面,每天处理超过十亿次的搜索请求,而且这一数字还在不断增长。Google 不仅拥有自身独立的搜索引擎网站,还将其搜索引擎技术出售给世界上许多其他公司。目前,全球有数百家公司采用了 Google 搜索引擎技术。

2. 特点

1) 先进的搜索技术

Google 搜索引擎采用超文本链接结构分析技术和大规模的数据挖掘技术,能根据 Internet 自身的链接结构对相关网站进行自动分类,提供最便捷的网上信息查询方法,并为查询提供快速、准确的结果。此外,Google 搜索引擎采用的网页排序技术(Page Rank TMD)通过对数亿变量和词组组成的方程进行计算,能够对网页的重要性做出客观的评价。

2) 简单的网站登录功能

Google 搜索引擎具有简单便捷的网站登记功能,它除了能够接受各网站自行提交的采集申请外,还可以通过自行在 Internet 上漫游搜寻新的网站。对于新网站的登记,Google 搜索引擎只需要该网站提交其最上层的网页,其余的由 Google 搜索引擎自行查找。Google 搜索引擎会定时地对收录的网站的网页进行检索和更新,以确保数据库信息的新颖性和有效性,这些都更好地保证了整个搜索引擎网站资料的更新速度和资料库的相对完整。

3) 多语言和多功能服务

Google 搜索引擎支持中、英、德、日、法等四十余种语言的访问,并将多国语言的搜索引擎整合到同一个界面供用户选择。此外,Google 搜索引擎还支持新闻组的 Web 方式浏览和张贴、目录服务、PDF 文档搜索、地图搜索、工具条、搜索结果翻译、搜索结果过滤等功能。

4) 较高的查询结果精准度

Google 搜索引擎不仅能够搜索出包含用户输入的所有关键词的网页,还能遵从多个查询关键词的相对位置,对网页关键词的接近度进行分析,按照关键词的接近度区分搜索结果的优先次序,筛选与关键词较为接近的结果。而且在显示的结果中,Google 搜索引擎只摘录包含用户查询字符串的内容作为网页简介,且查询字符串被醒目地高亮显示,以使用户尽可能地不受其他无关结果的干扰,从而节省了查阅时间,也大大提高了查询结果的精准度。

3. 检索功能

在浏览器的地址栏中输入 Google 搜索引擎网址"https://www.google.com"即可打开搜索主页。为提升搜索效率,Google 在不同的地区设置了不同的服务器,相应地产生了不同的域名。

Google 提供基本查询和高级查询两种查询方式,除此之外,还提供了一些其他类型的检索功能和多元化的服务。

1) 基本检索

在 Google 搜索引擎主页的检索框中输入需要查询的内容,单击"Google 搜索"按钮即可开启信息检索。Google 搜索引擎支持搜索逻辑表达式,但不支持 AND、OR、"＊"等逻辑符号的使用,一般采用默认方式自动添加。如在搜索框中输入两个用空格分割的关键词,则搜索引擎会将两个关键词之间的关系解析为 AND 关系;如果要表达 OR 的关系,则必须进行两次搜索,或者通过"高级搜索"页面实现;如果表达 NOT 的关系,则可以通过在词语的前边加"-"实现。此外,在关键词两边加英文双引号也可以实现整词检索的功能。

2) 高级检索

单击 Google 搜索引擎中文主页中的"高级"超链接,即可进入"高级搜索"页面。在此页面下,用户可以通过检索文本框和下拉列表确定多个搜索条件,除了可对关键词的内容和匹配方式进行限制外,还可以从语言、区域、文件格式、日期、字词位置、网站、使用权限、搜索特定网页和特定主题等方面进行检索条件和检索范围的限定。

3) 搜索范围限定

除了高级搜索提供的多种搜索条件选择外,Google 搜索引擎还提供了命令搜索功能,以实现进一步限定搜索范围的作用。如"site:"表示将搜索范围限定在某个具体网站,"link:"表示将搜索范围限定在某一特定网址的网页,"filetype:"表示将搜索结果限定在某一类型的文件中,"inurl:"表示搜索的关键字包含在指定的 URL,"intitle:"表示搜索的关键字包含在特定的网页标题中等。如查找斯坦福大学(Stanford University)网站上的入学(Admission)信息,只要在检索框中输入"admission site:www.stanford.edu"即可。

此外,还可以通过设置"数字范围"搜索包含指定范围内的数字的结果,此时只需要在检索框内输入两个数字表示的数字范围,并将其用两个英文句号分开(无空格)即可。可以使用"数字范围"搜索从日期到重量的各种范围,不过,请务必指定度量单位或其他一些说明数字范围含义的指示符,例如,要搜索价格在 US＄50 与 US＄100 之间的数字图书播放器,可以在检索框中输入"数字图书播放器 ＄50..＄100"。

4) 特色查询功能

Google 搜索引擎还提供一些特色的查询功能,如"手气不错"、集成化工具条、网页快照、网页翻译、单词英文解释和搜索结果过滤功能,以及帮助用户寻找性质相似的网页和推荐网页的功能等。

(1) 手气不错。

Google 搜索引擎可以将搜索内容链接到网站的商标、产品、服务或者公司名称,起到在网络中注册商标的作用。当搜索词与 Google 推荐的网站匹配时,在搜索结果中就会显示"RN"标记。如果在输入关键词后选择"手气不错"按钮,Google 将跳转到推荐的网页,即第一个搜索结果的网页,无须查看其他结果,省时方便。

（2）网页快照。

网页快照是 Google 搜索引擎为网页制作的一份索引快照，用户通过"网页快照"功能可以直接查看数据库缓存中该网页的存档文件，而无须链接到网页所在的网站。

（3）类似网页。

如果用户对某一网站的内容很感兴趣，但网页资源却有限，可以单击"类似网页"按钮，Google 会帮助用户寻找并获取与这一网页相关的网页和资料。

（4）集成化工具条。

为了方便检索者检索，Google 搜索引擎提供了工具条，集成在了 Chrome 浏览器中，用户无须打开 Google 主页就可以在工具条内输入关键字进行检索。此外，利用 Google 工具条，用户可以快捷地在 Google 主页、目录服务、新闻组搜索、字典、高级搜索和搜索设定之间进行切换。

（5）多元化服务。

除了提供 Web 信息资源的检索外，Google 搜索引擎还推出了许多服务，如计算器、天气查询、股票查询、邮编区号、电子邮件等。

4. 检索结果

用户提交查询后，系统会根据用户的检索词和查询选项返回查询结果，在结果页面的右上方显示查询结果命中记录的数量和耗时，每个查询结果记录包括网页标题、网页摘要、URL、网页大小、更新时间、类似网页等内容。

Google 将检索关键词用红色字体突出显示，单击这些词可以进入其他有用的资源链接。Google 不仅可以自定义每页显示的结果数量（10、20、30、50 或 100），还能根据网页级别对结果网页排列优先次序。

3.3.3　Microsoft Bing 搜索引擎

1. 概述

Microsoft Bing 是 Microsoft 公司于 2009 年 5 月 28 日推出的一款用来取代 Live Search 的全新搜索引擎服务。为符合中国用户的使用习惯，Bing 中文品牌名为"必应"，用户可以通过 URL"https://cn.bing.com/"打开搜索引擎网站，如图 3-22 所示。

必应提供国内版和国际版两个版本，分别倾向于搜索中文资料和外文资料。此外，必应集成了多个独特功能，包括每日首页美图、与 Windows 深度融合的超级搜索功能以及崭新的搜索结果导航模式等。必应首页提供的 MSN、Office 导航功能可以帮助用户快速打开相应的应用软件。

2. 特点

1）每日首页美图

必应搜索改变了传统搜索引擎首页单调的风格，通过将来自世界各地的高质量图片设置为首页背景，并加上与图片紧密相关的热点搜索提示，使用户在访问必应搜索的同时获得

图 3-22 Bing 搜索引擎主页

愉悦体验和丰富资讯。

2）全球搜索与英文搜索

对于具有英文搜索需求的互联网用户来说，必应是不错的选择。凭借先进的搜索技术以及多年服务于英语用户的丰富经验，必应能够较好地满足中国用户对全球搜索，特别是英文搜索的刚性需求。

3）全球搜图

必应图片搜索一直是用户使用率最高的垂直搜索产品。为了帮助用户找到最合适的精美图片，必应率先实现了中文输入全球搜图，用户不需要用英文进行搜索，而只需要输入中文，必应将自动为用户匹配英文，帮助用户发现来自全球的合适图片。

4）界面简洁干净

必应搜索界面简洁、干净，没有过多的广告信息，使用户在浏览结果页面时具有较好的视觉体验。

3．检索

必应只提供基于关键词的检索功能。打开必应首页，选择"国内版"或"国际版"，然后在搜索框中输入关键词，即可开启搜索，如图 3-23 所示。

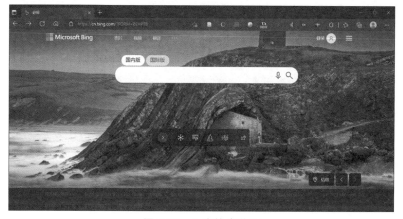

图 3-23 必应检索首页

必应的搜索结果页面比 Google 搜索页面相对简单。如以"语音识别关键技术"为关键词进行搜索,搜索结果界面如图 3-24 所示。

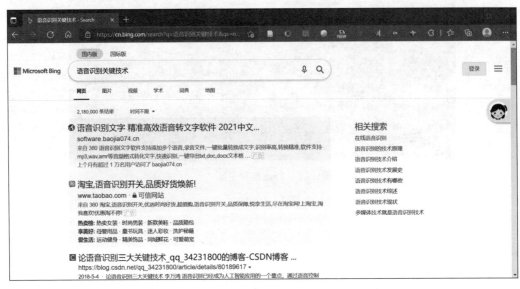

图 3-24　必应检索示意

必应也支持逻辑搜索,具体使用方法需要参考其官网的相关使用说明进行,示意如图 3-25 所示。

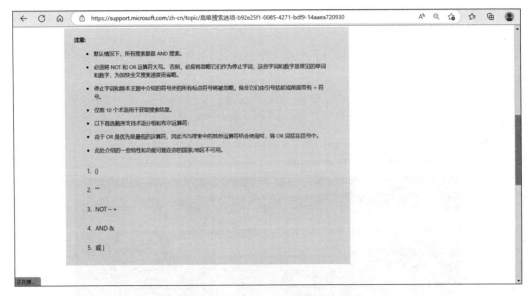

图 3-25　必应逻辑搜索使用说明示意

必应搜索引擎下的学术搜索可以为广大学者提供较专业的学术资料,搜索结果还支持排序选择,打开和搜索示例如图 3-26 和图 3-27 所示。

图 3-26　必应学术搜索查看途径示意

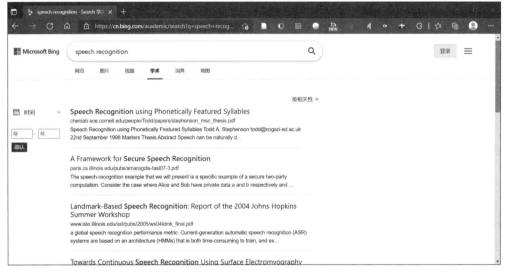

图 3-27　必应学术搜索示意

3.3.4　百度搜索引擎

1. 概述

百度搜索引擎是目前全球最大的中文搜索引擎,也是最优秀的中文信息检索供应商。目前,中国提供搜索引擎的门户网站中有超过半数都使用了百度搜索引擎技术。

百度搜索引擎使用了高性能的网络爬虫程序自动在互联网上进行信息搜集,采用了可订制、高扩展性的调度算法,使得搜索引擎能够在极短的时间内收集到大量的互联网信息,部署了数十万服务器为国内外用户提供服务,搜索范围涵盖中国、新加坡、北美、欧洲等多个地区,拥有世界上最大的中文信息库,其网页总数量数以亿计,且每天还在不断增加。

百度搜索主页界面简洁明晰,用户可以通过 URL"https://www.baidu.com/"打开百度搜索引擎的主页,如图 3-28 所示。

图 3-28　百度搜索引擎主页示意

2. 检索

百度搜索引擎提供了包括网页、图片、新闻、文档等多种类型的数据资源的检索功能。默认情况下,用户在百度搜索引擎主页的搜索框中输入主题词,按 Enter 键即可启动搜索引擎进行内容搜索,此种情况下的搜索结果默认为网页类型,如图 3-29 所示。

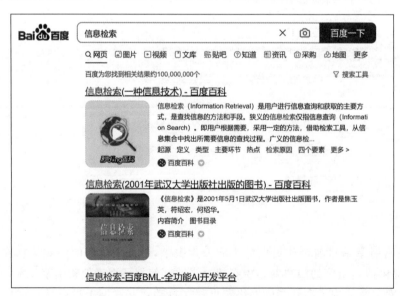

图 3-29　百度搜索引擎搜索页面示意

　　用户如需检索图片，可通过单击百度搜索引擎主页上方的"图片"链接进入图片搜索页面，如图 3-30 所示，在打开页面的搜索窗口中输入搜索词后单击"百度一下"按钮或按 Enter键，即可搜索出目标图片，如图 3-30 所示。

图 3-30　百度搜索图片检索页面示意

　　视频、文库、贴吧等信息的搜索方式与图 3-30 类似。用户如果想搜索具体类型的文件，如"ppt""doc"等，则可以通过在搜索页中单击 ▽ 搜索工具 按钮实现。图 3-31 至图 3-33 展示了以"信息检索"为关键词搜索 Word 文档的操作过程。

图 3-31　百度搜索引擎特定类型文件检索(1)

　　百度搜索引擎在搜索页面中只集成了"pdf""doc""xls""ppt"和"rtf"5 种具体类型的文档搜索，用户如需搜索更多类型的文件，可以通过特定搜索命令"filetype"实现。下面介绍几种多数搜索引擎都支持的搜索命令。

图 3-32　百度搜索引擎特定类型文件检索（2）

图 3-33　百度搜索引擎特定类型文件检索（3）

4. 常用搜索命令

1）site 命令

site 命令用来实现在特定网站中进行检索的功能，其基本用法为"主题关键词 site：网址"。如用户要在北京大学网站搜索与奖学金相关的信息，则可以使用如图 3-34 所示的方法进行信息检索。

2）filetype 命令

filetype 命令用来搜索特定类型的目标文档，其基本用法为"主题关键词 filetype：文件类型"。如用户需要搜索与信息检索相关的 txt 文档，则可以使用如图 3-35 所示的方法实现。

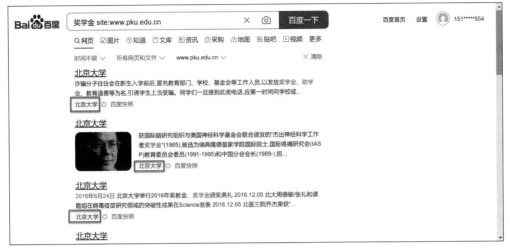

图 3-34　site 命令检索

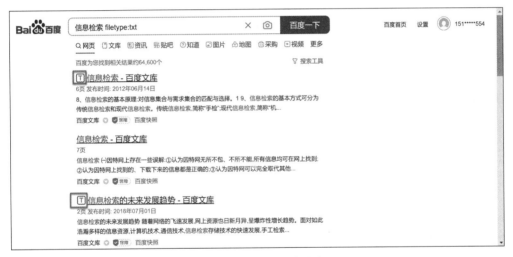

图 3-35　filetype 命令检索

3）intitle 命令

intitle 命令用来实现搜索标题中含有特定关键词的信息的功能，其基本使用方法为"intitle 主题关键词"。如用户要搜索标题中包含关键词"信息检索"的目标内容，则可以使用如图 3-36 所示的方法实现。

该方法检索出的结果网页的 HTML 代码的＜title＞＜/title＞标签对之间包含了搜索主题关键词。为验证该结果，可以通过右击图 3-36，在弹出的选项卡中选择"检查"（以 Edge 浏览器为例）选项，此时可以发现，结果文件源代码的＜title＞＜/title＞标签对之间的内容包含了主题关键词"信息检索"，如图 3-37 所示。

4）inurl 命令

inurl 命令可以实现检索 URL 中包含特定关键词的目标文献的功能，其基本使用方法为"主题关键词:inurl"。如用户要搜索 URL 中包含关键词"信息检索"的目标内容，则可以使用如图 3-38 所示方法实现。

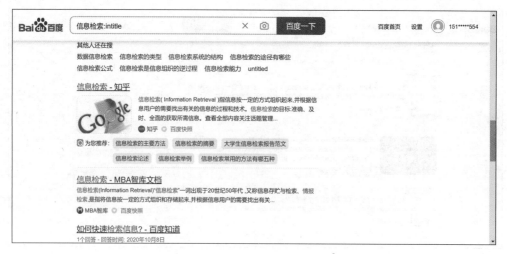

图 3-36 intitle 命令检索

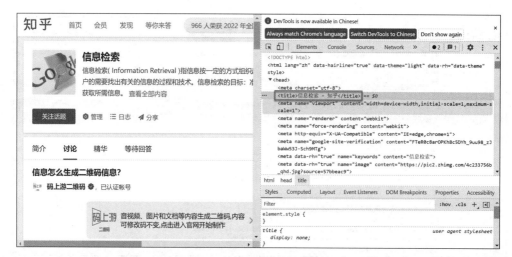

图 3-37 intitle 命令检索原理

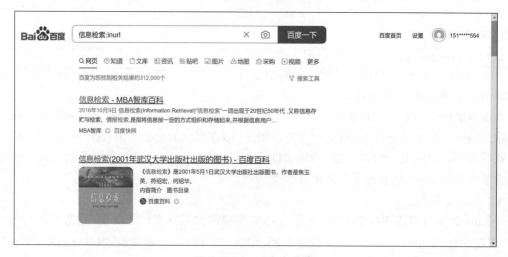

图 3-38 inurl 命令检索

单击任何一个搜索结果，在打开的网页中必然包含该搜索关键词，如图 3-39 所示。

图 3-39　inurl 命令检索结果示意

需要说明的是，几乎所有搜索引擎都支持上述搜索引擎命令，只是使用时的语法结构可能略有差异。大部分搜索引擎都将命令搜索方法集成到可视化操作中，即用户只需要通过单击鼠标而不用输入命令的方式就可以使用命令进行搜索，从而简化了用户使用命令进行操作的难题。百度搜索引擎将该功能集成到搜索结果页面上方的"搜索工具"处，如图 3-40 至图 3-42 所示，由此可见，百度搜索引擎还提供了按照时间段进行搜索的功能。

图 3-40　命令搜索技术的可视化实现示意

图 3-41　百度搜索引擎时间搜索示意

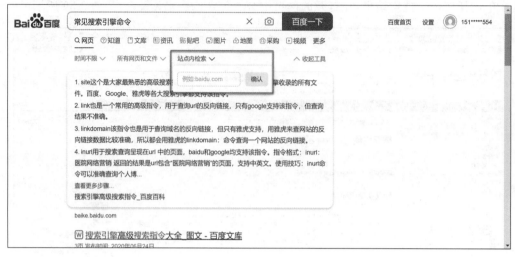

图 3-42　命令搜索的图形化搜索示意

此外,百度搜索引擎的高级搜索功能进一步简化了用户使用逻辑检索词进行检索时的复杂性,用户可以通过百度搜索引擎主页中的"设置"——"高级搜索"选项打开"高级搜索"对话框进行高级搜索,如图 3-43 和图 3-44 所示。

图 3-43　百度高级搜索(1)

图 3-44　百度高级搜索(2)

除上述搜索功能外,百度还提供了文档搜索、学术搜索、百度翻译等与科研学术密切相

关的其他搜索功能,用户可以通过百度搜索引擎主页中的"更多"选项打开查看,如图 3-45
所示,用户可以根据实际需要自行挖掘使用,这里不再赘述。

图 3-45　百度更多应用功能

3.4　其他类型搜索引擎

除基于 WWW 服务的互联网搜索引擎之外,互联网中还包括元搜索引擎。常见的元搜索引擎有 360 搜索(网址为 https://www.so.com/)、ZapMeta(网址为 https://www.zapmeta.com/)、metacrawler(网址为 https://www.metacrawler.com/)等,这些网站的用户检索方式与索引型搜索引擎基本相同,因此不再赘述。除此之外,根据检索来源的不同,还有 FTP 搜索引擎、用户新闻组和专题邮件群服务搜索引擎、多媒体资源搜索引擎等。

3.5　未来搜索

3.5.1　未来搜索特点

目前,搜索引擎市场发展成熟,市场格局稳定,搜索引擎已经渗透到用户的衣、食、住、行等各个行业领域,在大搜索生态的指引下,搜索的边界日益模糊,未来搜索将衍生出更加契合用户服务需求的商业模式,引领行业变革发展[12]。

1. 搜索产品与 AI 技术深度融合

随着 AI 与搜索技术的深度融合,搜索引擎在信息多样性、搜索便捷度、结果准确性等方面都有了大幅提升,用户的搜索体验更佳。目前,市场上主流搜索引擎的机器识别技术已经能够以非常高的成功率探测或者识别语音、图像、视频等目标信息,使用户能够实现所想即所搜、所搜即所得。

2. 垂直搜索业务将进一步快速发展

综合搜索引擎正在展现出信息分类搜索的垂直化和专业化发展趋势。未来,各个搜索引擎品牌会在社交、新闻、专业问答、语言和学术搜索等垂直领域强化优质内容的吸收力度，构建新型内容生态，形成差异化竞争力。此外，搜索引擎还将细分用户在新闻热点、公益查询、应用分发、商品消费等不同领域的搜索需求，推出更加智能、全面、专业的搜索产品，引领搜索引擎行业出现新的垂直专业化发展趋势。

3. 消费支付场景的搜索成为企业转型突破点

目前，百度搜索直达的实物商品、本地生活服务、金融产品、文化产品等品类持续丰富，购买与支付方式也越来越简便。此外，搜狗搜索、360搜索、神马搜索等已经上线网络购物和O2O生活服务平台业务，并取得了一定的业绩。随着直达服务搜索流量的迅速扩大，搜索引擎企业的服务收入占比也保持着高速增长，业务发展和收入结构正在加速业务转型。

3.5.2　未来搜索类型

1. 社会化搜索

社交网络平台和应用占据了互联网的主流，社交网络平台强调用户之间的联系和交互，这对传统的搜索技术提出了新的挑战。

传统搜索技术强调搜索结果和用户需求的相关性，社会化搜索除了相关性外，还额外增加了一个维度，即搜索结果的可信赖性。对某个搜索结果，传统的结果可能成千上万，但如果是用户社交网络内其他用户发布的信息、点评或验证过的信息，则更容易被信赖，这是与用户心理密切相关的。社会化搜索为用户提供更准确、更值得信任的搜索结果。

2. 实时搜索引擎

用户对搜索引擎的实时性要求日益增高，这也是搜索引擎未来的发展方向。实时搜索最突出的特点是时效性强，越来越多的突发事件首次发布在微信、微博等媒体上，实时搜索强调的就是"快"，实时搜索引擎的目标是使用户发布的信息能够在第一时间被搜索引擎搜索到。

3. 移动搜索

随着智能手机技术的快速发展，基于手机的移动设备搜索日益流行，随着移动设备硬件性能的提升和网络服务质量的提高，其检索速度与计算机几乎无差别，但其屏幕太小，可显示的区域不多。

目前，随着智能手机的快速普及，移动搜索一定会更加快速地发展，移动搜索的市场占有率会逐步上升，而对于没有移动版的网站来说，也需要积极开发以弥补该缺失。

4. 个性化搜索

个性化搜索主要面临两个问题：如何建立用户的个人兴趣模型？在搜索引擎中如何使用这种个人兴趣模型？个性化搜索的核心是根据用户的网络行为建立一套准确的个人兴趣

模型,而要建立这样一套模型,就需要全面收集与用户相关的网络信息,包括用户搜索历史、点击记录、浏览网页记录、用户 E-mail 信息、收藏夹信息、用户发布过的信息、博客、微博等。比较常见的模型建立方式是从这些信息中提取出关键词,并通过赋予不同的权重实现。为不同用户提供个性化的搜索引擎结果是搜索引擎总的发展趋势,但现有技术还有很多问题,如个人隐私的泄露,而且用户的兴趣会不断变化,太依赖历史信息可能无法反映用户的兴趣变化。

5. 地理位置感知搜索

随着智能技术的不断发展,基于地理位置感知的搜索已经被大众普遍使用,用户甚至可以通过感知设备感知朝向。基于这种信息,搜索引擎就可以为用户提供准确的地理位置服务以及相关搜索服务。目前,此类应用已经大行其道,如手机地图 App 等。

6. 跨语言搜索

随着全球一体化的发展,如何将某一种用户检索需求翻译为其他语种也是需要研究的一个问题。目前,主流的问题解决方法有 3 种:机器翻译、双语词典查询和双语语料挖掘。对于一个全球性的搜索引擎而言,具备跨语言搜索功能是必然的发展趋势,基本的技术路线一般采用查询翻译和网页的机器翻译这两种技术手段。

7. 多媒体搜索

目前,搜索引擎的查询还是基于文字的,即使图片和视频搜索也是基于文本方式。那么,未来的多媒体搜索技术则会弥补这一缺失。多媒体形式除了文字外,主要包括图片、音频、视频。多媒体搜索比纯文本搜索复杂许多,一般多媒体搜索包含 4 个主要步骤:多媒体特征提取、多媒体数据流分割、多媒体数据分类和多媒体数据搜索引擎。

8. 情境搜索

情境搜索能够感知人与人所处的环境,针对"此时此地此人"建立模型,试图理解用户查询的目的,根本目标是理解人的信息需求。情境搜索是融合了多项技术的产品,上面介绍的社会化搜索、个性化搜索、地理位置感知搜索等都支持情境搜索。

3.6　小结

本章首先介绍了搜索引擎在文献信息检索中发挥的功能作用、分类、工作原理及搜索原理,然后分门别类地介绍了目录型搜索引擎、索引型搜索引擎及其他类型搜索引擎的特点及代表,最后介绍了搜索引擎的未来发展方向。通过对这部分的学习,读者能够了解搜索引擎在信息检索中的重要性,并且对搜索引擎的工作原理及使用方法有初步的了解,还可以了解不同类型搜索引擎的应用场景,并思考搜索引擎的未来发展趋势。

思考与练习

1. 什么是搜索引擎？常见的搜索引擎有哪些类型？

2. 请简要叙述索引型搜索引擎的工作原理。通过实践对比分析常见的索引型搜索引擎的优缺点。

3. 尝试使用百度搜索引擎进行特定类型的文件搜索。

4. 请结合实际分析搜索引擎的未来发展趋势。

第4章 网络信息资源
管理工具手段

学习目标

1. 理解信息定制的优势,能够使用 RSS 工具进行信息定制。
2. 能够熟练使用电子笔记工具进行笔记记录、管理、分享。
3. 熟悉思维导图的绘图方式和绘图原则,能够在日常学习和工作中使用思维导图。

随着互联网上资源数量的增多,用户可以获取和存储的信息量也越来越大。过多的信息给用户的使用带来了一定的挑战。如何快速精准地获取互联网上的信息资源并高效存储和利用,对于用户来说非常迫切。值得庆幸的是,互联网技术的快速发展促使越来越多的网络信息资源管理工具软件被开发出来,用户可以借助这些工具软件提高信息资源的管理效率。本章将通过介绍几种与信息定制技术、电子笔记技术及思维导图相关的信息管理工具软件,助力用户对于信息资源的管理和使用。

4.1 信息定制

4.1.1 信息定制简介

因学习、生活和工作的需要,人们每天都会上网浏览网站等信息承载体,以获取想要的信息资源。常见的信息获取方式是用户主动去目标站点或应用程序软件上寻找想要获取的信息资源。但如果信息资源的站点数量较多,那么就需要用户逐个打开站点,查找所需资源。而如果一个网站上的信息资源不仅多,而且更新频繁,此时用户就需要花费更多的时间寻找具体的目标信息,此时如果打开的网站根本没有内容更新,那么用户就浪费了宝贵的时间和精力。这种用户主动查找信息的方式是一种"拉"式的获取方式,主要存在以下几方面的不足。

1) 信息环境杂乱

互联网无边界、个性化的特点使得互联网上的信息资源良莠不齐。随着信息量的增多,用户要在海量信息中找到优质目标内容是非常具有挑战性的一件事情,用户很容易迷失在海量信息中,也容易被一些无用的信息带偏带跑。对于辨析力不足的用户,也会获得一些低质量的信息,进而影响正常学习、工作、生活的开展。

2）信息个性化推送功能缺乏

传统互联网上的信息与用户无关，即所有用户看到的信息都是一样的，缺乏目标针对性。随着智能技术的快速发展，智能推送功能诞生，多数系统具有了根据用户的访问历史进行内容推送的功能，但信息源也较广泛。

3）新旧信息标志不明确

多数互联网网页信息不具有明确的新旧信息标识功能，用户需要自行查看辨析才能确定哪些信息是最新的，这将花费用户大量的时间和精力。

4）获取信息方式分散

很多时候，用户所需的信息分散在不同的位置，如不同的网页、不同的站点、不同载体类型的系统中，用户为了全面获取信息，就需要去不同的地方查找，这也为用户获取信息带来了挑战。

基于以上原因，人们提出了基于信息定制的信息管理方式，信息定制已经成为互联网获取信息的主要方式之一，它是一种支持用户通过定制网站或订阅网站"关注"信息源（包括普通网页、RSS 输出、关键词等）的最新"动态"结果的信息获取方式。目前，用户可以通过在线浏览、邮件订阅、手机短信订阅等多种方式获取、接收订阅的目标信息。当前，信息定制有3 种基本类型，分别是 RSS 订阅、网站订阅及邮箱订阅。

4.1.2 RSS 简介

1. RSS 概述

RSS（Really Simple Syndication，真正简易聚合）是一种基于 XML（eXtensible Markup Language，可扩展标记语言）的信息定制技术，其定义了非常简单的方法以共享和查看文档标题和内容，文档可自动更新，且允许为不同的网站进行视图的个性化展示，可以实现信息内容的自动化推送和自动化管理，也可以实现基于个人需求的个性化信息获取。

RSS 可用来展示选定的数据。通过 RSS feed（RSS 种子，通常称为 News feed），用户可以使用 RSS 聚合器更快地检查网站更新。由于 RSS feed 一般比较小巧，并可以快速加载，因此可以轻易地被类似移动电话或 PDA 的服务使用，拥有相似内容的网站可以轻易地在它们的网站共享内容，使这些网站更出色、更有价值。

2. RSS 的工作原理

网络用户可以在客户端借助于 RSS 聚合器在不打开目标内容文档的情况下阅读订阅的 RSS 源的内容。RSS 的基本工作过程如图 4-1 所示。

由图 4-1 可以看出，用户要定制某网站，必须确保该网站提供了 RSS 订阅功能，即提供了 RSS feed，RSS 站点通常可以提供 RSS 文件和站点频道列表两种方式订阅。用户对于具有订阅功能网站的订阅是借助 RSS 聚合器实现的，RSS 聚合器又称 RSS 阅读器，它提供了RSS 订阅功能，即实现了订阅网站及时向订阅器推送更新内容提醒和查看订阅内容的功能，实现了将多个具有 RSS 订阅功能的站点内容聚合到该聚合器的功能，避免了用户需要去多个站点查看信息的不足。通常，RSS 聚合器具有显示订阅列表和展示列表对应内容的

图 4-1　RSS 基本工作过程

功能,也具有更新列表内容的作用。

4.1.3　RSS 使用

RSS 订阅是实现多个提供 RSS feed 的网站和 RSS 聚合器之间建立关联关系的过程。使用 RSS 聚合器订阅 RSS feed 一般需要经历 4 个阶段,分别是查找 RSS feed、选定 RSS 聚合器、订阅 RSS、RSS 阅读及管理[13]。

1. 查找 RSS feed

用户要订阅某站点,必须确保该站点提供了 RSS feed。用户可以通过在站点中查找 RSS 源标识、在搜索引擎中搜索 RSS 源及在 RSS 聚合器中查找 RSS 源 3 种途径实现 RSS feed 的查找。

1) 通过 RSS feed 标识确定 RSS feed

为了能够快速辨识某站点是否具有 RSS 源及快速定位该 RSS 源,人们为 RSS 源设计了一定的标识图标,如图 4-2 所示,用户可以通过浏览网页是否具有此标识快速确定该网站是否提供了 RSS 订阅功能。

图 4-2　常见的 RSS 源图标符

例如,用户想要随时关注少数派站点的内容更新,则可以通过打开该网站首页,在首页下方找到该站点的 RSS 源标识符 。该网站具有该标识符,说明该网站提供 RSS 订阅功能,如图 4-3 所示。

2) 通过搜索引擎搜索 RSS feed

某些网站没有提供明确的 RSS feed 标识,但不能判定该网站不提供 RSS feed。此种情

图 4-3 RSS feed 的确定

况下,用户可以通过在搜索引擎中搜索 RSS feed 的方式实现。如用户要订阅科学网,但通过浏览科学网网站没有发现 RSS feed 图标,此时用户可以在搜索引擎的搜索框中输入"科学网 RSS",在搜索结果第 1 条中即可发现该网站详细的 RSS feed,如图 4-4 和图 4-5 所示。

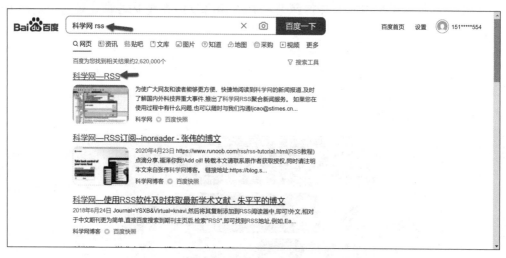

图 4-4 RSS feed 查找(1)

3) 在 RSS 聚合器中搜索 RSS feed

通过搜索引擎搜索 RSS feed 通常会搜索到很多非 RSS feed 的结果,此时会对用户造成干扰。幸运的是,RSS 聚合器也提供 RSS feed 搜索功能,在其中搜索的结果只有 feed 结果,不会有其他干扰项。下面以 RSS 聚合器 InoReader 为例,说明如何使用 RSS 聚合器查找 RSS feed。

打开 InoReader 聚合器首页,在搜索框中输入"CSDN"后并限定搜索类型为"订阅源",然后按 Enter 键,则会在结果页面中显示搜索结果,如图 4-6 所示。

图 4-5　RSS feed 查找（2）

图 4-6　RSS feed 查找（3）

2. 选定 RSS 聚合器

RSS 聚合器是连接 RSS feed 和用户的通道，是用来聚集并分类 RSS feed 的网站或软件。常见的 RSS 聚合器分为网页版、客户端和电子邮箱三类。RSS 聚合器品种繁多，下面介绍几款较好用的聚合器，读者可以根据自己的喜好自行选择。

1）Feedly

Feedly 是一款老牌的 RSS 阅读器，于 2008 年推出了 RSS 服务，2013 年 Google Reader 关闭后，更多的用户开始使用 Feedly，目前 Feedly 也是国外热门的 RSS 阅读器之一。

Feedly 的最大特点是其界面简洁，除了订阅源和文章外，基本无其他干扰内容，在文章阅读界面，字体和图片也做了相应的优化，人性化的界面设置可以让人专注于内容本身，可以无干扰地阅读各个网站的 RSS 资讯，甚至比原网站体验还好。Feedly 也允许用户使用 Google 或 Twitter 用户账户登录该软件。此外，用户还可以添加自定义新闻源，使用其内置的浏览器进行内容浏览。

Feedly 是免费的应用程序,但如果用户有大量的来源列表,则必须付费使用 Feedly Pro 进行内容订阅。对于一些专业用户,Feedly Pro 版中提供了更多的功能,如第三方集成、支持 Evernote、Pocket、Zapier、WordPress 等服务、文章批注与高亮、搜索过滤等,可以让重度用户更快地处理信息,避免在多个服务应用中频繁切换,从而提高工作效率。

图 4-7　Feedly 使用示意

2) Inoreader

Inoreader 创建于 2013 年,它几乎继承了 Google Reader 的大部分特性,它支持 HTTPS、移动设备访问、导入 Google Reader、Pocket、快捷键、自动推送等功能。

Inoreader 支持中文界面,不限制搜索源结果,同时有 Android 版和 iOS 版,可以共享国内外资源。用户订阅的信息源的更新信息能够及时推送给用户,用户可以订阅网站、博客、播客、邮件简讯、新闻等,并可根据用户喜好进行内容过滤。

Inoreader 对订阅源的操控非常简单,如当鼠标悬浮到未读文章字数上时会显示一个对勾,用户只需要单击它就可以把该订阅源的所有未读文章标记为已读。当用户想对订阅源进行各种操作,如查看、重命名、退订,只需要通过单击鼠标即可直接完成,操作步骤简单便捷(图 4-8)。

图 4-8　Inoreader 界面示意

Inoreader 的缺点是免费账户中的广告很多，能够订阅的数量也有限。收费用户可以免去广告打扰，且订阅源的数量可以提升至 500 条甚至更多，也能够使用更多的功能。

需要说明的是，在国内访问网页版 InoReader 时，会因为网速等原因而不能快速、完整地展示页面内容，但总体来说不影响用户的正常使用。

3）FeedDemon

与上述 RSS 阅读工具相比，FeedDemon 是一款仅适用于 Windows 操作系统的客户端软件，是一款非常流行的 RSS 阅读器。FeedDemon 界面简洁、易于使用，用户通过使用它可以快速了解最新的新闻和信息（图 4-9 和图 4-10）。

在 FeedDemon 中，用户可以完全自定义组织和显示 Feed，设置自定义的基于关键词的新闻监视器；预先配置的众多 Feed 可以让用户立即使用查看；其内建的 Podcast 接收程序可以下载音乐文件到用户的移动音频设备；此外，FeedDemon 还可以与 NewsGator Online 自动同步，并与其他流行的 RSS 服务集成。

需要说明的是，FeedDemon 的开发者在 2013 年终止了对其版本的更新，但用户依然可以使用之前的版本进行 RSS 阅读管理，其最新版本为 FeedDemon 4.5。

图 4-9　FeedDemon 界面示意（1）

4）邮箱订阅

目前，多数邮箱支持 RSS 的订阅与阅读管理功能，如用户可以通过 163 邮箱进行 Google 资讯等其他内容的定义（图 4-11）。

需要说明的是，不同邮件服务器的订阅方法稍有差异，读者可以通过邮件服务器提供的具体配置说明自行查看配置。

3. RSS 订阅与阅读管理

为了详细说明 RSS 的基本订阅方法和使用过程，本书以 Inoreader 网页版为例说明 RSS 的使用基本流程及基本管理功能。

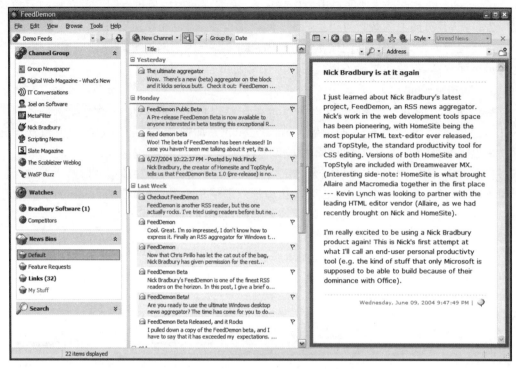

图 4-10　FeedDemon 界面示意(2)

图 4-11　邮箱订阅 RSS feed 示意

1) 创建用户账号

用户要基于个人需要进行 RSS 订阅和资源管理,通常需要将自己的用户信息和 RSS 聚合器进行绑定,从而进行精准管理。用户通过在线注册个人用户账号可以实现个人 RSS 信息的订阅和管理。

打开 Inoreader 主页,在弹出的窗口中单击 create a free account 按钮,即可进入用户注册界面,用户输入个人信息后即可完成注册,注册后可输入注册信息并单击 Sign in 按钮进入登录窗口进行登录,如图 4-12 至图 4-14 所示。

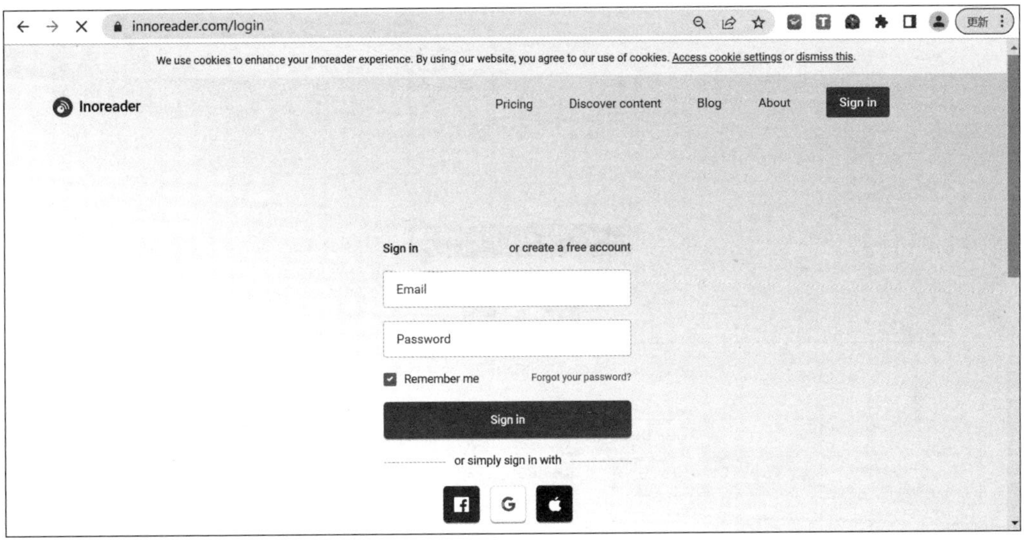

图 4-12　Inoreader RSS 订阅示意(1)

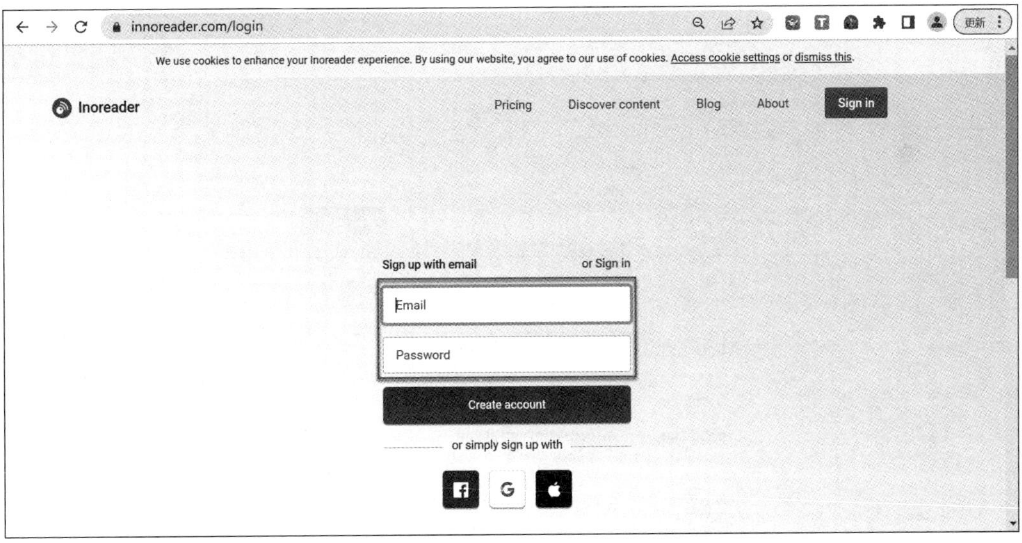

图 4-13　Inoreader RSS 订阅示意(2)

2) 查找 RSS 源

用户登录后,可以在 Inoreader 主窗口中看到内容搜索框,此时用户只需要输入需要订阅的 RSS 关键词(如"科学网"),然后按 Enter 键,主窗口右侧即可显示出搜索结果,用户选择 Feeds 选项将会筛选出 RSS feed,并列出筛选出的 RSS feed 内容条数及详细结果,如图 4-15至图 4-18 所示。

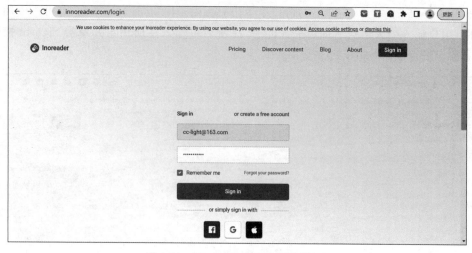

图 4-14 Inoreader RSS 订阅示意(3)

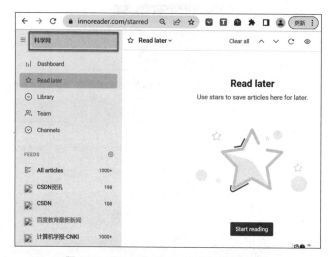

图 4-15 Inoreader RSS feed 查找示意(1)

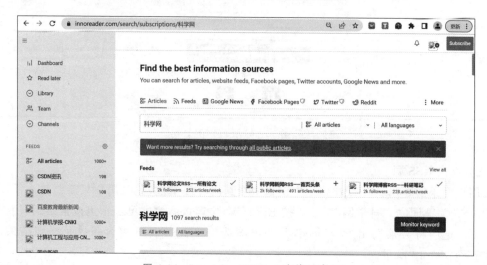

图 4-16 Inoreader RSS feed 查找示意(2)

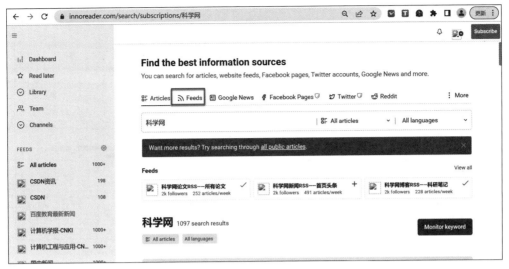

图 4-17　Inoreader RSS feed 查找示意（3）

图 4-18　Inoreader RSS feed 查找示意（4）

3）添加 RSS 源

用户单击搜索结果中下方的 Follow 按钮即可完成内容关注，关注的 RSS feed 会以列表的形式显示在主窗口的左侧，单击左侧列表的 RSS feed 将在右侧主窗口显示该 feed 下的内容列表，如要查看某个具体内容，则可以单击该内容提示下方的 Open in new tab 按钮，该内容会在新的 Web 窗口中显示出来，如图 4-19 至图 4-22 所示。

4）分类 RSS 源

为方便查看，用户可以通过单击 New Folder 按钮新建文件夹，在弹出的新建文件夹对话框中输入文件夹名称，并选择欲存储到该文件夹下的 RSS feed，即可将某一 feed 放置到某特定文件夹下，从而实现 RSS feed 分类管理功能，如图 4-23 至图 4-26 所示。

完成上述步骤后，即可在左侧的 feed 列表中看到该文件夹，单击该文件夹的下拉按钮可以看到其中包含的 feeds，如图 4-27 所示。

图 4-19　在 Inoreader 中添加 RSS feed(1)

图 4-20　在 Inoreader 中添加 RSS feed(2)

图 4-21　在 Inoreader 中查看订阅文章(1)

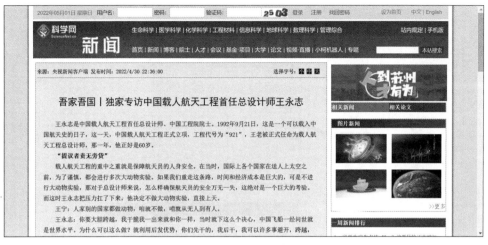

图 4-22　在 Inoreader 中查看订阅文章(2)

图 4-23　Inoreader 中的 RSS 源管理(1)

图 4-24　Inoreader 中的 RSS 源管理(2)

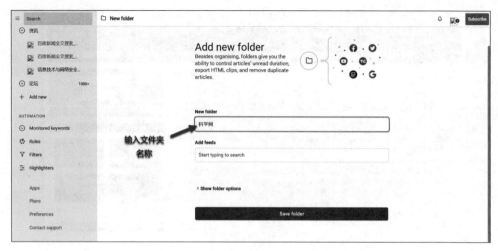

图 4-25　Inoreader 中的 RSS 源管理（3）

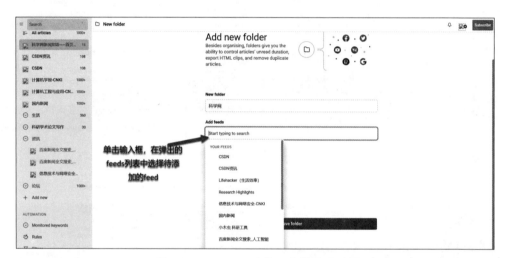

图 4-26　Inoreader 中的 RSS 源管理（4）

图 4-27　Inoreader 中的 RSS 源管理（5）

5）个性化设置

用户可以通过 Inoreader 提供的个性化属性设置功能设置 Inoreader 的显示语言、配色等属性，基本设置过程为：选择左侧列表框中的 Preferences 选项，在弹出的 Preferences 对话框中选择相应的选项并进行属性设置，如图 4-28 和图 4-29 所示。

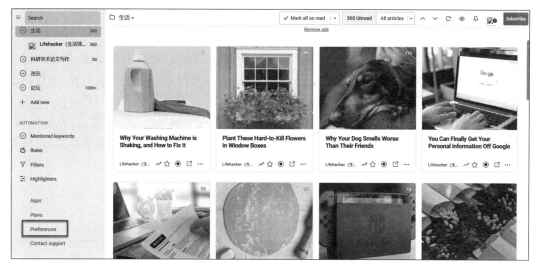

图 4-28　Inoreader 个性化设置（1）

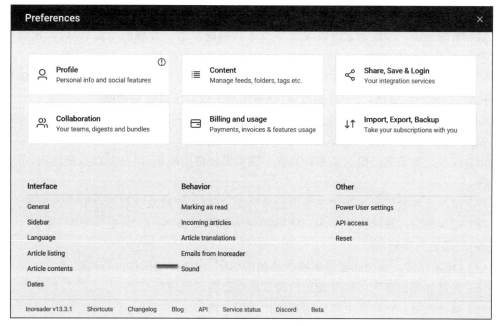

图 4-29　Inoreader 个性化设置（2）

4.2　电子笔记

4.2.1　电子笔记概述

随着计算机设备的普及和互联网技术的不断发展,电子笔记因其记录便捷、低碳环保和便于携带、存储、检索、利用、共享以及记录内容样式丰富(不仅可以记录文字内容,还可以记录图片、声音、视频)等特性受到了人们的普遍欢迎。

市面上的电子笔记软件众多,常见的电子笔记软件有 OneNote、印象笔记、为知笔记、有道云笔记等,这些笔记软件的基本文字输入、内容管理、基本搜索功能等基本类似,但在其他方面各有差异。下面以印象笔记为例进行电子笔记软件的使用介绍。

4.2.2　印象笔记

1. 简介

印象笔记是一款可以在多种设备和平台间无缝同步每天的见闻、思考与灵感,一站式完成信息的收集备份、永久保存和高效整理,助人无拘无束、随时随地保持高效工作的电子笔记软件,其主要功能如下。

(1)云端同步。印象笔记可以实现多设备联网同步笔记管理的功能,可以实现随时随地保存和查阅信息的功能。

(2)剪藏。印象笔记可以实现一键保存各类网页图文到印象笔记的功能,并能随时随地对内容进行查看、编辑,方便复制粘贴,能够实现高效的信息收集功能。

(3)智能搜索。无论是笔记、图片甚至是附件内的文字,印象笔记的智能搜索功能都可以迅速地帮用户搜索到保存在印象笔记中的任何内容。

(4)模板。印象笔记提供了多种具有不同类型风格的模板,用户可以直接使用,节省编辑时间。

(5)清单。印象笔记支持代办事项记录功能,可以实现高效管理待办事项的功能。

(6)超级笔记。该功能使得用户能够实现多种样式类型(文本、思维导图、表格、大纲、视频等)的笔记在线记录。

(7)OCR 扫描。该功能能够实现快速拍图识字、快捷存储图片内容的功能。

(8)思维导图。该功能能够让用户高效梳理思路和整理信息。

(9)桌面便笺。该功能可以让用户便捷地记录内容提要,随时记录灵感想法。

(10)Markdown。该功能能够为用户提供简单高效的沉浸式写作体验。

(11)分享。该功能可以方便用户进行笔记内容共享和协作编辑。

(12)空间。该功能可以使用户实现全新的知识管理结构。

(13)知识星图。该功能借助 AI 技术实现 AI 赋能笔记的作用。

2. 基本操作

1) 下载软件与账号注册

印象笔记为每个用户提供了个人资料的管理功能,为此用户需要注册以进行个性化资料管理。

印象笔记有网页版、客户端和移动端 3 种版本,用户可以通过单击印象笔记软件主页,通过微信账号、手机号码或电子邮箱进行账号注册,也可以从印象笔记官网下载客户端软件或 App,然后进行默认安装,再进行注册使用,如图 4-30 所示。

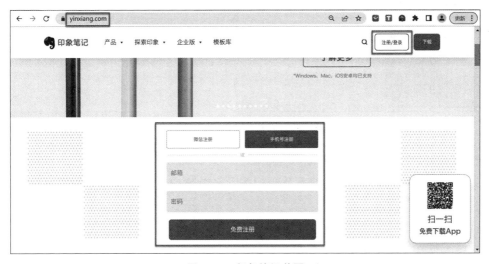

图 4-30　印象笔记首页

注册后,无论网页版、客户端或移动终端,都可以使用同样的账号登录查看该账号下的资料内容(图 4-31 和图 4-32)。

图 4-31　印象注册/登录

图 4-32　个人印象笔记首页

2）创建属于自己的笔记

印象笔记最主要的功能就是进行笔记记录。印象笔记支持轻记、普通笔记和超级笔记3 种笔记模式。

（1）轻记

轻记主要适合于随手记录一些短小精简的文字内容，该模式不提供文字美化、图片粘贴、附件插入等操作，但其界面直观明了，操作简捷。用户可以单击主窗口左侧的"轻记"按钮，此时主窗口右侧会列出已有的轻记笔记和一个新的轻记笔记输入框，用户在该输入框中输入笔记内容后单击"轻记一下"按钮即可完成保存，如图 4-33 所示。

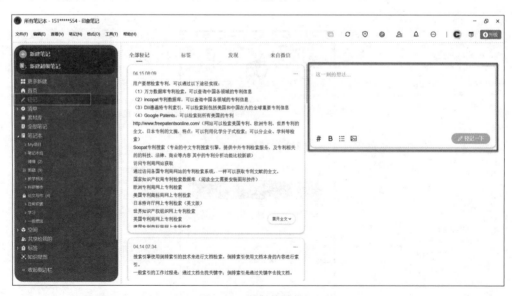

图 4-33　印象笔记轻记

（2）普通笔记

普通笔记具有比轻记更丰富的记录编辑功能，如可以使用模板，可以粘贴图片，可以插入或录制音频等。普通笔记的基本使用方法为：选择主窗口左侧的"新建笔记"选项，在弹出的对话框中选择要保存的位置后填写笔记标题，并根据实际需要书写笔记内容，也可以对笔记的内容进行格式设置，还可以通过对话框上的属性设置栏进行高级属性设置，如图 4-34 和图 4-35 所示。

图 4-34　印象笔记普通笔记

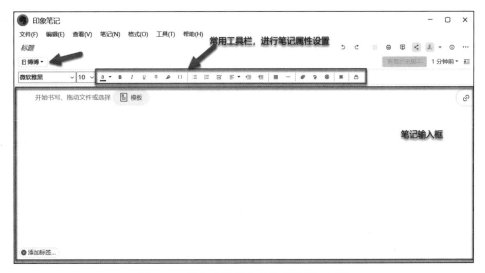

图 4-35　印象笔记普通笔记编辑窗口示意

（3）超级笔记

超级笔记比普通笔记具有更多的编辑功能，如插入智能表格、撰写笔记大纲、新建列表、导入文件、录音、上传视频等多种功能。用户可以通过选择左侧列表中的"新建超级笔记"选项进入超级笔记创建窗口，在其中根据需要撰写和编辑笔记内容，如图 4-36 和图 4-37所示。

图 4-36　创建印象笔记超级笔记（1）

图 4-37　创建印象笔记超级笔记（2）

需要说明的是，除了轻记需要用户单击相应的"保存"按钮才能保存笔记内容之外，普通笔记和超级笔记均具有实时自动保存笔记内容的功能，所以用户在编辑完成后可以直接关闭笔记创建窗口，无须担心笔记内容丢失。用户新建的笔记可以在左侧笔记列表中查看。

3）剪藏网页内容

印象笔记提供的网页剪藏功能实现了用户在打开网页查看时快速方便地将该网页收藏至印象笔记的功能。剪藏功能实现了印象笔记和网页的关联，使得用户在不通过浏览器打开网页的情况下即可通过印象笔记查看收藏的网页内容。

要实现印象笔记剪藏网页的功能，需要为打开待剪藏网页的浏览器安装对应的剪藏插件。印象笔记官方网站为多款浏览器提供了剪藏插件，用户需要根据自己所用的浏览器选择对应的插件。下面以 Chrome 浏览器为例说明网页剪藏插件的下载、添加和使用方法。

（1）下载剪藏插件。

打开印象笔记官方网站主页，单击"查找"按钮$\boxed{Q}$，在弹出的文本输入框中输入"剪藏插件"后按 Enter 键，在弹出的搜索结果页面中定位 Chrome 浏览器对应的插件页面，如图 4-38 和图 4-39 所示。

图 4-38　印象笔记剪藏功能的使用（1）

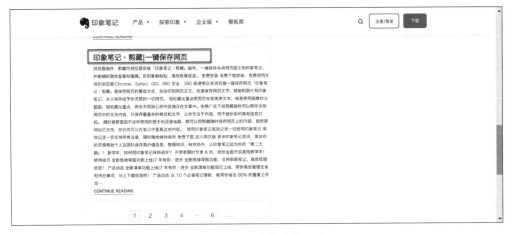

图 4-39　印象笔记剪藏功能的使用（2）

在弹出的结果页面中单击"免费安装"按钮,则会弹出印象笔记官网提供的 Chrome 浏览器插件,如图 4-40 和图 4-41 所示。

图 4-40　印象笔记剪藏功能的使用(3)

图 4-41　印象笔记剪藏功能的使用(4)

在弹出的浏览器剪藏插件结果页中,单击"获取"按钮即可进入插件下载界面及安装说明窗口,用户根据说明下载安装即可,如图 4-42 所示。

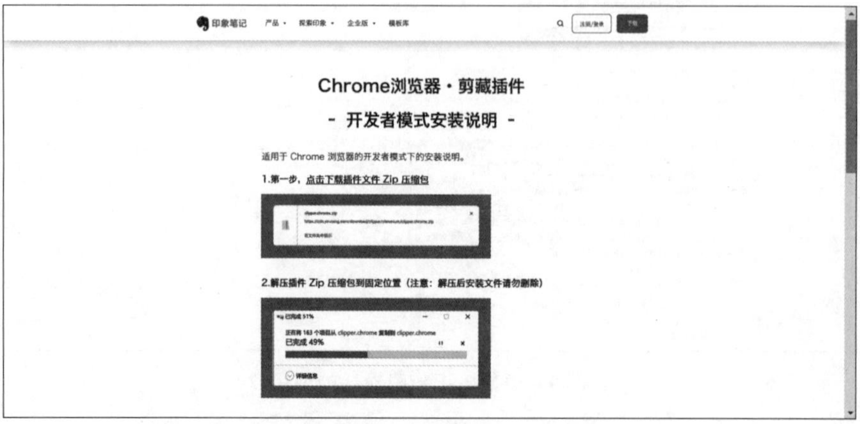

图 4-42　印象笔记剪藏功能的使用(5)

（2）剪藏浏览器中的网页。

浏览器剪藏插件添加成功后，当用户单击浏览器的"扩展程序"按钮 ♣ 时，会在弹出的选项列表中看到已经添加的浏览器插件。为方便使用，用户可以通过单击相应插件后边的"固定"图标将该插件图标固定到浏览器的常用工具栏中，以方便随时使用，如图 4-43 和图 4-44 所示。

图 4-43　印象笔记剪藏功能的使用（6）

图 4-44　印象笔记剪藏功能的使用（7）

当用户需要剪藏网页到印象笔记中时，必须先登录印象笔记，登录方法为：单击固定在浏览器常用工具栏中的印象笔记插件图标，在弹出的窗口中输入正确的用户名和密码后单击"登录"按钮，即可完成登录，如图 4-45 所示。

图 4-45　印象笔记剪藏功能的使用（8）

登录后,右击待剪藏的网页,弹出的选项卡中就包含"印象笔记剪藏"选项,此时用户就可以根据实际需要选择"剪藏整个网页到印象笔记""剪藏书签到印象笔记"或"剪藏网页截屏到印象笔记"选项,也会在网页右上角看到提示剪藏进度和剪藏位置的信息,用户根据实际需要进行设置选择,以方便日后查看和管理,如图 4-46 和图 4-47 所示。

图 4-46　印象笔记剪藏功能的使用(9)

图 4-47　印象笔记剪藏功能的使用(10)

(3) 查看剪藏的文件。

打开印象笔记,单击保存剪藏文件的文件夹,即可在右侧的浏览窗口中看到剪藏的内容摘要,双击该摘要内容,即可在笔记窗口中打开剪藏的页面,此时,用户可以根据需要对该内容进行查看和二次编辑,如图 4-48 和图 4-49 所示。

4) 永久保存微信内容

随着微信用户数量的不断增加,用户常常会打开微信中的文章(如公众号文章)查看感兴趣的信息。对于优质的文章,用户会想要保存起来以供日后查看。如果用户使用微信自

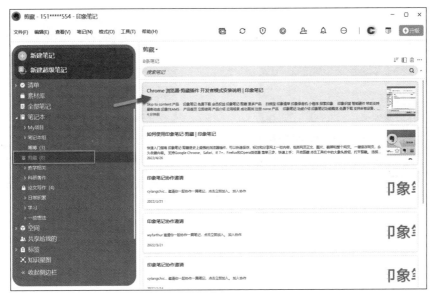

图 4-48　查看剪藏文件（1）

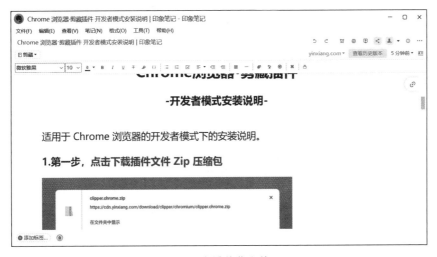

图 4-49　查看剪藏文件（2）

带的转发功能将文章转存到朋友圈,那么当原文章被删除时,用户转存的该篇文章也将不能被打开查看。

印象笔记提供的"保存到印象笔记"功能可以将文章永久保存到印象笔记中,实现独立于原文章的作用,即使源文件已被删除,用户也可以查看印象笔记中转存的文件。永久保存微信内容的具体操作方法为:首先在微信中关注印象笔记公众号,然后打开待收藏的页面(如公众号文章),单击右上角的"⋯"按钮,在弹出的选项中选择"更多打开方式"选项,选择弹出的保存选项中的"保存到印象笔记"选项,即可将文章保存到印象笔记,如图 4-50 和图 4-51 所示。

微信文章将默认保存到印象笔记中的"剪藏文章"分类目录下,用户打开印象笔记软件定位到该目录,即可找到转存的微信文章,如图 4-52 所示。

图 4-50　微信文章保存到印象笔记（1）

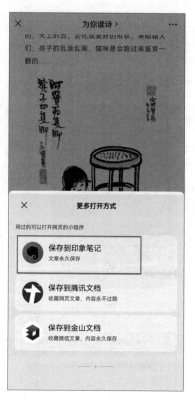

图 4-51　微信文章保存到印象笔记（2）

图 4-52　微信文章保存到印象笔记中（3）

5) 快速创建思维导图

印象笔记提供了创建思维导图笔记的功能,其操作方法为:选择"更多新建"选项,在弹出的选项列表中选择"思维导图"选项,即可打开思维导图笔记编辑页面,用户可以根据实际需要添加思维导图,并进行结构、分支、主题格式等属性设置,如图 4-53 所示。

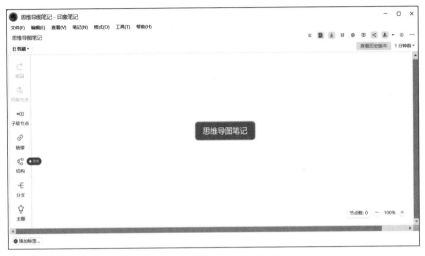

图 4-53　快速创建思维导图

除了上述普通的思维导图笔记之外,印象笔记提供了为多篇文章创建思维导图的功能,即通过将多篇文章的标题作为思维导图子主题,从而展示这些文章之间的关联关系,思维导图中的每个结点都有指向源文件的超链接,用户通过单击该链接图标即可打开源文章进行查阅。基本操作方法为:右击某主题文件夹,在弹出的选项中选择"为笔记本创建思维导图目录"选项,即在当前文件夹下可看到创建的思维导图目录,双击新建的思维导图目录文件,即可查看并二次编辑目录文件,如图 4-54 至图 4-56 所示。

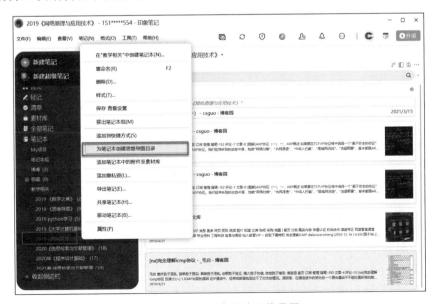

图 4-54　为多篇文章创建思维导图(1)

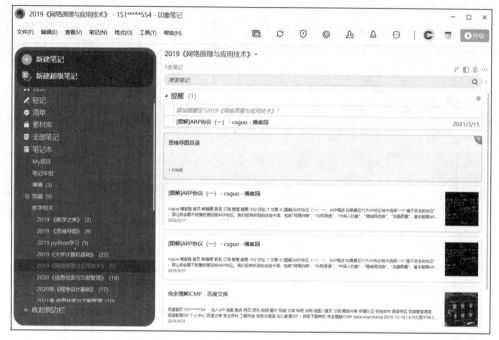

图 4-55　为多篇文章创建思维导图（2）

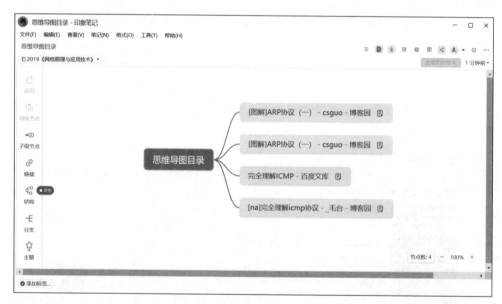

图 4-56　为多篇文章创建思维导图（3）

6）随时随地搜索

印象笔记提供的搜索功能方便了用户快速查找笔记本（在笔记本组中搜索笔记本）及笔记（在某笔记本下搜索笔记）的功能，操作示例如图 4-57 和图 4-58 所示。

7）共享笔记

印象笔记的共享功能使不同用户可以方便地实现笔记信息共享，进而实现信息分享和交流的目的。印象笔记提供了共享笔记和共享笔记本两种功能，共享途径又有直接共享和

图 4-57　印象笔记的搜索功能（1）

图 4-58　印象笔记的搜索功能（2）

通过电子邮件发送副本共享两种方法。基本操作方法为：右击待共享的笔记本或笔记，在弹出的菜单中选择"共享"——"共享笔记"或"以电子邮件发送副本"选项即可实现笔记共享，如图 4-59 所示。

如选择"共享笔记"选项，则会弹出"印象笔记"对话框，在接收者文本输入框中输入接收

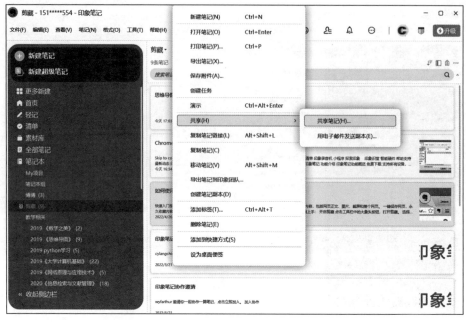

图 4-59　共享笔记(1)

者注册印象笔记时所用的邮箱、手机号或昵称，并单击右侧的下拉列表进行权限设置，即可实现笔记共享，如图 4-60 所示。

图 4-60　共享笔记(2)

用户也可以通过微信好友、邮件、复制链接的方式进行笔记共享。接收方在收到共享笔记后，可以通过选择印象笔记主页左侧的"共享给我的"选项在右侧显示的窗口中查看共享给自己的笔记。用户如果想查看具体的笔记内容，则可以双击某笔记打开查看，如图 4-61 所示。

图 4-61　共享笔记（3）

8）导出笔记

印象笔记提供了导入/导出功能，从而实现了不同笔记软件及不同用户之间的笔记导入/导出。

印象笔记支持印象笔记文件和 Microsoft OneNote 两种格式的笔记导入/导出功能。用户可以从印象笔记中导出 ENEX 文件（印象笔记）、单个 HTML 网页、Web 存档文件和多个网页文件。用户可以通过印象笔记的"文件"菜单，选择"导入"或"导出"选项实现文件的导入/导出，如图 4-62 和图 4-63 所示。

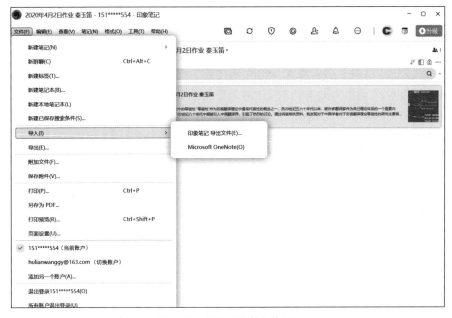

图 4-62　导入/导出文件（1）

导出的笔记属性信息可以通过单击图 4-63 所示的"选项"按钮进行设置。

图 4-63　导入/导出文件(2)

图 4-64　导入/导出文件(3)

4.3　思维导图

4.3.1　简介

　　思维导图(The Mind Map)又称心智图、脑图,最先是由英国的托尼·博赞于 1970 年提出,随后传入我国。思维导图是一种表达发散性思维的图形化表达手段,是一种简单却很有效的实用性思维表达方式。思维导图将各级主题的关系用相互隶属及相关的层级图进行表现,为主题关键词等赋予一定的图像、颜色等属性,建立词语与图像、颜色、逻辑结构之间的联系,通过这种图文并茂的表达方式增加思维表达。思维导图的提出建立在脑科学的基础上,充分运用了左右脑的机能,利用记忆、阅读、思维的规律协助人们在科学与艺术、逻辑与想象之间平衡发展,以期开启人类大脑的无限潜能[14]。

　　常见的思维导图创作方式有两种,分别是手工绘制(简称手绘)和借助思维导图工具软件绘制(简称软件绘制)。手绘思维导图能够更充分地发挥绘图人的个性创意,软件绘制思维导图更快速,也非常便于人们之间的交流和共享。

　　随着思维导图应用范围的不断扩大,市面上的思维导图软件工具也越来越多,常用的思维导图绘图工具软件有 MindMaster、MindManager、XMind、亿图图示、iMindMap、FreeMind 等,本书以 XMind 2020[15] 为例介绍如何使用该软件绘制思维导图。

4.3.2　使用 XMind 绘制思维导图

1. 基于模板创建思维导图

　　(1)安装思维导图软件后,可以在系统的"开始"菜单中选择 XMind 选项以启动思维导图软件,随后会弹出包含若干思维导图模板的对话框,如图 4-65 所示,用户可以根据实际需要双击打开某模板使用。

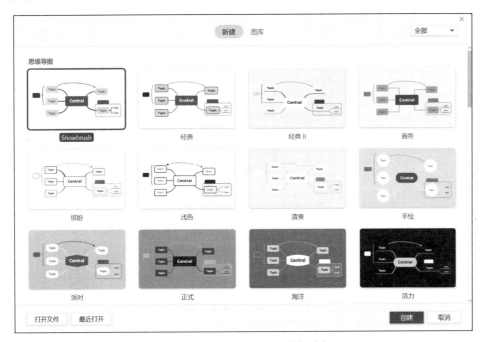

图 4-65　XMind 思维导图模板选择

（2）进入思维导图编辑窗口后,用户可以通过双击主题或子主题框输入相应文本的方式修改其中的文字内容。

（3）用户可以为主题或子主题添加下一级主题,添加方法为: 选择该主题,单击常用工具栏中的"子主题"按钮或按 Tab 键添加子主题,如图 4-66 所示。

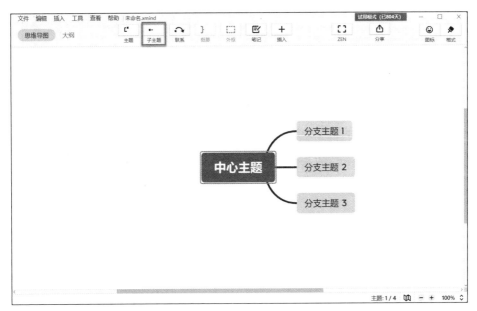

图 4-66　XMind 下添加子主题

（4）用户可以为子主题添加同一级的其他主题，添加方法为：选择该主题，单击常用工具栏中的"主题"按钮或按 Enter 键添加同一级主题，如图 4-67 所示。

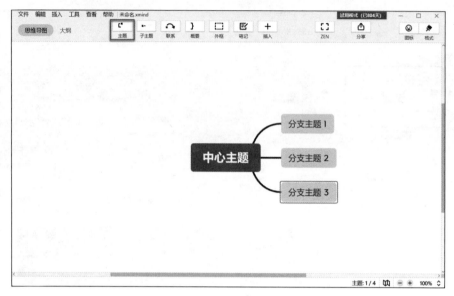

图 4-67　XMind 下添加同级主题

2. 修改主题的样式、边框和背景填充

用户可以通过为主题修改背景色、设置边框形状、添加图标图片等方式美化思维导图，提高内容表达的效果。

（1）单击待修改背景或边框的主题，在右侧弹出的"样式"选项卡下单击"形状"选项右侧的下拉列表，根据需要选择下拉选项，以进行主题形状的修改，如图 4-68 所示。

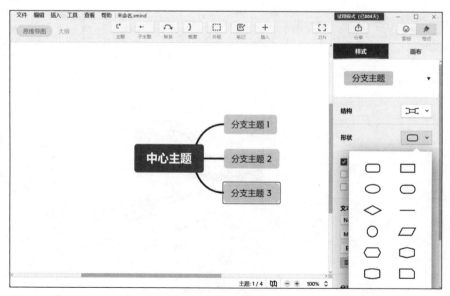

图 4-68　结点边框修改

（2）在"样式"选项卡下勾选"填充"复选框，并从右侧的颜色框中选择自己喜欢的颜色进行填充。

（3）在"样式"选项卡下勾选"边框"复选框，并在下方的"设置边框粗细"下拉列表下选择边框粗细，在颜色框中选择自己喜欢的颜色，即可完成对边框属性的设置。

3. 为主题/子主题添加标记、贴纸、图片等

（1）单击某主题以选中该主题，然后选择菜单栏中的"插入"选项，在弹出的选项列表中根据需要选择标记、贴纸或图片等，如图 4-69 所示。

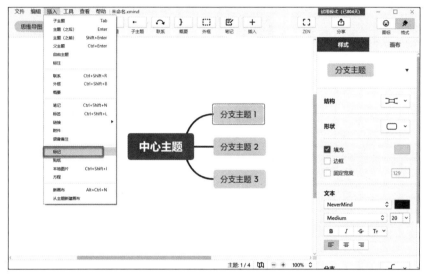

图 4-69　为主题/子主题添加贴纸

（2）在弹出的标记列表中，根据自己的喜好选择某标记，即可为该主题添加该标记，如图 4-70 所示。

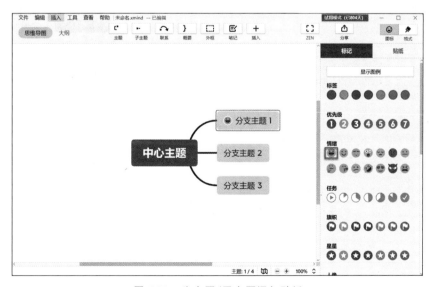

图 4-70　为主题/子主题添加贴纸

　　添加贴纸、图片、公式等的方法与添加标签的方法类似，此处不再赘述，读者可以自行尝试。

4. 添加自由主题并建立主题间的联系

　　（1）双击思维导图的空白处，即可添加自由主题，如图 4-71 所示。默认自由主题与主题间没有逻辑连线。

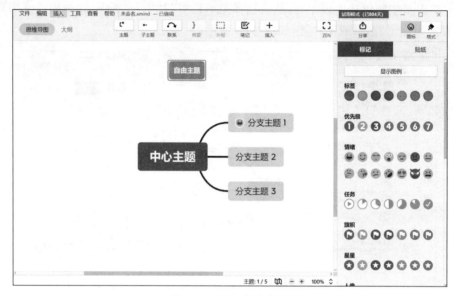

图 4-71　添加自由主题

　　（2）如需在多个自由主题之间或自由主题与思维导图主题之间建立逻辑连线，则可以通过单击常用工具栏中的"联系"按钮实现，如图 4-72 所示。

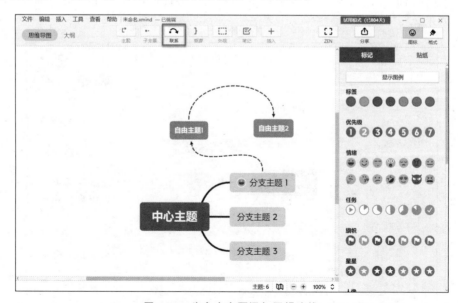

图 4-72　为自由主题添加逻辑连线

5. 导出思维导图

绘制好的思维导图可以以图片、PPT、PDF 等多种类型的文件导出，以便于用户查看、分享、交流。导出思维导图的基本操作方法如下。

（1）选择思维导图菜单栏中的"文件"选项，在弹出的选项列表中选择"导出"选项，如图 4-73 所示。

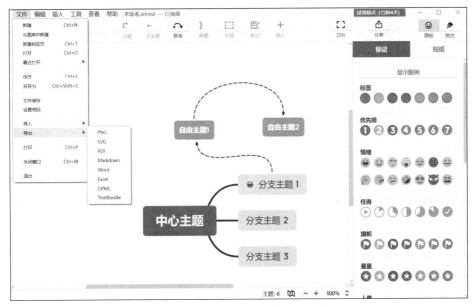

图 4-73　以图片格式导出 PDF 文件

（2）用户可以根据实际需要选择要导出的文件类型（如 PNG 格式），然后在弹出的格式设置对话框中进行属性设置，设置完成后，单击"导出"按钮即可，如图 4-74 所示。

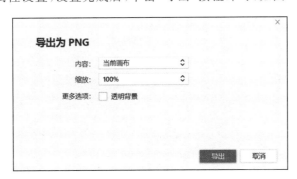

图 4-74　导出图片属性设置

（3）在弹出的导出文件对话框中选择导出文件的存储位置和文件名称等属性后，单击"保存"按钮，即可完成文件导出操作。

除以上功能外，思维导图还具有导入其他思维导图文件以进行二次编辑、以放映模式观看等功能，读者可以根据实际需要自行查看使用。

4.4　小结

本章首先介绍了信息定制的优势，然后介绍了常见的信息定制方法、工具及定制手段，接着介绍了电子笔记相比传统笔记的优势以及常见的电子笔记软件的使用，最后介绍了思维导图。通过对本章的学习，读者可以掌握基本的信息定制技巧，体会电子笔记的优势，并能够初步掌握印象笔记电子笔记软件的使用方法，了解思维导图的提出背景及其功能作用，初步掌握使用 XMind 绘制思维导图的技巧。

思考与练习

1. 简要说明信息定制的优势，使用至少一种 RSS 阅读器实现信息定制。

2. 简要说明电子笔记相对传统笔记的优势，使用至少一种电子笔记软件进行笔记记录，并尝试进行笔记分享。

3. 理解思维导图的作用，能够使用某种软件绘制思维导图。

第5章 中文文献数据库及使用方法

学习目标

1. 熟悉常见文献数据库的分类方式,能够根据实际需要进行有针对性的文献数据库选择。

2. 了解常见文献数据库资源的获取方式,掌握常见的文献检索技术。

3. 了解国内常用的文献数据库的特点,熟练掌握基于主题、关键词、作者、文献类别等不同检索标准的文献检索方法。

4. 尝试使用高级检索方法进行精准文献检索。

在网络信息资源管理活动中,数据库技术具有非常广泛的应用领域,它是实现资源共享、节省开支、提高系统反应能力、提高系统工作质量和服务水平的重要手段和技术保证。文献数据库是专门用来对文献进行组织管理的数据库。

不同的数据库在服务范围、内容涵盖及检索方式上各有差别,只有了解并熟练掌握各类文献数据库的检索特性和功能,才能更好地获取所需信息。在我国,CNKI 数据库、万方数据资源系统、维普期刊全文数据库、人大复印报刊等全文数据库,中国高等教育文献保障系统、读秀学术搜索等大型综合性检索系统是获取文献信息的主要渠道。

图书馆电子数据库资源以其内容丰富和方便使用的优点已成为各级图书馆信息资源建设的重点,也成为广大读者查找和利用文献信息的主要阵地。各个图书馆在数据库信息资源的发布方式上可能有所区别,例如有的是通过购买和安装各种数据库数据的形势,有的是通过制作镜像站点的形式。不管是何种形式,其对资源的使用方式基本是一样的。

5.1 文献数据库综述

5.1.1 常见文献数据库的分类

从不同的角度看待文献数据库,可以将文献数据库分为不同的类型,常见的划分方法有以下 3 种。

1. 按语种划分

按照语种进行划分,文献数据库分为中文数据库和外文数据库。

2. 按文献类型划分

按照文献类型划分,文献数据库分为电子图书数据库、电子期刊数据库、学位论文数据库、会议论文数据库、特种文献数据库、多媒体资源数据库等,不同类型的数据库存储的数据类别也不同。

3. 按照信息类型划分

按照数据库存储的信息类型划分,文献数据库分为文献线索型数据库、全文型数据库、术语型数据库、事实型数据库、数值型数据库、多媒体数据库等。其中,文献线索型数据库又分为书目型数据库、索引型数据库、文摘型数据库。

5.1.2　数据库资源的常用检索方法

1. 浏览法

浏览法即通过数据库提供的浏览功能查找目标文献。浏览功能一般提供两种浏览途径,分别是数据库平台子库(资源导航)的浏览和基于学科或出版物名称的浏览。

数据库平台子库浏览主要是通过浏览综合数据库中每个子库熟悉数据库平台并定位目标内容,该方法是了解一个数据库概况的主要窗口;基于学科或出版物名称的浏览一般应用在外文全文数据库中。

2. 检索法

检索法是从数据库中获取资源的最重要的方法。常见的数据库会提供简单检索、高级检索和专业检索 3 种检索方式。

1) 简单检索

简单检索(Basic Search,Easy Search,Quick Search)即一框式检索,是人们普遍使用的文献检索方法,该方法一般适用于精确文献的查找,不适合查找批量文献。

2) 高级检索

高级检索(Advanced Search)又称菜单式检索,是一种通过增加限定条件以缩小检索文献范围的检索方法。

3) 专业检索

专业检索(Expert Search)又称检索式检索,该方法一般被专业检索人员用来进行精准的文献检索。

需要说明的是,个别外文文摘数据库只提供高级检索和专业检索(如 EI、WOS),也有一些外文全文数据库只提供简单检索和高级检索,不提供专业检索(如 SDOL、Springer等),而且高级检索与搜索引擎的检索类似,字段更加模糊。提供哪些类型的检索一般需要

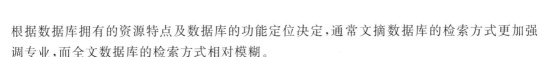

根据数据库拥有的资源特点及数据库的功能定位决定，通常文摘数据库的检索方式更加强调专业，而全文数据库的检索方式相对模糊。

除上述一般检索方式之外，某些数据库还提供了特殊检索方式，这些检索方式通常分为叙词检索及其他特殊检索。

1）叙词检索

叙词检索是一种基于受控词检索的方法，如 EI、CSA 数据库的 Thesaurus search 和 EBSCO 数据库的 Subjects 等都采用了叙词检索方法。

2）其他特殊检索

特殊检索方式是除了上述检索方式之外的检索方法，如 WOS 平台的被引参考文献检索、CA 数据库的化学分子检索、中国知网的作者发文检索和句子检索等都是特殊检索方式。

当用户进行检索时，通常需要基于字段实现，字段分为常见字段和特殊字段。

1）常见字段

常见字段为主题、作者、关键词等字段，详细介绍如表 5-1 所示。

表 5-1　常见检索字段

中 文 字 段	英 文 名 称
题名	Title
主题（题名-关键词-摘要、复合字段）	Subject-Title-Abstract Topic
文献出版物（文献来源、期刊名称）	Source Title Publication Name
作者	Author
机构（作者单位）	Author Affiliation

需要说明的是，主题字段又称"题名-关键词-摘要字段"或"复合字段"，基于主题搜索时，数据库平台一般会在题目、关键词和摘要字段中进行匹配。

2）受控字段

如 EI 数据库中的 EI main heading、Controlled Term、Uncontrolled Term 等都属于受控词字段。

3）与引文索引相关的字段

常见的与引文索引相关的字段有被引频次（中国知网）、Cited Author 和 Cited Title（WOS 核心合集）等。

3. 个性化分析与设置方法

当前，很多数据库都提供了个性化分析功能，通常分析都以可视化的形式展示给用户，而且用户还可以导出分析结果。对检索结果进行分析是用户经常使用的个性化分析对象，用户可以对某个主题内的年代、作者、机构、关键词、出版物等各种字段进行分析。

此外，很多平台也提供了个性化设置功能，如提供邮件通告、被引追踪、RSS 订阅、期刊收藏等个性化功能，要使用这些功能，一般都需要提前进行平台用户注册。

5.2　CNKI 中国知网

5.2.1　简介

1. CNKI 发展简介

国家知识基础设施(National Knowledge Infrastructure,NKI)的概念是由世界银行在《1998 年度世界发展报告》中提出的。NKI 是一个国家生产、传播、扩散与应用知识的互动式知识网络,它基于现代化基础设施和数字化技术产生,以互动的方式将从事知识生产、知识应用的机构和个人关联到一起,形成一个知识网络。其中,知识库是其核心和关键。在知识库中,不但存放着经过重新加工整理的专业知识,还同时建立了各种知识之间的桥梁和网状关联结构,人们借此能够以最方便的方式获取和交流知识,从而进行高效率的知识生产与应用。

1999 年 3 月,王明亮提出建设中国知识基础设施工程(China National Knowledge Infrastructure,CNKI)的提议,该提议旨在全面打通知识生产、传播、扩散与利用等各环节信息通道,总目标是打造支持全国各行业知识创新、学习和应用的交流合作平台。

从建立至今,CNKI 经历了两个主要发展阶段,分别是 CNKI 1.0 阶段和 CNKI 2.0 阶段。CNKI 1.0 是在建成《中国知识资源总库》基础工程后,从文献信息服务转向知识服务的重要转型。CNKI 1.0 的目标是面向特定行业领域知识需求进行系统化和定制化知识组织,构建基于内容内关联的"知网节",并进行基于知识发现的知识元之间的关联关系挖掘,该研究代表了中国知网服务知识创新与知识学习、支持科学决策的产业战略发展方向。在CNKI 1.0 基本建成以后,中国知网充分总结行业知识服务的经验教训,以全面应用大数据与人工智能技术打造知识创新服务业为新起点,CNKI 工程跨入了 2.0 时代。CNKI 2.0 的目标是将 CNKI 1.0 基于公共知识整合提供的知识服务深化到各行业机构,知识创新的过程与结果相结合,通过更为精准、系统、完备的显性管理以及嵌入工作与学习具体过程的隐性知识管理,提供面向问题的知识服务和激发群体智慧的协同研究平台,其重要标志是建成"世界知识大数据(WKBD)"、建成各单位充分利用"世界知识大数据"进行内外脑协同创新、协同学习的知识基础设施(NKI)、启动"百行知识创新服务工程"、全方位服务中国世界一流科技期刊建设及共建"双一流数字图书馆"。

2. CNKI 资源简介

CNKI 亦解读为中国知网,是具有知识的整合、集散、出版、传播功能的知识门户网站。CNKI 工程是以实现全社会知识资源传播共享与增值利用为目标的信息化建设项目,由清华大学和清华同方发起。CNKI 经过多年的能力,采用了自主开发并具有国际领先水平的数字图书馆技术,建成了世界上全文信息量规模最大的 CNKI 数字图书馆,并建设了《中国知识资源总库》及 CNKI 网络资源共享平台,通过产业化运作,为全社会知识资源高效共享提供最丰富的知识信息资源和最有效的知识传播与数字化学习平台,成为了全球最大的知识门户网站。

《中国知识资源总库》是 CNKI 的核心资源,其囊括了自然科学、人文社会科学及工程技术等各领域的知识,收录了包括期刊、报纸、优秀硕博士学位论文、全国重要会议论文、中小学多媒体教辅等上千种数据库,其所含的重点数据库主要如下。

(1)学术期刊库。实现中文和外文期刊的整合检索。其中,中文学术期刊有 8560 余种,含北大核心期刊 1970 余种,网络首发期刊 2240 余种,最早可回溯至 1915 年,共计 5910 余万篇全文文献;外文学术期刊包括来自 80 个国家及地区 900 余家出版社的期刊 7.5 万余种,覆盖 JCR 期刊的 96%,Scopus 期刊的 90%,最早可回溯至 19 世纪,共计 1.1 余亿篇外文题录,可链接全文。

(2)学位论文库。包括中国博士学位论文全文数据库(CDFD)和中国优秀硕士学位论文全文数据库(CMFD),是目前国内资源完备、质量上乘、连续动态更新的中国博硕士学位论文全文数据库。该库出版了 510 余家博士培养单位的博士学位论文 40 余万篇,780 余家硕士培养单位的硕士学位论文 480 余万篇,最早可回溯至 1984 年,覆盖基础科学、工程技术、农业、医学、哲学、人文、社会科学等各个领域。

(3)会议论文库。重点收录 1999 年以来中国科协系统及国家二级以上的学会、协会、高校科研院所、政府机关举办的重要会议以及在国内召开的国际会议上发表的文献,部分重点会议文献可回溯至 1953 年,目前已收录国内会议、国际会议论文集 4 万本,累计文献总量达 350 余万篇。

(4)中国重要报纸全文数据库。中国重要报纸全文数据库是以学术性和资料性报纸文献为出版内容的连续动态更新的报纸全文数据库。报纸库收录并持续更新 2000 年以来出版的各级重要党报、行业报及综合类报纸 500 余种。

(5)中国图书全文数据库。中国图书全文数据库又称心可书馆,以中国知网海内外 2 亿专业读者为服务对象,集图书检索、专业化推荐、在线研学、在线订阅功能于一体。通过参考文献、引证文献等关联关系,实现图书内容与其他各类文献的深度关联融合。目前已收录精品专业类图书 14956 本,覆盖人文社科、自然科学、工程技术等各领域,并实时更新。

(6)学术辑刊库。学术辑刊库收录自 1979 年至今国内出版的重要学术辑刊共计 1060 余种、30 余万篇。辑刊的编辑单位多为高等院校和科研院所,其内容覆盖自然科学、工程技术、农业、哲学、医学、人文社会科学等各个领域。

CNKI 平台提供了单库检索和跨库检索两个功能。此外,CNKI 还提供知识问答、百科、词典、概念、手册等检索功能,还可以借助中文引文数据库实现引文检索。中国知网收录了学术期刊、学位论文、会议、图书、报纸、年鉴、专利、标准、成果、学术辑刊、法律法规、政府文件、企业标准、科技报告、政府采购等多种文献资料。

3. 两类基本检索方式

CNKI 数据库跨库检索平台可以针对学术期刊、学位论文、会议论文、年鉴、专利、标准、成果、报纸、图书、学术辑刊进行同时检索,如图 5-1 至图 5-3 所示。

跨库检索是指将检索范围限定在多个数据库中,如同时在学术期刊数据库、学位论文数据库中检索。CNKI 默认为跨库检索,其中包括学术期刊、学位论文、会议、报纸、专利、成果、图书和学术辑刊,用户可以根据自己的实际需要添加来源类型,实现跨库检索范围的设置。跨库检索包括初级检索、高级检索和专业检索。跨库检索实现了用户在一个界面下检

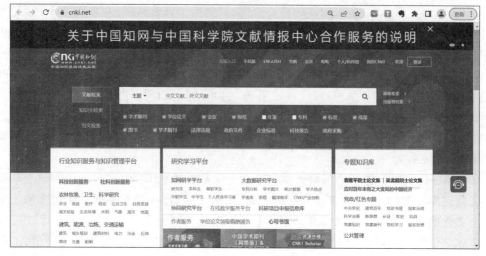

图 5-1　中国知网首页

图 5-2　检索文献来源设置

图 5-3　检索结果示意

索多个数据库的功能,省去了多个库逐一登录、逐一检索的繁杂,检索过程简单、快捷,检索界面格式统一,减轻了用户的使用负担。

单库检索即针对一个文献来源库进行检索。例如要找期刊文章就去学术期刊数据库,找学位论文就去学位论文数据库检索。要实现单库检索,用户需要将 CNKI 默认勾选的多个数据库取消,仅保留要检索的数据库即可。

5.2.2　检索方法与技巧

1. 传统检索方法

CNKI 传统检索方法是通过在 CNKI 主页的搜索框中输入关键词获得查询结果的方法,图 5-4 和图 5-5 是以"人工智能"为主题词进行文献资料搜索的示例。

图 5-4　在 CNKI 中国知网检索主页输入检索词

图 5-5　搜索结果示意

由图 5-5 可以看出,以"人工智能"为主题词进行搜索获得了数十万条结果,其来源包括学术期刊、学位论文、会议论文、报纸、图书、标准、成果、学术辑刊、特色期刊及视频。如此多的检索结果是否都需要查看?需要查看哪些?读者需要进一步简化检索结果,此时可以基于检索需求,根据第 1 章介绍的文献类型的特点及应用场合,通过减少文献来源库种类的方法实现,如设置检索结果来源为学术期刊或学位论文等。

2. 一框式检索

一框式检索可以在 CNKI 主页检索字段处选择特定的字段类型提高检索结果的准确性。

CNKI 提供包括主题、篇关摘、关键词、篇名、全文、作者、第一作者、通讯作者、作者单位、基金、摘要、小标题、参考文献、分类号、文献来源、DOI 在内的 16 种字段类型,下面介绍每个字段类型的检索范围,以方便读者根据自己的实际需要选择相应的字段聚焦检索范围。

图 5-6　CNKI 检索字段示意

1）主题检索

主题检索是指在中国知网标引出来的主题字段中进行检索,该字段内容包含一篇文章的所有主题特征,同时在检索过程中嵌入了专业词典、主题词表、中英对照词典、停用词表等工具,并采用关键词截断算法,对低相关或微相关文献进行截断。

2）篇关摘检索

篇关摘检索是指在篇名、关键词、摘要范围内进行检索,具体参见下文关于篇名检索、关键词检索、摘要检索的介绍。

3）关键词检索

关键词检索的范围包括文献原文给出的中英文关键词和对文献进行分析计算后机器标引出的关键词。机器标引的关键词基于对全文内容的分析,并参考了专业词典,可以解决文献作者给出的关键词不够全面准确的问题。

4）篇名检索

期刊、会议、学位论文、辑刊的篇名为文章的中英文标题;报纸文献的篇名包括引题、正标题、副标题;年鉴的篇名为条目题名;专利的篇名为专利名称;标准的篇名为中英文标准名称;成果的篇名为成果名称;古籍的篇名为卷名。

5) 全文检索

全文检索是指在文献的全部文字范围内进行检索,包括文献篇名、关键词、摘要、正文、参考文献等。

6) 作者检索

期刊、报纸、会议、学位论文、年鉴、辑刊的作者为文章的中英文作者;专利的作者为发明人;标准的作者为起草人或主要起草人;成果的作者为成果完成人;古籍的作者为整书著者。

7) 第一作者检索

只有一位作者时,该作者即为第一作者;有多位作者时,将排在第一个的作者认定为文献的第一作者,也就是责任人。

8) 通讯作者检索

目前,期刊文献对原文的通讯作者进行了标引,可以按通讯作者查找期刊文献。通讯作者指课题的总负责人,也是文章和研究材料的联系人。

9) 作者单位检索

期刊、报纸、会议、辑刊的作者单位为原文给出的作者所在机构的名称;学位论文的作者单位包括作者的学位授予单位及原文给出的作者任职单位;年鉴的作者单位包括条目作者单位和主编单位;专利的作者单位为专利申请机构;标准的作者单位为标准发布单位;成果的作者单位为成果第一完成单位。

10) 基金检索

根据基金名称可检索受到此基金资助的文献。支持基金检索的资源类型包括期刊、会议、学位论文、辑刊。

11) 摘要检索

期刊、会议、学位论文、专利、辑刊的摘要为原文的中英文摘要,原文未明确给出摘要的,提取正文内容的一部分作为摘要;标准的摘要为标准范围;成果的摘要为成果简介。

12) 小标题检索

期刊、报纸、会议的小标题为原文的各级标题名称;学位论文的小标题为原文的中英文目录;中文图书的小标题为原书的目录。

13) 参考文献检索

检索参考文献中包含检索词的文献,支持参考文献检索的资源类型包括期刊、会议、学位论文、年鉴、辑刊。

14) 分类号检索

通过分类号检索可以查找到同一类别的所有文献。期刊、报纸、会议、学位论文、年鉴、标准、成果、辑刊的分类号指中图分类号;专利的分类号指专利分类号。

15) 文献来源检索

文献来源指文献出处,期刊、辑刊、报纸、会议、年鉴的文献来源为文献所在的刊物;学位论文的文献来源为相应的学位授予单位;专利的文献来源为专利权利人/申请人;标准的文献来源为发布单位;成果的文献来源为成果评价单位。

16) DOI 检索

输入 DOI 号可检索期刊、学位论文、会议、报纸、年鉴、图书。国内的期刊、学位论文、会议、报纸、年鉴只支持在知网注册 DOI 的文献。

3. 知识元检索

知识元是显性知识的最小可控单位，是不可再分割的具有完备知识表达的知识单位，即能够表达一个完整的事实、原理、方法、技巧等。知识元检索即对一个个完整的知识元进行检索，可以将知识元看作一篇文章。

单击中国知网首页"文献检索"下方的"知识元检索"按钮，就可以进入知识元检索。知识元检索可检索的资源类型包括知识问答、百科、辞典、手册、工具书、图片、统计数据、指数、方法、概念。如用户要查阅"人工智能"的概念定义，可以在知识元检索的检索词输入框中输入"人工智能"，选择检索类型为"概念"，输入完成后按 Enter 键或单击输入框右侧的"搜索"图标 **Q**，就可以看到检索结果，如图 5-7 至图 5-9 所示。

图 5-7　知识元检索入口

图 5-8　知识元检索示例（1）

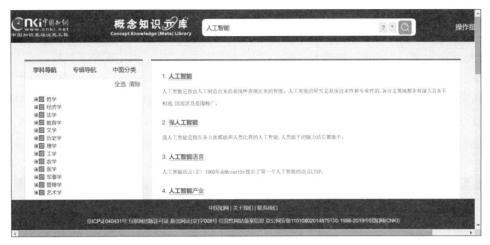

图 5-9　知识元检索示例（2）

4. 引文检索

引文检索是指对文章的参考文献进行的检索，是从学术论文中的引证关系入手进行文献检索的一种方法。

引文即参考文献，文献的相互引证直接反映了学术研究之间的交流与联系，通过引文检索可查找相关研究课题早期、当时和最近的学术文献，可以了解文献之间的内在联系，进而可以有效揭示过去、现在、将来的科学研究之间的内在联系，揭示科学研究中涉及的各个学科领域的交叉联系，协助研究人员迅速掌握科学研究的历史、发展和动态；可以从文献引证的角度为文献计量学和科学计量学提供重要的研究工具，分析研究文献的学术影响，把握研究趋势，从而不断推动知识创新；可以较真实客观地反映作者的论文在科研活动中的价值和地位。

CNKI 中的引文检索可以按照被引主题、被引题名、被引关键词、被引摘要、被引作者、被引单位和被引文献来源 7 个字段进行精准检索，如图 5-10 所示。

图 5-10　CNKI 引文检索字段类型示例

如要查看以"人工智能"为主题的被引文献信息,则可以单击 CNKI 主页中"知识元检索"下方的"引文检索"按钮,在字段列表中选择"被引主题"选项,然后在检索词输入框中输入"人工智能",然后按 Enter 键或单击输入框右侧的"搜索"按钮 **Q**,即可看到检索结果。检索结果页面上方显示了检索结果来源数据库,即检索条件,页面下方展示了具体的检索结果。检索结果部分展示了检索结果的被引题名、被引作者、被引来源、出版年、被引、他引、下载次数,用户还可以通过单击附有原文的检索结果进行结果文献预览,如图 5-11 和图 5-12 所示。

图 5-11　CNKI 引文检索结果示意(1)

图 5-12　CNKI 引文检索结果示意(2)

用户登录后,可以通过单击图 5-12 中被引文献分析中的各类分析功能图示化查看详细统计情况,也可以单击"引证文献分析"按钮进一步查看引证分析结果,还可以单击"文献导出"按钮导出检索结果文献。

图 5-12 中的"被引"列展示了文章的总被引用次数,包括他引和自引;自引列展示了作者文章引用自己之前发表的文章的次数;他引列展示了他人文章引用作者文章的次数,不包括自引。

5. 核心期刊检索

核心期刊对于进行科学研究具有非常重要的作用。获取核心期刊一般有两种方式,下面分别进行介绍。

1) 核心期刊检索方式一

单击知网首页搜索框右侧的"出版物检索"(图 5-13),然后将鼠标移动到弹出页面上方的"出版来源导航"部分,在列出的出版物类别列表中选择期刊类别(图 5-14),此时会在页面左下方显示"核心期刊导航"列表(图 5-15),单击"核心期刊导航",就会弹出扩展学科选项列表(图 5-16),用户根据其检索期刊学科类别选择相应科目,将鼠标移动到某科目上时会弹出更详细的学科类别(图 5-17),用户在弹出的科目类别中单击目标科目(如"自动化技术、计算机技术")即可弹出该学科方向下的所有核心期刊(图 5-18),将鼠标移动到某期刊,单击该期刊即可进入其详细介绍页面,如图 5-19 所示。

图 5-13　核心期刊检索方法一过程示意(1)

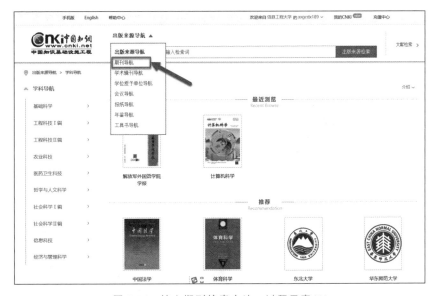

图 5-14　核心期刊检索方法一过程示意(2)

图 5-15　核心期刊检索方法一过程示意(3)

图 5-16　核心期刊检索方法一过程示意(4)

图 5-17　核心期刊检索方法一过程示意(5)

图 5-18　核心期刊检索方法一过程示意(6)

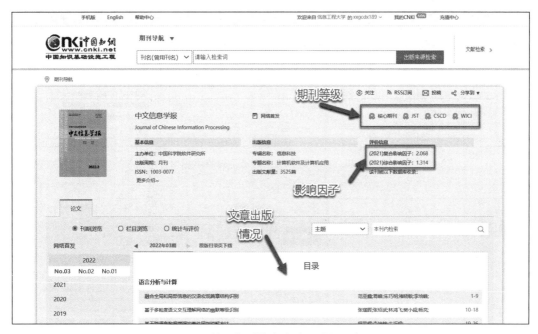

图 5-19　核心期刊检索方法一过程示意(7)

　　图 5-19 中的"影响因子"是汤森路透出品的期刊引证报告中的一项数据,即报告年度前两年该期刊发表的论文在该报告年份中引用的总次数除以该期刊在前两年发表的论文总数。影响因子已成为国际上通用的期刊评价指标,它不仅是衡量期刊有用性和展示性的指标,也是衡量学术水平和论文质量的重要指标。影响因子在发展过程中形成了两个指标,即复合影响因子和综合影响因子。

（1）复合影响因子。复合影响因子以期刊综合统计源文献、博硕士学位论文统计源文献、会议论文统计源文献为复合统计源文献进行计算。

（2）综合影响因子。综合影响因子主要是指文理科综合，以科技类期刊及人文社会科学类期刊为综合统计源文献进行计算。

复合影响因子与综合影响因子的区别在于统计范围，复合影响因子的统计范围不仅包含期刊，还包含博硕士毕业论文和会议论文，而综合影响因子仅包括期刊。

2）核心期刊检索方式二

在 CNKI 首页单击搜索框右侧的"高级检索"（图 5-20），在弹出的界面中单击"学术期刊"（图 5-21），此时可以设置检索字段、检索词并选择来源类别（图 5-22），设置完成后单击"检索"按钮，即可显示检索结果（图 5-23），读者单击某结果文献的篇名，可以查看该文献的详细信息（图 5-24）。

图 5-20　核心期刊检索方法二过程示意（1）

图 5-21　核心期刊检索方法二过程示意（2）

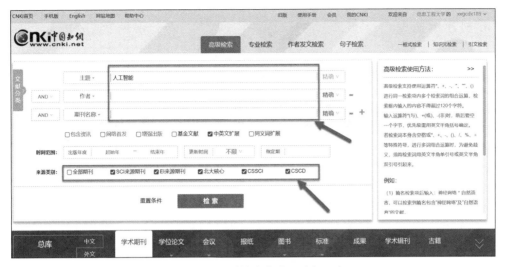

图 5-22　核心期刊检索方法二过程示意（3）

图 5-23　核心期刊检索方法二过程示意（4）

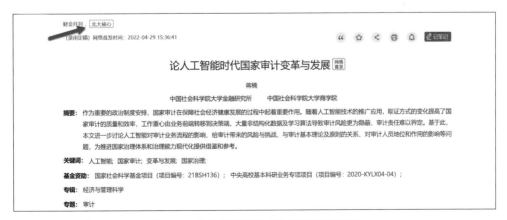

图 5-24　核心期刊检索方法二过程示意（5）

6. 排序浏览

可以按照一定的排列顺序对检索结果进行查看。CNKI 提供了相关度、发表时间、被引次数、下载次数和综合排序 5 种排序方法，如图 5-25 所示。

图 5-25　CNKI 文献检索结果排序

7. 分组浏览

CNKI 提供的分组浏览功能可以令用户根据主题、学科、发表年度、研究层次、期刊、来源类别、作者、机构、基金进行更有针对性的结果查看，如图 5-26 所示。单击分类名称（如主题）可以查看该主题下的详细结果信息，也可以单击该类别下更小的类别进一步精确查询结果，如图 5-26 至图 5-28 所示。

图 5-26　分组浏览操作步骤示意（1）

图 5-27　分组浏览操作步骤示意（2）

图 5-28　分组浏览操作步骤示意（3）

8. 可视化

CNKI 提供了可视化结果展示功能，可以针对每类结果进行直观展示，单击可视化图标即可查看。下面以基于主题字段"人工智能"的检索结果图示化展示为例说明 CNKI 的可视化操作步骤。

1）基于主题的可视化结果展示

单击主题分类窗口右侧的可视化图标（图 5-29）将会弹出默认图示样式（图 5-30），也可

图 5-29　可视化结果展示步骤（1）

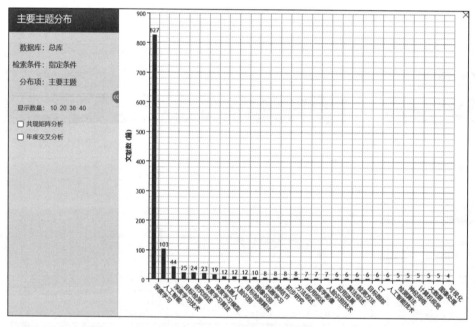

图 5-30　可视化结果展示步骤（2）

以通过勾选主要主题分布图中的"共现矩阵分析"和"年度交叉分析"前的复选框从不同的角度可视化查看分析结果（图 5-31 和图 5-32）。

同样，也可以通过单击学科、发表年度、期刊等分类目录的可视化图标进行可视化展示，这里不再一一赘述，读者可根据实际需要自行体验。

9. 高级检索

高级检索可以实现多种限制条件的检索，使得检索结果更精准。可以通过单击 CNKI 主页搜索框右侧的"高级检索"按钮进入高级检索界面，如图 5-33 和图 5-34 所示。

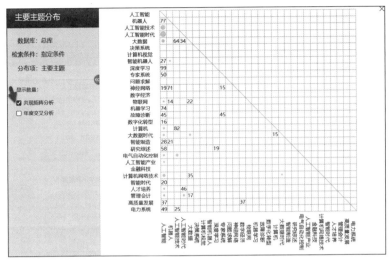

图 5-31　可视化结果展示步骤(3)

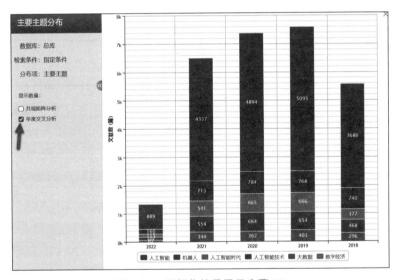

图 5-32　可视化结果展示步骤(4)

图 5-33　CNKI 高级检索界面进入示意

图 5-34　CNKI 高级检索界面示意

高级检索支持使用运算符($*$、$+$、$-$、、""、())进行同一检索项内多个检索词的组合运算，检索框内输入的内容不得超过 120 个字符。输入运算符"$*$"（与）、"$+$"（或）、"$-$"（非）时，前后要空 1 字节，优先级需要用英文半角括号确定。若检索词本身含空格或"$*$""$+$""$-$""()""''""/""％""="等特殊符号，进行多词组合运算时，为避免歧义，须将检索词用英文半角单引号或英文半角双引号括起来。为了简化用户使用，CNKI 将这些检索词通过可视化的操作体现。如要搜索"解放军外国语学院学报"中与"越南语"主题相关的文献，则可以通过选择文献来源前的逻辑符号选项列表中的 AND 选项实现，如图 5-35 所示。

图 5-35　CNKI 高级检索界面示意

CNKI 默认的检索条件为 3 项，用户可以通过单击最后一个检索输入框后的 ✚ 增加检索条件，也可以通过单击检索输入框后的 ▬ 减少检索条件。

10. 专业检索

专业检索是指借助 SQL 语句表达检索需求的方法。使用专业检索时，要有明确的检索字段，通过"＜字段代码＞＜匹配运算符＞＜检索值＞"结构构造检索式。

如检索式"主题＝(人工智能＋人工智慧＋AI) AND 题名＝(智慧城市＋智能城市)"表示检索主题为"人工智能"或"人工智慧"或"AI"且题名为"智慧城市"或"智能城市"。在专业检索中,经常使用英文符号代替中文汉字指定检索字段,如使用 TI 代表"题名",使用 AF 代表"机构"。此外,检索字段之间需要使用逻辑符号进行逻辑链接,使用"AND""OR"或"NOT"还是" ＊""＋"或"－"应根据具体数据库决定。专业检索中还会经常涉及位置限定的语法符号。

知网为用户提供了可视化的专业检索途径。通过在高级检索界面中单击"专业检索"按钮就可以进入专业检索界面(图 5-36 和图 5-37),在该界面下,在专业检索搜索框中单击就会弹出检索式输入提示,可以通过单击的方式进行字段选择,也可以通过手动方式输入字段值;在各字段之间按空格键就可以弹出字段间的逻辑连接词"AND""OR"和"NOT",如图 5-38 所示。

图 5-36　CNKI 专业检索示意(1)

图 5-37　CNKI 专业检索示意(2)

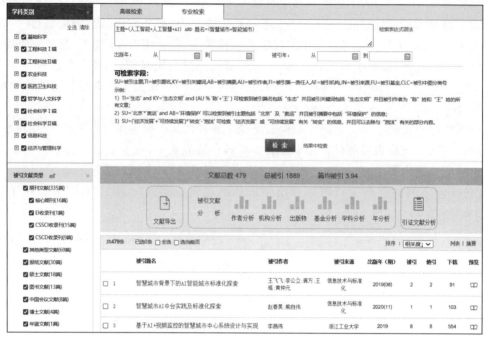

图 5-38　CNKI 专业检索示意（3）

专业检索多用于图书情报专业人员进行查新、信息分析等工作，使用逻辑运算符和关键词构造检索式进行检索可以使检索结果更精准。

11. 作者发文检索

通过在高级检索界面中单击"作者发文检索"选项卡就可以进入作者发文检索界面，按照作者、第一作者、通讯作者及作者单位信息进行目标文献检索，如图 5-39 所示。在作者发文检索界面中，单击各检索输入框前的字段可以进一步设置检索字段，通过多个检索框前的逻辑条件下拉列表框可以选择逻辑条件，如图 5-40 所示。

图 5-39　作者发文检索步骤示意（1）

图 5-40　作者发文检索步骤示意(2)

12. 句子检索

句子检索通过输入的两个检索词查找同时包含这两个词的句子,找到有关事实的问题答案。检索字段包括同一句检索和同一段检索两种方式。同一句检索包含 1 个断句标点(句号、问号、感叹号或省略号),同一段检索要求输入内容在 20 句之内。通过单击知网首页中的"高级检索"就可以进入如图 5-41 所示的页面,在该页面中单击"句子检索"就可以进入句子检索界面。

图 5-41　句子检索

13. 知网节

知网节是知识网络结点的简称。知网节以一篇文献作为其结点文献,知识网络的内容包括结点文献的题录摘要和相关文献链接。题录摘要在显示结点文献题录信息的同时提供了相关内容的链接。相关文献是与结点文献具有一定关系(如引证关系)的文献,知网节显示了这些文献的篇名和出处,并提供这些文献知网节的链接。

知网节中的各项信息(包括题录摘要信息和相关文献信息)都具有相应的链接意义或与结点文献的关系、研究功能和文献互动传播功能。链接意义说明了链接指向的内容,研究功能说明了各项信息如何增强期刊的研究学习功能,文献互动传播功能描述了作者之间、期刊文献之间、读者之间的互动传播作用。

打开 CNKI 检索结果页面中的任一篇文章(图 5-42)就进入了该文章的知网节展示界

面(图 5-43)。知网节页面上方,展示了该文章的来源出处、等级、标题、作者、作者单位及摘要等信息,知网节页面的下方显示了与该文章相关的研究热点、研究来源、研究分支、研究去脉等信息。此外,知网节页面还显示了与该文献相关的文献引证关系(图 5-44)。

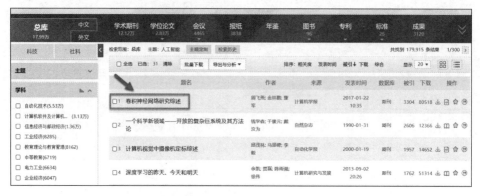

图 5-42　知网节示意(1)

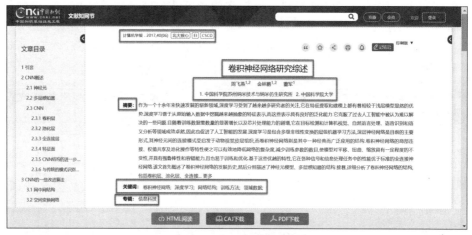

图 5-43　知网节示意(2)

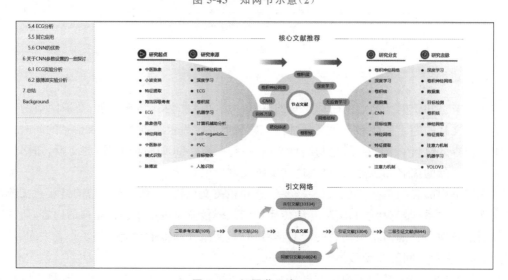

图 5-44　知网节示意(3)

　　知网节页面的引文网络部分展示了该知网节的引文关系。引文网络包括参考文献、二级参考文献、引证文献、二级引证文献、共引文献、同被引文献 7 个结点,各结点的含义如下。

　　(1) 参考文献。参考文献是作者在写作文章时引用或参考的,并在文章中列出的文献题录,反映了本文研究工作的背景及依据。

　　(2) 二级参考文献。二次参考文献是本文参考文献的参考文献。

　　(3) 引证文献。引证文献是引用或参考了本文的文献,即写作时引用或参考了该文献的文献。学术论文之间建立起这种引证关系可以在某种程度上显示出一个学科的发展历程,通过引证文献链接可了解本文研究工作的继续、发展及评价。

　　(4) 二级引证文献。二级引证文献是引用本文引证文献的文献。

　　(5) 共引文献。共引文献是与本文共同引用了某一篇或某几篇文献的一组文献,一般与结点文献有着共同的研究背景及依据。

　　(6) 同被引文献。同被引文献是与本文同时被作为参考文献引用的文献,与本文共同作为进一步研究的基础。

　　知网节页面的最下方详细列出了以上 6 种文献的详细文献,用户可以通过单击相应的选项卡进行查看(图 5-45)。

图 5-45　知网节示意(4)

　　CNKI 中有多种类型的知网节,有针对特定文献的文献知网节(以上所述),也有作者知网节、机构知网节、基金知网节等,分别如图 5-46 至图 5-48 所示。

图 5-46　作者知网节

图 5-47　机构知网节

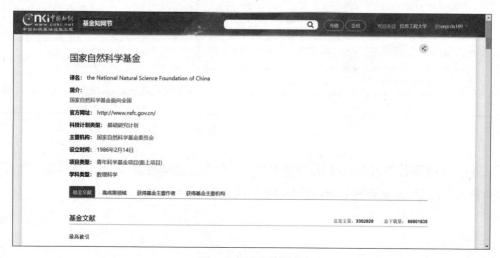

图 5-48　基金知网节

5.2.3　阅读与下载

1. 登录 CNKI

注册个人账号的用户可以使用注册账号直接从中国知网首页登录平台,如图 5-49 所示;单位购买了账号的用户,可以通过输入单位购买的账号登录平台,如图 5-50 所示。

图 5-49　登录 CNKI 平台(个人)

图 5-50　登录 CNKI 平台(单位)

2. 浏览全文

在下载全文之前,可以先在线浏览文章内容,以确定文献是否有下载的必要。可以通过单击检索结果列表中某结果的题名字段或检索结果"操作"列下的"HTML 阅读"图标查看文献全文。可以在阅读的过程中选择某部分内容并为该内容添加划线、高亮、笔记、摘录、词典或复制，如图 5-51 和图 5-52 所示。若要更深入地进行文献阅读，则可以借助中国知网提供的知网研学功能实现。

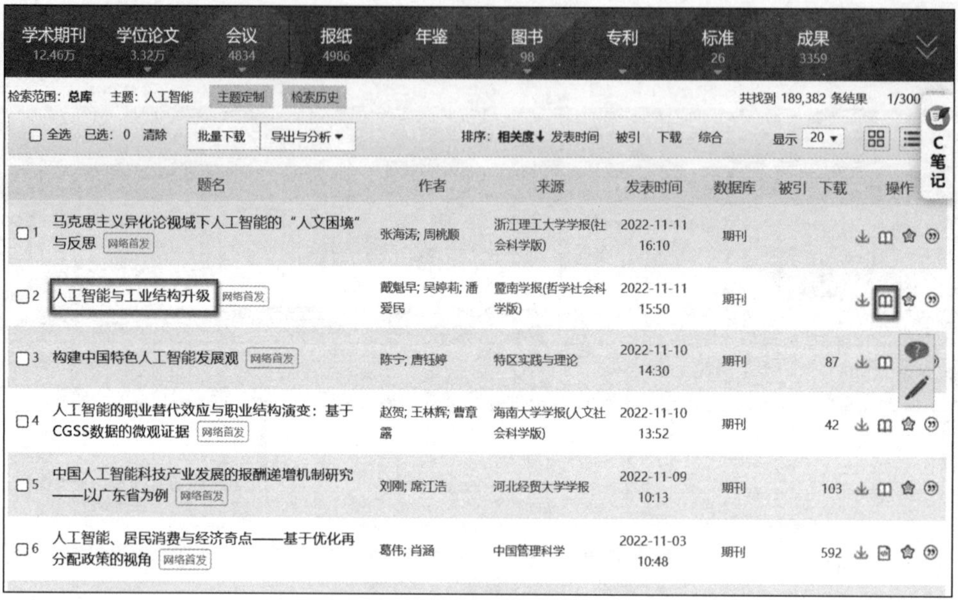

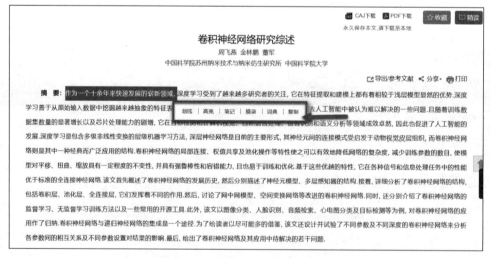

图 5-51　在线浏览全文

图 5-52　为阅读文献添加标注信息

3. 下载全文

如需下载某篇文献，则可以在检索结果页面列表的"操作"列单击下载图标进行下载，也可以在 HTML 阅读窗口单击特定文件类型的下载按钮进行下载，如图 5-53 和图 5-54 所示。

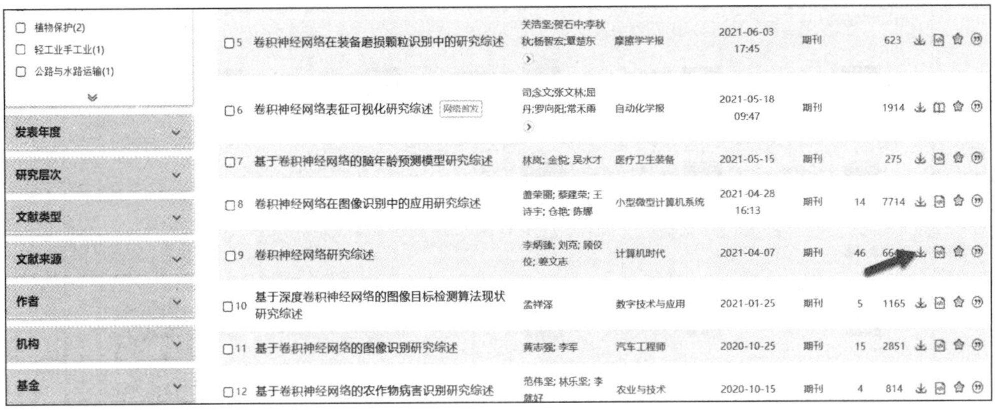

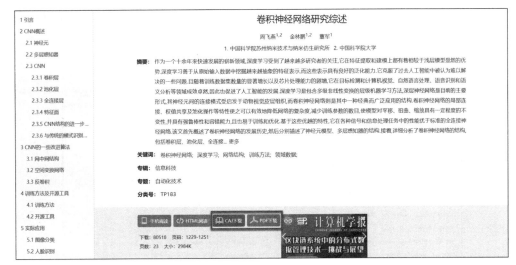

图 5-53　单篇文献下载方法（1）

图 5-54　单篇文献下载方法（2）

5.3　万方数据知识服务平台

5.3.1　简介

万方数据知识服务平台是以中国科学技术信息研究所(万方数据集团公司)全部信息服务资源为依托而建立的大型科技和商务信息服务系统,集中了包括学术期刊、学位论文、会议论文、科技报告、专利、标准、科技成果、法律法规、地方志、视频、红色文化专题等在内的丰富的知识资源,其网址为 https://www.wanfangdata.com.cn/。目前,万方数据知识服务平台提供万方检测、万方选题、科慧等八大类研学支持服务,提供万方分析、机构知识脉络、学科评估系统等七大决策支持服务,还提供中小学数字图书馆、万方医学网和党史学习系统(图 5-55),以及 64 个数据库来源的文献资料(图 5-56)。

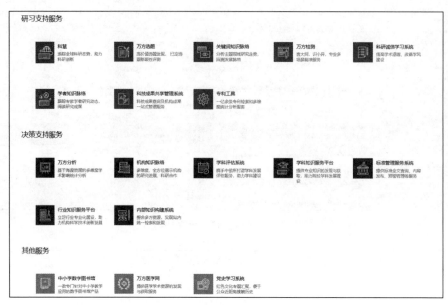

图 5-55 万方提供服务示意

中国学术期刊数据库	中国学位论文数据库
中国学术会议文献数据库	中外专利数据库
中外标准数据库	中国法律法规数据库
中国科技成果数据库	中国地方志数据库
万方视频数据库	NSTL外文文献数据库
科睿唯安TechStreet国际标准数据库	剑桥大学出版社（Cambridge University Press）数据库
Oxford University Press	韩国科学技术信息研究所（KISTI）数据库
法国科学传播出版社（EDP Sciences）数据库	德古意特出版社（De Gruyter Online）数据库
威科集团（Wolters Kluwer）数据库	世界科技出版公司（World Scientific Publishing）数据库
美国科研出版社（Scientific Research Publishing Journal）数据库	瑞士多学科数字出版机构（Multidisciplinary Digital Publishing Institute）数...
国家哲学社会科学学术期刊数据库（National Social Sciences Database）	中国科技论文在线
电子预印本文献（ArXiv）数据库	开放获取期刊目录（Directory of Open Access Journals）数据库
斯坦福大学图书馆（HighWire Press）数据库	开放存取期刊门户（Open J-Gate）数据库
医学文献检索服务系统（PubMed）数据库	Wiley数据库
汉斯出版社（Hans Publishers）数据库	Trans Tech Publications数据库
国内外文献保障服务数据库	中国机构数据库
中国科技专家库	科技报告数据库
英国物理学会（IOP）数据库	European Mathematical Society Publishing House数据库
美国大卫出版公司（David Publishing Company）数据库	ICT Academy数据库
日本科学技术信息集成系统（J-STAGE）	泰勒-弗朗西斯出版集团（Taylor & Francis）数据库
Scholink	MECS Press数据库
Exeley数据库	CSCanada数据库
开放获取期刊研究中心（OAJRC）数据库	美国帮尔出版集团（Hill Publishing Group）数据库
英国戴蒙雷出版社（Damray）数据库	Hapres出版社数据库
E-Discovery Publication数据库	Atlantis Press数据库
Anglo-American	国际技术与科学出版社（International Technology and Science Publications...
科学学者（Scientific Scholar）数据库	三弋出版社
Project MUSE	Pulsus Group
New Delhi Publisher	Academic Journals Limited
White Horse Press	Ideas Spread
BENTHAM	施普林格-自然（Springer Nature）
万知科学出版社（Omniscient Pte. Ltd.）	Hindawi

图 5-56 万方数据库资源概况示意

万方数据平台收录的资源丰富,由中国学术期刊数据库(China Online Journals,COJ)、中国学位论文全文数据库(China Dissertations Database)、中国学术会议文献数据库(China Conference Proceedings Database)、中外专利数据库(Wanfang Patent Database,WFPD)、中外标准数据库(China Standards Database)、中国法律法规数据库(China Laws & Regulations Database)、中国科技成果数据库(China Scientific & Technological Achievements Database)、中国地方志数据库、万方视频数据库等 64 个数据库构成,下面简要介绍常见的中文文献信息资源库的基本情况。

1) 中国学术期刊数据库

中国学术期刊数据库收录始于 1998 年,包含 8000 余种期刊,其中包含北京大学、中国科学技术信息研究所、中国科学院文献情报中心、南京大学、中国社会科学院历年收录的核心期刊 3300 余种,年增 300 万篇,每天更新,涵盖自然科学、工程技术、医药卫生、农业科学、哲学政法、社会科学、科教文艺等各个学科。截至 2022 年 4 月 28 日,共收录数据 147885775 条。

2) 中国学位论文全文数据库

中国学位论文全文数据库收录始于 1980 年,年增 35 余万篇,涵盖基础科学、理学、工业技术、人文科学、社会科学、医药卫生、农业科学、交通运输、航空航天和环境科学等各学科领域。截至 2022 年 4 月 7 日,共收录数据 7174483 条。

3) 中国学术会议文献数据库

中国学术会议文献数据库包括中文会议和外文会议,中文会议收录始于 1982 年,年收集约 2000 个重要学术会议,年增 20 万篇论文,每月更新;外文会议主要来源于 NSTL 外文文献数据库,收录了 1985 年以来世界各主要学协会、出版机构出版的学术会议论文共计 900 万篇全文(部分文献有少量回溯),每年增加论文约 20 余万篇,每月更新。截至 2022 年 4 月 7 日,共收录数据 14661482 条。

4) 中外专利数据库

中外专利数据库涵盖 1.3 亿余条国内外专利数据。其中,中国专利收录始于 1985 年,共收录 3300 万余条专利全文,可本地下载专利说明书,数据与国家知识产权局保持同步,包含发明专利、外观设计和实用新型三种类型,准确地反映了中国最新的专利申请和授权状况,每月新增 30 余万条。国外专利 1 亿余条,均提供欧洲专利局网站的专利说明书全文链接,收录范围涉及中国、美国、日本、英国、德国、法国、瑞士、俄罗斯、韩国、加拿大、澳大利亚、世界知识产权组织、欧洲专利局等"十一国两组织",每年新增 300 余万条。截至 2022 年 4 月 22 日,共收录数据 141396289 条。

5) 中国科技成果数据库

中国科技成果数据库收录了自 1978 年以来国家和地方主要科技计划、科技奖励成果,以及企业、高等院校和科研院所等单位的科技成果信息,涵盖新技术、新产品、新工艺、新材料、新设计等众多学科领域,共计 90 余万项。数据库每两月更新一次,年新增数据 1 万条以上。截至 2022 年 3 月 11 日,共收录数据 949623 条。

6) 中外标准数据库

中外标准数据库收录了所有中国国家标准(GB)、中国行业标准(HB)以及中外标准题录摘要数据,共计 200 余万条记录,其中,中国国家标准全文数据内容来源于中国质检出版社,中国行业标准全文数据收录了机械、建材、地震、通信标准以及由中国质检出版社授权的部分行业标准。截至 2022 年 4 月 28 日,共收录数据 24664676 条。

7) 中国法律法规数据库

中国法律法规数据库收录始于 1949 年,涵盖国家法律法规、行政法规、地方法规、国际条约及惯例、司法解释、合同范本等,权威、专业。每月更新,年新增量不低于 8 万条。截至 2022 年 4 月 28 日,共收录数据 1389309 条。

8) 万方地方志数据库

地方志简称"方志",即按一定体例全面记载某一时期某一地域的自然、社会、政治、经济、文化等方面的情况或特定事项的书籍文献。通常按年代分为新方志、旧方志,新方志收录始于 1949 年,共计 4.7 万册,旧方志收录为新中国成立之前,共 8600 余种、10 万余卷。截至 2021 年 11 月 8 日,共收录地方志 14307439 条。

9) 万方视频数据库

万方视频是以科技、教育、文化为主要内容的学术视频知识服务系统,现已推出高校课程、会议报告、考试辅导、医学实践、管理讲座、科普视频、高清海外纪录片等适合各类人群使用的精品视频。截至目前已收录视频 3.5 余万部,近 100 万分钟。截至 2021 年 12 月 2 日,共包含视频 28215 条。

5.3.2　使用方法简介

1. 快速检索

打开万方数据知识服务平台首页,单击搜索输入框会弹出检索字段提示(图 5-57 和图 5-58),可以单击选择其中某个字段,并在其后输入检索词,也可以直接在输入框中输入检索词,然后单击"检索"按钮进行目标信息检索(图 5-59),检索结果如图 5-60 所示。

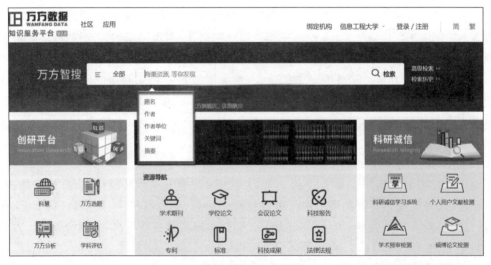

图 5-57　简单检索示意

快速检索默认为跨库检索,检索结果包括所有数据库,可以通过单击"全部"按钮左侧的
☰图标,在弹出的字段中选择相应的信息来源库进行检索(图 5-61)。

图 5-58　简单检索-题名检索示例

图 5-59　检索结果示意

图 5-60　快速检索

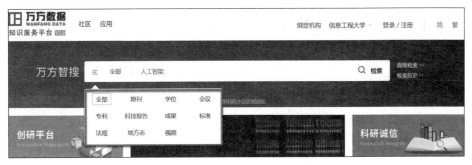

图 5-61　限定检索来源数据库

2. 高级检索

万方数据知识服务平台提供了高级检索功能。单击万方数据知识服务平台首页中的

"高级检索"链接(图 5-62)即可进入高级检索页面(图 5-63)。在该界面下,还可以选择其他选项卡,如选择"专业检索"和"作者发文检索"进行更进一步的检索。

图 5-62　万方数据知识服务平台高级检索界面进入示意

图 5-63　高级检索界面示意

3. 专业检索

万方数据知识服务平台提供了专业检索功能。在高级检索界面中单击"专业检索"选项卡会出现专业检索界面。使用万方数据知识服务平台实现上文中在中国知网平台检索的功能,需要对检索语句的语法结构进行调整,直接使用上文的检索式检索不到所需结果。调整后的检索式及检索结果如图 5-64 和图 5-65 所示。

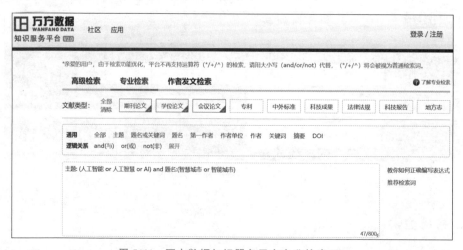

图 5-64　万方数据知识服务平台专业检索(1)

图 5-65　万方数据知识服务平台专业检索(2)

4. 作者发文检索

万方数据知识服务平台提供了作者发文检索功能,如图 5-66 所示,该功能与中国知网的类似,此处不再赘述。

图 5-66　作者发文检索示意

5.3.3　阅读与下载

万方数据知识服务平台与中国知网一样,也为用户提供了免费检索功能,对于一些免费资料,用户无须注册购买即可查看,但对于大部分资源,用户需要购买后才能查看下载。用户注册万方数据知识服务平台的方法与知网类似,这里不再赘述。用户登录万方数据知识服务平台后,就可以浏览检索到的权限范围内的资源,打开文献的方式与中国知网的类似。

在阅读过程中,也可以根据实际需要进行标注,如图 5-67 所示。

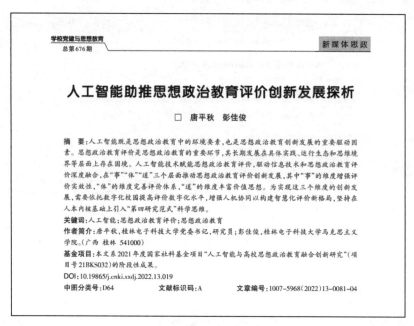

图 5-67　在线文献阅读编辑

用户在线浏览阅读文献后,如确定需要下载某篇文献,则可以在检索结果页面中单击"下载"按钮或在文献查看页面中单击"下载"按钮进行下载,如图 5-68 和图 5-69 所示。

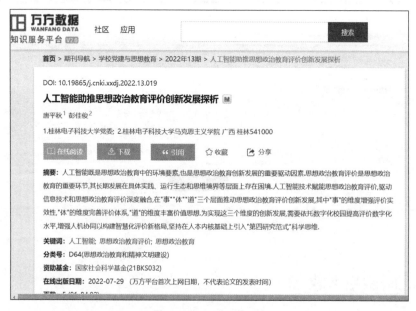

图 5-68　文献下载(1)

除上述介绍之外,万方数据知识服务平台还具有检索排序、检索结果图形化文献分析等功能。由于篇幅所限,本书不在此赘述。

图 5-69　文献下载（2）

5.4　维普科技期刊全文数据库

5.4.1　简介

维普网又名维普资讯网,建立于 2000 年,现已成为全球著名的中文信息服务网站,是中国最大的综合性文献服务平台,是 Google Scholar 最大的中文内容合作网站。维普网依赖的中文科技期刊数据库是我国网络数字图书馆建设的核心资源之一,被我国高等院校、公共图书馆、科研机构采用,是高校图书馆文献保障系统的重要组成部分。维普网的首页如图 5-70 所示,其主要提供的产品服务如图 5-71 所示。

图 5-70　维普网首页

图 5-71　维普网主要产品及服务示意

维普网将其存储的文献类型分为医药卫生、工程技术、自然科学、农林牧渔、人文社科五大类(图 5-72),在该五大类下又进行了二级细分和三级细分,如"人文社科"下包括"语言","语言"下又包括"语言学""汉语""少数民族语言""常用外国语"(图 5-73),单击某子类即可打开与该子类紧密相关的期刊和文章推荐页面(图 5-74),这为用户按照类目进行文献检索提供了方便。

图 5-72　维普网文献分类(1)

维普网目前收录的期刊有 7200 余万篇,期刊总数有 15300 余种,其中核心期刊约 2000种,收录的文献范围为 1989 年至今(部分期刊可回溯至 1955 年),其中心网站的更新周期为每日。

文化	文化理论	档案学	情报学	世界各国文化事业	信息与传播理论	新闻学与新闻事业	广播电视事业	出版事业
	群众文化	图书馆文献学	博物馆					
文学	文学理论	世界文学	中国文学	各国文学				
艺术	艺术理论	舞蹈	戏剧	电影电视艺术	世界各国艺术	绘画	书法/篆刻	雕塑
	摄影	工艺美术	建筑艺术	音乐				
语言	语言学	汉语	少数民族语言	常用外国语				
哲学	哲学理论	逻辑学	伦理学	美学	心理学	世界哲学	中国哲学	亚洲哲学
	非洲哲学	欧洲哲学	大洋洲哲学	美洲哲学	思维科学			
政治	政治理论	国际共产主义运动	中国共产党	各国共产党	世界政治	中国政治	运动与组织	外交与国际关系
宗教	宗教理论	神话与原始宗教	佛教	道教	伊斯兰教	基督教	其他宗教	迷信
军事	军事理论	世界军事	中国军事	军事技术	战役战术学	军事地形学	武器工业	

图 5-73　维普网文献分类(2)

图 5-74　维普网文献分类(3)

5.4.2　维普网使用方法和技巧

1. 快速检索

与中国知网和万方知识数据服务平台类似,维普网也支持一框式检索、按类别检索和字段检索技术。维普网的检索字段限定在文献、期刊、学者和机构四个类别中,检索字段包括标题/关键词、作者、机构和刊名,如图 5-75 所示。

图 5-75　维普网首页检索区

2. 高级检索

维普网页支持高级检索功能。高级检索支持多个检索条件逻辑组配检索，支持同义词扩展和检索条件增减等，从而提高检索性能和检索的精确度。单击首页检索输入框下的"高级检索"按钮即可进入高级检索页面，如图 5-76 和图 5-77 所示。

图 5-76　进入高级检索页面途径

维普网提供向导式的高级检索功能，以简化用户操作。高级检索的一般操作步骤如下：

（1）确定各项检索条件及其逻辑关系。

（2）输入检索词。

（3）根据检索需要限定时间、期刊范围和学科。

（4）单击"检索"按钮，得到检索结果。

图 5-77 高级检索页面示意

3. 检索式检索

检索式检索是使用布尔逻辑运算符对多个检索词进行组配检索,并且可以选择时间、期刊来源、学科等检索条件对检索范围进行限定。用户可以单击"高级检索"右侧的"检索式检索"选项卡进入检索式检索界面(图 5-78)。维普网支持的检索字段与中国知网和万方数据知识服务平台有所不同(如不支持主题检索),而且其检索式的书写规范也有所不同,所以在该检索平台下不能通过专业检索实现中国知网专业检索中检索式为"主题=(人工智能+人工智慧+AI) AND 题名=(智慧城市+智能城市)"的功能。可以通过检索式检索界面右上方的"查看更多规则"进入检索规则页面进行查看(图 5-79)。

图 5-78 检索式检索界面

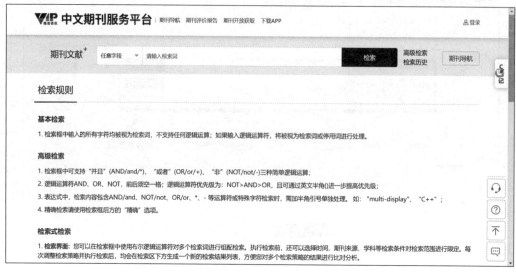

图 5-79   维普网专业检索规则

4. 期刊导航

维普网页提供了期刊导航功能,期刊导航可以实现多渠道快速定位期刊,可以做年卷期的内容浏览及相关期刊或文献的漫游。期刊导航检索界面具备期刊搜索、按字顺序搜索、按学科分类搜索 3 种检索方式,如图 5-80 所示。在输入框中输入刊名或 ISSN,单击"期刊检索"按钮即可进入期刊名列表界面,单击刊名即可进入期刊内容界面。

图 5-80   期刊导航检索界面

5.5　引文索引数据库

5.5.1　引文索引概述

1955 年，美国情报学家和科学计量学家尤金·加菲尔德(Eugene Garfield)博士在《科学》杂志上率先提出了科学引文索引的概念。加菲尔德依据布拉德福(S. C. Bradford)文献离散律理论提出了引文分析理论的主要基础，通过对论文的被引用频次等的统计，对学术期刊和科研论文进行了多方位的评价研究，从而评判一个国家或地区、科研单位、个人的科研产出绩效，以反映其在国际上的学术水平。

在引文分析中，一篇 A 文献，发表在先，在其后发表的 B 文献引用了 A 文献，即 B 文献以 A 文献为参考文献，那么称 A 文献为 B 文献的参考文献或被引文献(简称引文，citation)，称 A 文献作者为引文作者(Cited Author)，称 B 文献为引用文献或来源文献，称 B 文献作者为引用作者(Citing Author)，刊载来源文献的期刊或专著丛书等称为来源出版物(Source Publications)。如果 B 文献引用了 A 文献，D 文献也引用了 A 文献，则 B 文献与 D 文献的论题应该是相同或相近的，称 B 文献和 D 文献互为相关文献或相关记录(Related Records)，它们引用的相同的参考文献 A 称为 B 文献和 D 文献的共享参考文献(Shared Reference)。显然，如果两篇文献引用的相同参考文献越多，就说明两篇文献间的相关性越密切。

引文索引是根据文献之间的引证关系，按一定的规则组织的检索系统，是一种以期刊、专利、专题丛书、技术报告等文献资料发表的论文后所附的参考文献(引文)的作者、题目、出处等项目为依据，按照引证与被引证的关系进行排列而编制的索引，是反映文献之间引用和被引用关系及规律的新型索引工具。借助引文索引，可以以作者姓名(被引作者或引文作者)为检索起点查找该作者历年发表的论文曾被哪些人(施引作者或引用作者)及哪些文章(来源文献)引用过，并查出这些来源文献的题录和施引作者所在的单位等信息。引文索引中的每一篇论文都有被引用的详细资料，即将一篇文献的参考文献、相关文献共享参考文献都显示给读者。由于这些文献可能讨论的都是一个主题，因此，引文索引大全是从主题相关的角度编排索引与检索系统的。引文索引是从文献是否被他人引用及引用密的角度考虑其收录的期刊范围的。

文献之间的引用和被引用关系体现了学术上的相关性、横向上的对应性、纵向上的继承性，从而在"引文"和"来源文献"之间形成一种链接。随着时间的推移，该论文也可能被另外的论文引用，而成为其他来源文献的引文，从而完成下一时段的链接。久而久之，通过引用和被引用就构成了一个网络。引文索引可以在一定时段内向读者展示这种链接的关系。因此，引文索引的主要作用如下。

(1) 文献线索获取。不仅提供一般的数据库检索功能，还可以通过引文途径获得文献线索。

(2) 科研管理与研究预测。通过文献间的引用和被引用关系了解某一学术问题或观点的起源、发展、修正，以及最新的研究进展。

（3）分析评价。可以作为评价科学文献、学术期刊和专著的学术水平的参考工具。一般来说，高质量的学术期刊的被引频次较高。引文索引提供的引证数据有助于评价科技期刊的质量，确定某个学科的核心期刊。

（4）资源整合。基于引文索引数据库的开放链接机制（Open URL），即引文与原文之间的全文链接，对图书、期刊馆藏进行揭示，对未提供全文链接的文献进行传递服务等。

SCI（Science Citation Index，科学引文索引）、EI（Engineering Index，工程索引）、ISTP（Index to Scientific & Technical Proceedings，科技会议录索引）、ISR（Index to Scientific Reviews，科学评论索引）是世界著名的四大科技文献检索系统（ISR 在国内使用较少），是国际公认的进行科学统计与科学评价的主要检索工具；《中国科学引文索引》（China Science Citation Index，CSCI）、《中文社会科学引文索引》（Chinese Social Science Citation Index，CSSCI）、武书连的《科学引文数据库》（Science Citation Database，SCD）、维普的《中文科技期刊数据库（引文版）》（Chinese Citation Database，CCD）和 CNKI 的《中国引文数据库》是国内重要的引文索引数据库。

5.5.2　外文引文数据库

1957 年，加菲尔德于美国费城创办了美国科学信息研究所（Institute for Scientific Information，ISI），并在 1964 年正式出版了《科学引文索引》，SCI 被视为科学传播和情报科学的根本变革。SCI 后来拓展到社会科学、艺术和人文学科领域，形成了目前世界上著名的三大引文数据库 SCI、SSCI 和 A&HCI，并发行了网络版 Web of Science，从而囊括了科学领域的几乎所有学科类别，成为世界上最权威的科学文献引文数据库和功能最完善的科学文献检索工具。科学引文索引的发展与演变大致如下：

1964 年，美国科学信息研究所正式出版《科学引文索引（SCI）》；

1973 年，美国科学信息研究所正式出版《社会科学引文索引（SSCI）》；

1976 年，美国科学信息研究所正式发布《期刊引证报告（JCR）》，公布期刊影响因子 IF；

1978 年，美国科学信息研究所正式出版《艺术和人文学科引文索引（A&HCI）》；

1988 年，加菲尔德把美国科学信息研究所（ISI）超过 50％的股权出售给 JPT 出版公司（JPT Publishing）；

1992 年，汤森集团（Thomson Corporation）收购了 JPT 出版公司，主要是为了控股美国科学信息研究所（ISI）；

1997 年，Web of Science 发布，该数据库集成了 SCI、SSCI 和 A&HCI；

2001 年，Web of Knowledge SM 整合的学术研究平台发布，并推出《基本科学指标》（Essential Science Indicators，ESI）；

2008 年，汤森集团和路透集团（Reuters Group PLC）合并成立汤森路透（Thomson Reuters）；Web of Knowledge SM 平台中文版发布；

2016 年，Onex 公司（Onex Corporation）与霸菱亚洲投资基金（Baring Private Equity Asia）收购汤森路透知识产权与科技事业部（其中包括 Web of Science 等产品），成为一个独立公司——科睿唯安（Clarivate Analytics）。

鉴于加菲尔德博士在科学引文索引、引文分析方法和科学计量学的开创性、奠基性贡献,国际科学计量学和信息计量学学会(ISSI)向他授予该领域首届最高荣誉——普赖斯奖章(D. de S.Price Memorial Medal)。

1. SCI

SCI 是由美国科学信息研究所创办出版的引文数据库,是覆盖生命科学、临床医学、物理化学、农业、生物、兽医学、工程技术等方面的综合性检索刊物,尤其能反映自然科学研究的学术水平,是目前国际上三大检索系统中最著名的一种,其中以生命科学及医学、化学、物理所占比例最大,收录范围是当年国际上的重要期刊,尤其是它的引文索引表现出独特的科学参考价值,在学术界占有重要地位。许多国家和地区均以被 SCI 收录及引证的论文情况作为评价学术水平的重要指标。从 SCI 严格的选刊原则及专家评审制度来看,它具有一定的客观性,较真实地反映了论文的水平和质量。每年一次的 SCI 论文排名成了判断学校科研水平的重要标准。SCI 以《期刊目次》(Current Content)作为数据源,目前,自然科学数据库有 5000 多种期刊,其中生命科学辑收录 1350 种;工程与计算机技术辑收录 1030 种;临床医学辑收录 990 种;农业、生物环境科学辑收录 950 种;物理、化学和地球科学辑收录900 种。

SCI 不同于按主题或分类途径检索文献的常规做法,而是设置了独特的引文索引,即将一篇文献作为检索词,通过收录其引用的参考文献和跟踪其发表后被引用的情况掌握该研究课题的来龙去脉,从而迅速发现与其相关的研究文献。"越查越旧,越查越新,越查越深"是科学引文索引建立的宗旨。SCI 是一个客观的评价工具,但它只能作为评价工作中的一个角度,不能代表被评价对象的全部。

2. SSCI

ISI 于 1973 年开始编辑出版社会科学引文索引数据库 SSCI。目前,SSCI 已收录历史学、政治学、法学、语言学、哲学、心理学、图书情报学、公共卫生等 50 多个学科领域的 3000 多种社会科学权威学术期刊论文。国内目前相当热门的经济、金融、管理、法律和许多交叉学科等都在其收录范围中,同时该范围也包括许多较为经典但目前在国内仍较为冷门的学科,以及一些国际上刚刚开始形成但国内还没有太多研究的学科和领域。由于学科交叉,SSCI 收录的文章与 SCI 收录的文章有一部分是重叠的,不少 *SCIENCE* 和 *NATURE* 的文章也收入了 SSCI 中。

3. A&HCI

A&HCI 是 ISI 建立的综合性艺术与人文类文献数据库,包括语言、文学、哲学、亚洲研究、历史、艺术等 28 个类别的内容,收录 1000 多种国际权威的期刊约 500 余万条记录和3000 余万个引用参考文献。

4. EI

美国工程索引信息检索系统由美国工程信息公司(Engineering Information Inc.)于1884 年创办,是一个主要收录工程技术期刊文献和会议文献的大型国际权威检索系统,是世界四大著名检索工具之一,目前由爱思唯尔(Elsevier)公司所有。

工程索引(Engineering Index,EI)是世界著名的检索工具,由美国工程信息公司编辑出版发行,1969年开始提供 EI 工程索引数据库服务。EI 以收录工程技术领域的文献全面且水平高为特点,收录了 5000 多种工程类期刊论文、会议论文和科技报告,收录范围包括核技术、生物工程、运输、化学和工艺、光学、农业和食品、计算机和数据处理、应用物理、电子和通信、材料、石油、航空和汽车工程等学科领域。目前,数据库收录数据记录 700 余万条,每年新增记录约 25 万条。

EI Compendex 是 EI 期刊的网络化,Engineering Village(图 5-81)是 EI 公司开发的综合信息服务工程信息村,Engineering Village 将包括 Inspec、GeoBase、NTIS Database、Referex、EI Patents 的 10 多个全球最有影响力的工科文献数据库集中在了该平台上,其中 EI Compendex 是其核心数据库,用户可以通过 URL"https://www.engineeringvillage.com/"访问。

图 5-81　Engineering Village 首页

EI 的文献来源包括期刊论文、会议论文、学位论文、发明专利、商业出版物、科技报告等。EI(EV Compendex)以主题词、分类号对文献进行标引深加工,支持受控词检索。每篇被 EI 收录的论文都有其 EI 检索号(Accessing Number),作为被 EI 收录的标志。EI 一般不收录纯基础理论研究的论文。

Engineering Village 提供简单检索、快速检索、专业检索等检索方式。默认界面为快速检索,其界面允许用户通过下拉菜单选择检索字段。检出结果可通过限定时间、排序方式等限制条件控制,如图 5-82 所示。

5. ISTP

ISTP 是由美国科学信息研究所于 1978 年创刊编辑出版的信息检索工具,主要收集世界上各种重要的会议文献。ISTP 汇集了每年全世界出版的自然科学、医学、农学科学和工程技术领域约 90% 的会议文献,包括一般性会议、座谈会、研究会、讨论会、发表会等。在发

图 5-82　Engineering Village 简单检索示意

展迅速的学科领域,许多创新的想法、概念经常会首先在国际会议上进行交流,会议论文是除期刊以外科研成果产出的一个重要补充。

随着网络技术的不断成熟和检索工具的发展,ISTP 网络版也应运而生,ISI 基于 Web of Science 检索平台,将 ISTP 和 ISSHP(Index to Social Sciences & Humanities Proceedings,社会科学及人文科学会议录索引)两大会议录索引集成为 Web of Science Proceedings(简称 WOSP),形成 CPCI(Conference Proceedings Citation Index,会议论文引文索引)。通过 ISTP 可以快速有效地查找某个会议的主要议题和内容,也可以根据 ISTP 提供的论文作者的详细地址直接获取与自己相关的文献资料。

5.5.3　中文引文数据库

1. 中国科学引文数据库

中国科学引文数据库(Chinese Science Citation Database,CSCD)创建于 1989 年,收录我国数学、物理、化学、天文学、地学、生物学、农林科学、医药卫生、工程技术、环境科学和管理科学等领域出版的中英文科技核心期刊和优秀期刊千余种,目前已积累从 1989 年到现在的论文记录 600 余万条,引文记录 9000 余万条。《中国科学引文数据库(CSCD)来源期刊遴选报告(2021—2022 年度)》指出,2021—2022 年度中国科学引文数据库收录来源期刊共 1262 种,其中,中国出版的英文期刊 245 种,中文期刊 1017 种。中国科学引文数据库来源期刊分为核心库和扩展库两部分,其中,核心库 926 种(以备注栏中的 C 为标记),扩展库 336 种(以备注栏中的 E 为标记)。

中国科学引文数据库内容丰富、结构科学、数据准确。系统除具备一般的检索功能外,还提供新型的索引关系——引文索引,使用该功能可迅速从数百万条引文中查询到某篇科技文献被引用的详细情况,还可以从一篇早期的重要文献或著者姓名入手,检索到一批近期发表的相关文献,对交叉学科和新学科的发展研究具有十分重要的参考价值。中国科学引文数据库还提供了数据链接机制,支持用户获取全文。

中国科学引文数据库是我国第一个引文数据库,曾获中国科学院科技进步奖二等奖。1995 年,CSCD 出版了我国的第一本印刷本《中国科学引文索引》,1998 年出版了我国第一张中国科学引文数据库检索光盘,1999 年出版了基于 CSCD 和 SCI 数据,利用文献计量学原理制作的《中国科学计量指标:论文与引文统计》,2003 年 CSCD 上网服务,推出了网络版,2005 年 CSCD 出版了《中国科学计量指标:期刊引证报告》。2007 年,中国科学引文数据库与科睿唯安合作,中国科学引文数据库将以 Web of Science 为平台,实现与 Web of Science 核心集合的跨库检索,中国科学引文数据库是 Web of Science 平台上第一个非英文语种的数据库。基于 Web of Science 平台的中国科学引文数据库可以帮助用户检索到高质量的信息(来自于 1200 多种在中国出版的科学与工程核心期刊),实现通过跨库检索同时访问基于 Web of Science 平台的其他数据库产品和免费学术资源,也可以从多个角度分析检索结果,可以帮助用户管理参考文献并提高写作效率,能够保存检索式创建定题跟踪服务。

用户可以通过 Web Of Science 网站进入中国科学引文数据库,即在 Web of Science 页面单击"所有数据库"右侧的下拉菜单,则可以看到所有可供检索的数据库,单击"中国科学引文数据库ᔆᴹ"链接即可进入(图 5-83),也可以通过网址"http://www.sciencechina.cn/"进入。

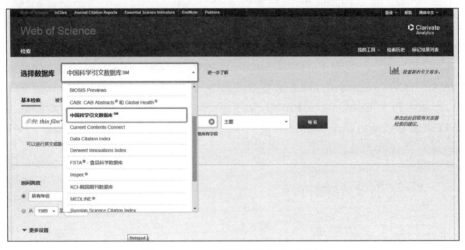

图 5-83　CSCD 数据库进入方式示例

CSCD 支持普通检索、被引参考文献检索和结果全记录页面检索。普通检索可以检索特定研究主题、特定作者发文、特定机构发文及特定期刊特定年代发表的文献等,如检索 2000—2005 年有关碳纳米管的研究论文,则可以按照图 5-84 所示进行操作。

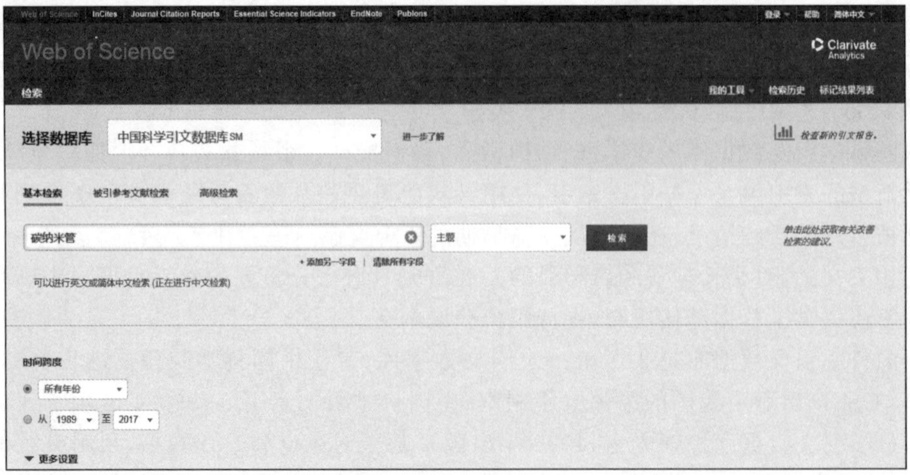

图 5-84　CSCD 普通检索

　　被引参考文献检索可以用来查看某篇文章被引用的情况,如了解作者侯建国 2000 年在《物理学进展》发表题为《STM 图像的理论模拟》之后该文章的最新进展,则可以通过输入被引作者信息"侯建国"、被引著作名称"《物理学进展》"和被引著作发表年份"2000"等信息进行检索,在检索页面中查看(图 5-85 和图 5-86)。

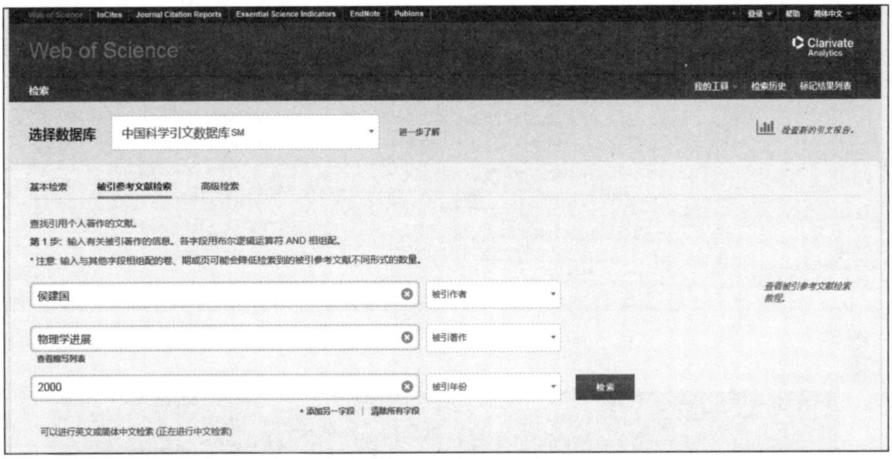

图 5-85　被引参考文献检索(1)

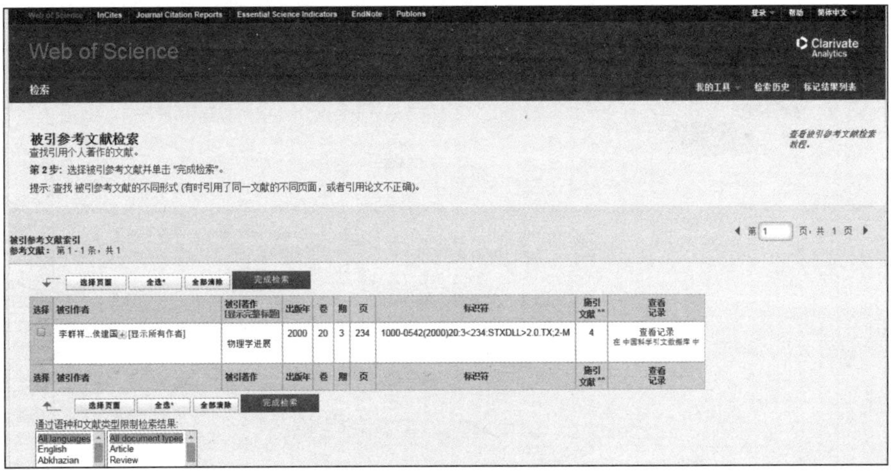

图 5-86　被引参考文献检索(2)

　　如果希望将检索结果限定在某个范围内,则可以使用"精炼检索结果"功能,也可以通过排序功能发现某个研究领域中被引用次数最多的重要文献(排序方式选择"被引频次"),也可以选择感兴趣的记录输出或保存到 Endnote Online 个人知识库中(图 5-87);还可以通过"创建引文报告"查看关于该领域文章的引文报告,还可以通过"分析检索结果"分析结果以获得隐含的研究模式(图 5-88)。

　　结果全记录页面展现了文章的被引次数、引用的参考文献、相关记录(Related Records),这些信息对开展与本文章相关的研究具有重要的意义。文章的引用次数可以展现未来,从而了解该研究的最新进展,发现该文章对当今研究的影响;通过参考文献追溯过去,可以了解该论文的研究依据和课题起源;相关记录可以帮助用户扩展视野,找到更多相

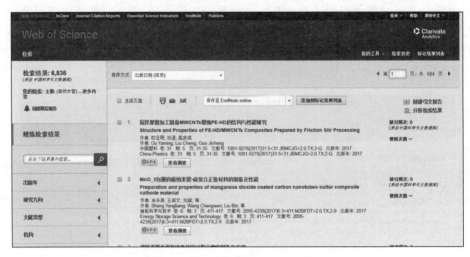

图 5-87　CSCD 检索结果页面示意(1)

图 5-88　CSCD 检索结果分析页面示意(2)

关文献(具有供被引参考文献的文章),将结果越查越深;创建引文跟踪服务可以让读者了解今后该论文的被引用情况。用户可以通过附加的链接选项直接下载全文(需要相关期刊的访问权限)或者获得该论文在本机构或其他图书馆的收藏情况,也可以通过多种方式下载该文献记录或者保存到 EndNote Online 个人知识库中,如图 5-89 所示。

　　CSCD 数据库还提供了多样化的分析功能,利用 CSCD 提供的"学科类别"分析功能可以了解某个课题的学科交叉情况或者涉及的学科范围;利用 CSCD 提供的"来源出版物"分

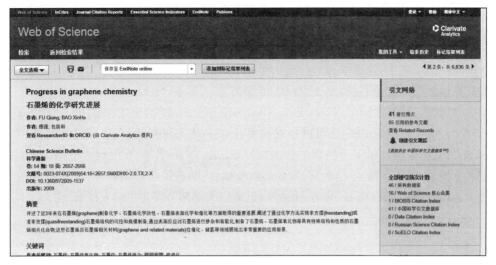

图 5-89　CSCD 全记录页面示意

析功能可以了解某个研究的主要出版物；利用 CSCD 提供的"作者"分析功能可以了解某个研究的主要研究人员；利用 CSCD 提供的"机构"分析功能可以了解从事同一研究的其他机构还有哪些；利用 CSCD 提供的"出版年"分析功能可以了解某个研究的进展情况。用户可以通过图 5-90 中左上角的"根据此字段排列记录"进行类别选择。

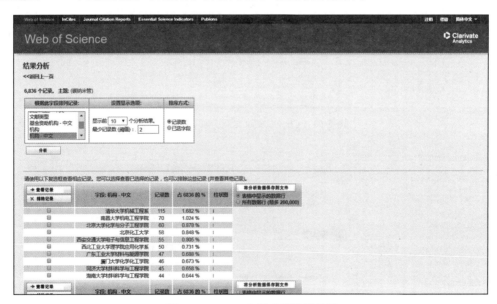

图 5-90　CSCD 分析功能设置示意

　　此外，CSCD 还提供检索式的管理及 RSS 定题服务、借助 EndNote Basic/Online 功能进行文献写作及参考文献管理等功能。由于篇幅所限，在此不再展开介绍。

2. 中文社会科学引文索引

中文社会科学引文索引（Chinese Social Sciences Citation Index，CSSCI）是由南京大学

中国社会科学研究评价中心开发研制的引文数据库,用来检索中文人文社会科学领域的论文收录和被引用情况。CSSCI遵循文献计量学规律,采取定量与定性相结合的方法从全国2700余种中文人文社会科学学术性期刊中精选出学术性强、编辑规范的期刊作为来源期刊,目前收录包括法学、管理学、经济学、历史学、政治学等在内的25个大类的500多种学术期刊,来源文献近100余万篇,引文文献600余万篇。

用户可以通过网址"http://cssci.nju.edu.cn/index.html"登录CSSCI数据服务平台进行浏览查阅。目前,利用CSSCI可以检索到所有CSSCI来源刊的收录(来源文献)和被引情况。来源文献检索提供了多个类别的标准,包括篇名、作者、作者所在地区机构、刊名、关键词、文献分类号、学科类别、学位类别、基金类别及项目、期刊年代卷期等(图5-91)。被引文献检索提供被引文献、作者、篇名、刊名、出版年代、被引文献细节等多个检索标准(图5-92)。

图5-91　CSSCI来源文献分类示意(1)

图5-92　CSSCI被引文献分类示意(2)

在首页中根据需要选择"来源文献"或"被引文献"后,根据需要选择相应的检索标准,并在检索输入框中输入相应的检索词,然后单击"搜索"按钮(图 5-93 和图 5-94)即可开启检索过程,检索结果页展示了搜索结果的详细信息,如图 5-95 和图 5-96 所示。在来源文献结果页面上方,展示了搜索条件(检索标准、结果的年代范围、显示数、结果数、运行耗时);在检索结果页左侧,展示了结果信息的分类信息,包括文献类型、所属学科、来源期刊和年代信息;在检索结果页右侧,以列表(默认)或视图的形式展示了每条检索结果的具体信息,包括序号、来源作者、来源篇名、来源期刊、版次页码信息,通过"查看"列还可以进行源文件获取及收藏(图 5-97)。用户可以通过单击上方的排序下拉列表按照不同的排序标准对检索结果进行重新排序,也可以通过左侧的"二次检索"进行二次检索。"被引文献"检索与"来源文献"检索结果页面相似,但左侧检索类别稍有不同。

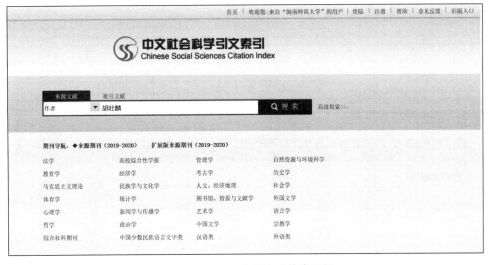

图 5-93　CSSCI 来源文献检索示例

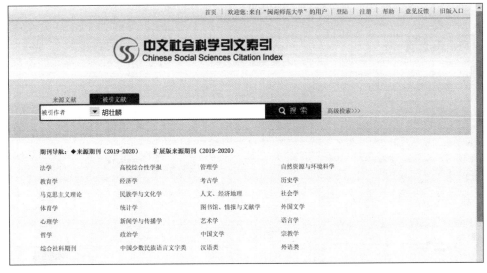

图 5-94　CSSCI 被引文献检索示例

图 5-95　CSSCI 来源文献检索结果页示例

图 5-96　CSSCI 被引文献检索结果页示例

图 5-97　结果文献目标导引示意图

CSSCI 也提供了高级检索功能,通过 CSSCI 首页"检索"按钮右侧的"高级检索"链接就可以进入高级检索页面,如图 5-98 所示,从而实现更加精确的检索。

图 5-98　CSSCI 高级检索界面示意

　　CSSCI 是人文社科类文献信息查询的重要工具,对于从事社会科学研究的人员,CSSCI 可以从来源文献和被引文献两方面提供相关研究领域的前沿信息和各学科学术研究发展的脉络,通过不同学科、不同领域的相关逻辑组配检索,挖掘学科新的生长点,展示实现知识创新的途径;对于社会科学管理者,CSSCI 可以提供地区、机构、学科、学者等多种类型的统计分析数据,从而为制定科学研究发展规划、科研政策提供决策参考;对于期刊研究与管理者,CSSCI 提供被引频次、影响因子、即年指标、期刊影响广度、地域分布、半衰期等多种定量数据,通过多种定量指标的分析统计,可为期刊评价、栏目设置、组稿选题等提供定量依据。CSSCI 也可为出版社与各学科著作的学术评价提供定量依据。以上功能在多数情况下需要结合其他工具软件才能更好地发挥作用。

5.6　小结

　　本章首先介绍了文献数据库的分类和文献资源的检索方法,然后以 CNKI 中国知网、万方数据知识服务平台、维普科技期刊全文数据库为例,介绍了中文文献数据库的基本情况及使用方法,最后介绍了常见的引文索引数据库。通过本章的学习,读者能够对文献数据库有基本的了解,能够使用三大中文文献数据库进行文献资源检索,能够对引文数据库的特点及使用有初步了解,为开展科学研究打下基础。

思考与练习

1. 了解常见的检索类数据库的分类,熟悉每一类数据库的使用场景。

2. 熟悉 CNKI 中国知网数据库,能够借助各种检索技巧及数据库提供的功能进行文献资料检索和阅读管理。

3. 熟悉万方数据知识服务平台的使用方法,了解维普科技期刊数据库的使用方法。

4. 了解引文索引数据库的特点,能够根据实际需要选择索引数据库进行文献信息检索。

第 6 章　基于知网研学的中文文献管理软件

学习目标

1. 理解知网研学平台的功能及作用。

2. 熟悉 Web 版知网研学平台,并能够使用其进行文献检索、文献管理、文献阅读及文献创作投稿。

3. 熟悉知网研学客户端软件的基本使用方法,能够使用知网研学客户端进行文献检索、文献管理、文献阅读及文献创作。

4. 能够使用知网研学提供的浏览器插件进行网页收藏。

信息爆炸式增长的互联网环境使得科研人员面临着如何高效管理和利用检索到的信息的挑战。当前,科研人员主要面临的文献管理困难体现在:收集到的文献独立存储在计算机中,文献间的关联关系难以直观体现;文献是否阅读及阅读的进度借助传统阅读软件难以标识;读者在阅读文献的过程中,经常会有所思所感,传统的纸质笔记和当前的电子文献阅读软件只能针对某篇文献进行编辑,笔记之间难以进行关联,且难以直接将记录的笔记内容添加到目标文档中;用户后期查找到的有借鉴意义的网页资料难以与相关主题文献建立直接的关联关系,只能分散存储到本地硬盘或浏览器收藏夹中,后期管理查找不方便。除此之外,传统工具在论文书写、引文编辑、论文创作投稿等方面也存在一定的不足。基于以上原因,寻找一个旨在助力文献阅读管理的软件显得非常必要,知网研学就是一款非常好用的中文文献管理软件。

6.1　知网研学概述

6.1.1　简介

知网研学是中国知网提供的一个文献管理系统,它可以实现对各类文献资源的统一管理和云端存储,可以实现多终端的便捷同步,它提供的在线阅读文献全文、嵌入式笔记、"购物车"式摘录功能可以使用户高效便捷地进行文献阅读和笔记记录,它提供的一键式添加写作素材和自动生成参考文献功能可以使用户轻松高效地进行论文写作。

知网研学在提供传统文献服务的基础上,以云服务的模式提供集文献检索、阅读学习、笔记、摘录、笔记汇编、论文写作、个人知识管理等功能于一体,实现了网页端、桌面端(原 E-Study,Windows 和 macOS)、移动端(iOS 和 Android)、微信小程序等多端数据的云同步,可以满足学习者在不同场景下的学习需求。知网研学不仅支持常用的文献类型 CAJ、KDH 等,还支持 Word 转 PDF 文件阅读、实时查找词汇的学术释义和翻译、边创作边检索、自动生成参考文献等功能。知网研学可以将众多文献聚集起来进行分类管理,可以实现在线阅读全文、一键添加写作素材、创建思维导图笔记、论文选刊投稿等功能。

知网研学平台改变了传统静态的版式化阅读方式,有效实现了将文献服务、知识服务深入读者日常的研究和学习业务中,全面促进个人知识构建,实现知识创新。

6.1.2　使用途径

知网研学提供网页版、桌面版和移动端三种类型的使用途径。用户要使用网页版知网研学,必须先进入研学平台。桌面版和移动端的进入方式类似,需要先安装知网研学软件,然后就可以单机或联机使用该软件进行阅读管理。网页版的进入方式有以下三种途径。

(1) 单击中国知网首页"知网研学平台"(图 6-1)即可进入知网研学说明页面,单击"登录/注册"按钮就可以注册个人账号(图 6-2),然后使用注册账号登录知网研学平台。

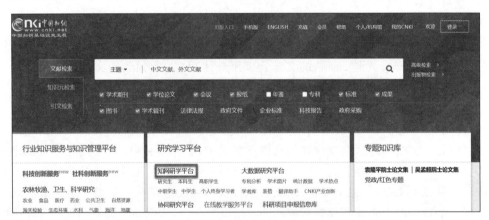

图 6-1　进入知网研学途径(1)

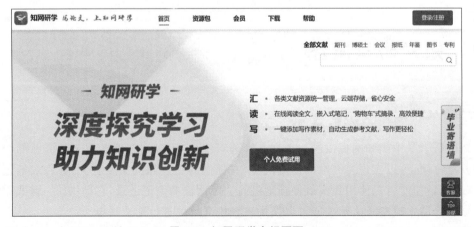

图 6-2　知网研学介绍页面

（2）单击某文献阅读界面中的"记笔记"图标（图 6-3），此时会弹出注册/登录提示框（图 6-4），登录后即可进入知网研学进行文献阅读（图 6-5）。

图 6-3　进入知网研学途径（2）

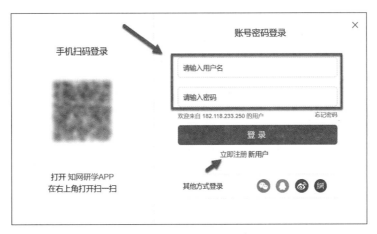

图 6-4　登录/注册提示框

图 6-5　知网研学论文查看界面示意

（3）在浏览器地址栏中输入知网研学网址"https：//x.cnki.net/"后按 Enter 键，即可打开知网研学介绍页面进行进一步使用。

6.1.3　主要功能

1）一站式阅读和管理平台

知网研学支持多类型文件的分类管理，支持目前全球主要学术成果文件格式，包括 CAJ、KDH、NH、PDF、TEB 等文件的管理和阅读，新增图片格式文件和 TXT 文件的预览功能，支持将 Word、PPT、TXT 转换为 PDF。

2）知识深度学习

知网研学支持在线阅读，运用 XML 碎片化技术实现全文结构化索引、知识元智能关联，提供强大的原文编改工具，深化研究式阅读体验。

3）深入研读

知网研学支持学习过程中的划词检索和标注，包括检索工具书、检索文献、词组翻译、检索定义、Google Scholar 检索等，支持将两篇文献显示在同一个窗口内进行对比研读。

4）记录数字笔记

知网研学支持将文献内的有用信息记录为笔记，并可随手记录读者的想法、问题和评论等，支持笔记的多种管理方式，如时间段、标签、笔记星标等，也支持将网页内容添加为笔记。

5）文献检索和下载

知网研学支持 CNKI 学术总库、CNKI Scholar、CrossRef、IEEE、Pubmed、ScienceDirect、Springer 等中外文文献数据库检索，可以将检索到的文献信息直接导入专题中，支持根据用户账号在不登录相应数据库系统的情况下自动进行全文下载。

6）支持写作与排版

基于 Word 的通用写作功能，知网研学提供面向学术论文写作的插件，实现包括插入引文、编辑引文、编辑著录格式、布局格式等功能，还提供数千种期刊的模板和参考文献样式。

7）在线投稿

科研人员撰写排版完论文后，就可以借助知网研学提供的投稿功能选择要投稿的期刊，直接进入相应期刊的作者投稿系统进行在线投稿。

8）云同步

知网研学实现了 Web 端、桌面端、移动端三端专题数据实时同步的功能，用户只需要一个 CNKI 账号，就可以同步在计算机或手机上创建专题、管理收藏文献，随时随地畅享好文献。

9）浏览器插件

知网研学提供的浏览器插件支持 Chrome、Opera 等浏览器，从而实现将题录从浏览器中直接导入或下载到知网研学指定专题结点中的功能。

6.2　网页版知网研学的使用

6.2.1　注册与登录

单击知网研学介绍页面中的"注册/登录"按钮(图 6-6),在弹出的对话框中单击"立即注册"按钮(图 6-7)即可开启注册过程,可以使用手机号码进行注册(图 6-8)。

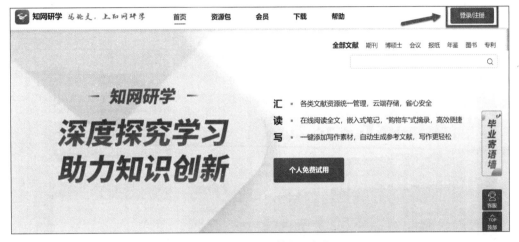

图 6-6　注册知网研学账号步骤(1)

图 6-7　注册知网研学账号步骤(2)

注册成功后,即可进行登录,进入个人知网研学管理空间进行资源管理和文献阅读,如图 6-9 所示。

图 6-8 注册知网研学账号步骤（3）

图 6-9 个人知网研学空间示意

6.2.2 管理资源

在使用文献管理软件之前，用户阅读的文献一般都以文件夹的形式存储在本地磁盘上（图 6-10），各文献之间没有建立紧密的关联关系，且文献阅读情况（如阅读进度）也不能直接看出。

基于知网研学提供的专题管理功能，用户可以快速便捷地对文献进行概要查看和分类管理。

1. 新建专题

知网研学的专题类似于硬盘上的一个个文件夹，通过专题，用户可以分门别类地对文献进行管理，方便查看和管理文献。新建专题的基本操作方法步骤为：单击知网研学个人空间左侧导航栏中的"研读学习"按钮（图 6-11），进入研读学习页面（图 6-12），主窗口中显示了已建专题列表、最近阅读文献以及每篇文献的详细信息。用户如需新建专题，可以通过单击"我的专题"右侧的"新建"按钮，在弹出的"新建专题"对话框中输入专题名称（必填）和专题描述（图 6-13）。

图 6-10　传统文献存储示意

图 6-11　个人研读学习空间首页

图 6-12　研读学习页面

图 6-13　新建专题

说明：新版知网研学还提供了根据专题名称进行相关专题推荐的功能，目的是通过专题分析帮助用户明确专题主题并快速获取相关文献，如图 6-14 至图 6-16 所示。

图 6-14　使用研学平台提供的相关搜索扩展专题的主题

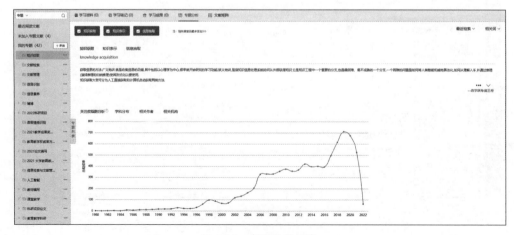

图 6-15　专题分析示意

图 6-16　专题相关论文推荐

2. 检索文献与添加

新建的专题中没有任何文献,用户要高效管理阅读文献,就需要根据专题主题分门别类地进行文献添加。用户可以通过研学平台提供的在线检索功能和文献添加功能为专题添加目标文献,基本步骤为:在专题列表区域选择待添加文献的专题,在右侧窗口上方单击"检索添加"按钮(图 6-17),在弹出的知网研学文献检索界面的检索输入框中输入检索词,并选择检索字段,进行文献检索(图 6-18),在待加入专题的目标文献后,单击"收藏"图标☆,在弹出的"将文献收藏到"对话框中选择待加入的专题名称,然后单击"确定"按钮(图 6-19),此时返回研读学习主页,单击目标专题,即可看到目标文献已经添加到该专题中(图 6-20)。

图 6-17　为专题检索添加文献步骤(1)

需要强调的是,使用此种方法添加的文献为在线文献,用户要想查看该文献,必须连网且保证有权限阅读该文献。

除了上述文献检索方法外,知网研学还提供了推荐文献功能,即根据专题已有文献的信息智能推荐文献,用户可以通过单击"推荐文献"按钮查看系统推荐的文献,如图 6-21 所示,根据需要勾选文献前的复选框,然后单击"批量收藏到专题"按钮,如图 6-22 所示。上述操作完成后,可以在该专题下看到收藏的文献,如图 6-23 所示。

图 6-18　为专题检索添加文献步骤(2)

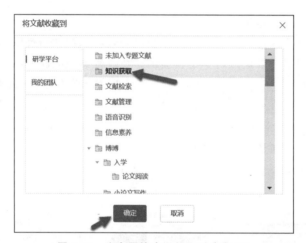

图 6-19　为专题检索添加文献步骤(3)

图 6-20　为专题检索添加文献步骤(4)

图 6-21　基于推荐文献添加文献到专题操作步骤(1)

图 6-22　基于推荐文献添加文献到专题操作步骤（2）

图 6-23　基于推荐文献添加文献到专题操作步骤（3）

图 6-24　基于推荐文献添加文献到专题操作步骤（4）

3. 本地上传

用户可以将本地存储的文献上传至知网研学，以便于高效管理、后续深入阅读和论文写作。基本操作方法为：在研读学习首页上方，单击"本地上传"按钮（图 6-25），在弹出的资料信息页面中单击"上传文档"按钮，从本地磁盘上选择待上传文档后单击"打开"按钮

图 6-25　本地文献上传操作步骤（1）

（图 6-26），研学平台将开启文档上传过程，上传完成后会弹出提醒。对于比较规范的文献，本地文献上传后将自动更新文献类型，填充相关题录信息到指定区域（图 6-27），相关信息完善后，即可单击页面下方的"确定"按钮完成本地文献上传操作，此时即可在该文档所在专题下看到该文献（图 6-28）。

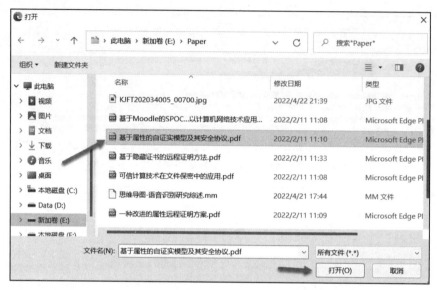

图 6-26　本地文献上传操作步骤（2）

图 6-27　本地文献上传操作步骤（3）

图 6-28　本地文献上传操作步骤（4）

对于不规范的文献,如用户后续需要使用该文献进行论文写作等,则最好在上传时手动进行文献类型选择和题录信息完善。

4. 文献查找及管理

如果用户的知网研学中保存的文献较多,很多时候会忘记具体文献的存储位置,则可以使用知网研学提供的搜索功能进行查找,对于某文献的重要程度等进行标识可以实现文献筛选。

1) 文献查找

知网研学提供了单个专题内的文献检索功能,针对某专题进行文献检索前,需要先定位该专题,然后在检索框中输入检索词,并选择检索字段(图 6-29)。

图 6-29　文献查找

2) 分组筛选及重要度标识

用户可以根据文献的特征进行筛选,如按语种、按来源、按类型等进行筛选。基本操作步骤为:选择某专题,单击“分组筛选”按钮(图 6-30),在弹出的对话框中根据需要选择筛选标准,如按分类选择筛选期刊文献(图 6-31),设置完成后单击“筛选”按钮,即可在研学主页中看到筛选出来的文献结果(图 6-32)。

图 6-30　分组筛选

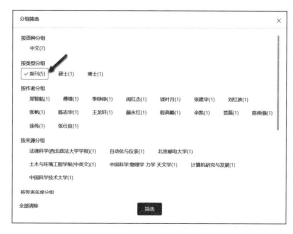

图 6-31　分组筛选条件设置

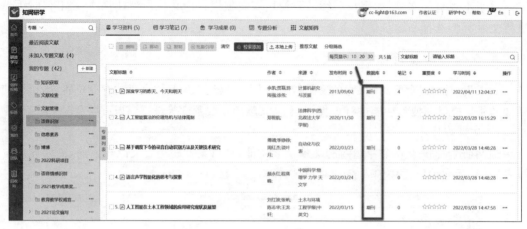

图 6-32　分组筛选结果查看

此外,用户还可以根据文献对自己的重要程度为文献进行重要度标识,即在文献信息"重要度"列表中单击星号进行设置(图 6-33)。

图 6-33　文献重要度标识

6.2.3　阅读文献

1. 打开文献

打开文献有两种方法,分别是在知网研学专题中直接单击打开文章(图 6-34)和单击在线文献浏览页面中的"记笔记"按钮(图 6-35)。

图 6-34　知网研学中打开文献

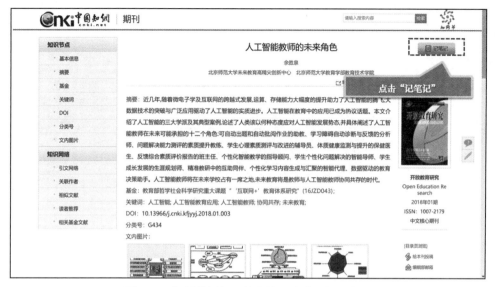

图 6-35　知网首页打开的文献研读学习打开方式

2. 阅读目录大纲

目录大纲浏览功能用于快速浏览文献大纲和图表,可以快速了解文章内容、粗读文献,也可以通过单击目录实现快速跳转(图 6-36)。

图 6-36　浏览文献目录

3. 添加阅读笔记

在研读平台阅读文献的过程中,可以将自己的心得记录下来。基本操作方法为:选择想要记录的片段,选择"笔记"选项(图 6-37),在弹出的笔记输入框中输入笔记内容后单击"确定"按钮(图 6-38),即可记录笔记信息。

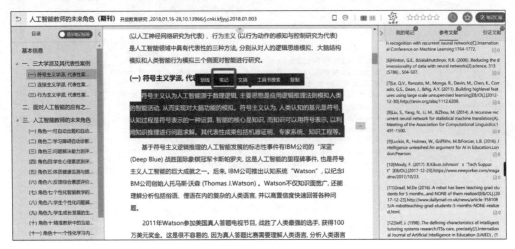

图 6-37　为文献内容添加笔记

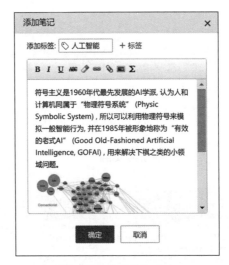

图 6-38　书写笔记内容

4. 记录文摘

记录文摘功能用于将文献中重要的句子、图表、素材等一键添加至素材库,以便后续写作论文时引用。操作方法是:选中要摘录的内容后右击,在弹出的选项卡中选择"摘录"选项(图 6-39),此时单击窗口右侧的文献内容导航选项卡,单击"摘录"按钮,即可看到刚刚添加的摘录内容(图 6-40)。

5. 汇编笔记

知网研学提供的汇编笔记功能用于将单篇文章的所有笔记一键汇编成文档,方便用户进行后续编辑。操作方法为:单击研读学习窗口右上角的"笔记汇编"图标 (图 6-41),在

图 6-39　添加摘录（1）

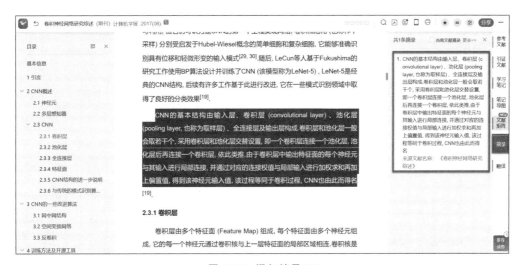

图 6-40　添加摘录（2）

图 6-41　笔记汇编（1）

弹出的对话框中根据汇编需求选择"按文献大纲目录汇编""按笔记标签汇编"和"汇编已有汇编文档"选项(图 6-42),设置完成后单击"确定"按钮,即可弹出笔记汇编结果页面(图 6-43),用户可以在该界面中进行二次编辑、保存等操作。

图 6-42　笔记汇编(2)

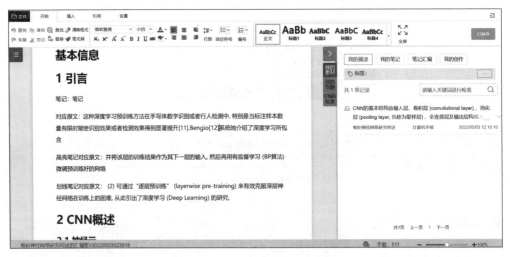

图 6-43　笔记汇编(3)

可以通过"我的"-"我的成果"在展开的页面中查看汇编好的笔记(图 6-44)。

6. 记录图片

知网研学提供了阅读文献时对文献中的图片、表格进行摘录或标记的功能。具体操作方式为:鼠标移动到待摘录或涂鸦的图片或表格上,在弹出的选项卡中选择"摘录"或"涂鸦"选项,即可完成图片摘录或涂鸦功能(图 6-45 至图 6-49)。

图 6-44　查看笔记汇编

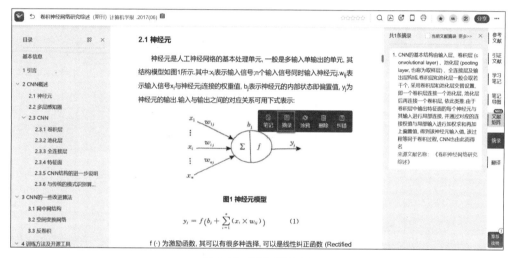

图 6-45　图片摘录（1）

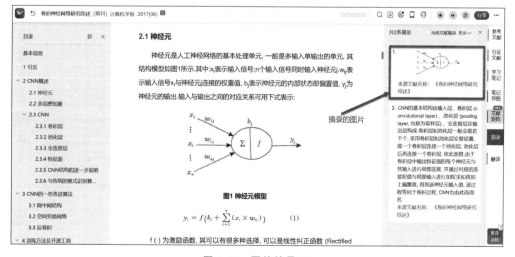

图 6-46　图片摘录（2）

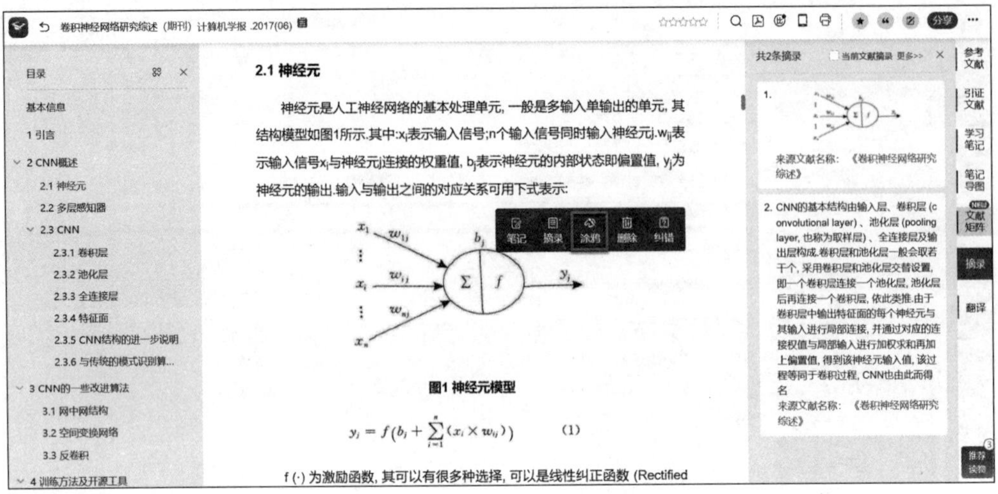

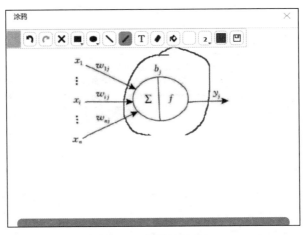

图 6-47　图片涂鸦（1）

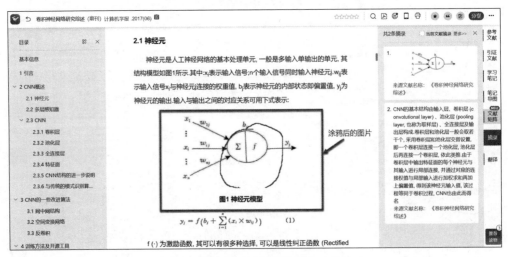

图 6-48　图片涂鸦（2）

图 6-49　图片涂鸦（3）

7. 阅读参考文献

读者在阅读文献时,常常需要对作者引用的某观点、思想进行查阅,此时可以通过该部分对应的参考文献实现。知网研学网页版提供了直接单击某条参考文献以在线阅读和编辑参考文献的功能。具体操作方式是:定位待查阅的参考文献(图 6-50),单击该参考文献即可打开它,并像正常打开的文献一样进行阅读和编辑(图 6-51)。

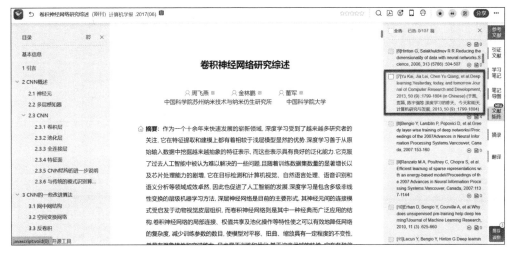

图 6-50　阅读参考文献(1)

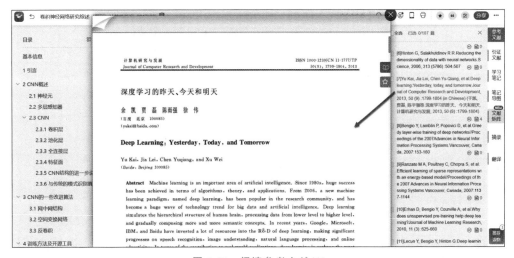

图 6-51　阅读参考文献(2)

6.2.4　在线创作

1. 思维导图

思维导图是一种图形化的内容表达方式,由结点和结点之间的逻辑连线构成。结点以关键词的方式呈现了内容，逻辑连线体现了各结点之间的逻辑关系结构。"图形化＋关键词"的特点使得思维导图能够清晰、明了、简明地展示目标内容，提高用户捕捉信息的效率，受到了人们的广泛青睐。

知网研学也提供了思维导图形式的内容呈现功能，用户通过"我的创作"下的"思维导图"（或页面中的"思维导图"）功能即可新建思维导图内容（图 6-52 至图 6-55）。

图 6-52 思维导图创作（1）

图 6-53 思维导图创作（2）

图 6-54 思维导图创作（3）

用户可以使用提供的样式修改按钮对思维导图的结果、颜色、图标等属性进行设置，还可以将制作好的思维导图导出存储，也可以将其转换为普通文本进行查看。

2. 文档创作

知网研学提供的文档创作功能和 Word 文档类似，可以通过"我的创作"下的"文档"（或页面中的"文档"）功能，在打开的窗口中选择"最近使用""文档模板""导图大纲模板"或"空白文档"选项新建文档，如图 6-56 和图 6-57 所示。

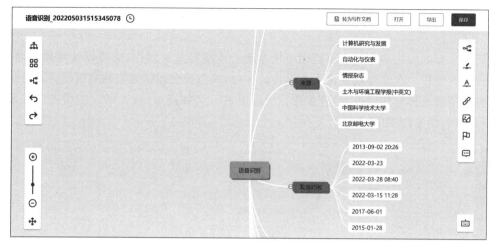

图 6-55　思维导图创作(4)

图 6-56　文档创作(1)

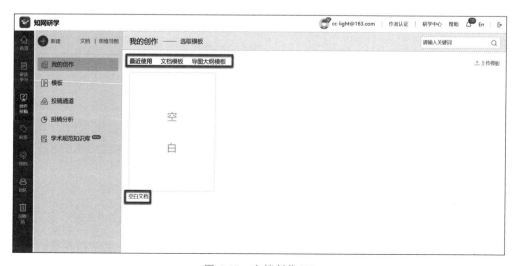

图 6-57　文档创作(2)

3. 模板创作

研学平台的模板创作功能支持用户从本地上传模板进行创作,也可以使用思维导图生成模板进行创作。在编写期刊论文或学位论文时,单位都会提供指定的模板格式,用户此时可以将该模板上传至知网平台,直接在该模板下进行文章撰写,减少格式编辑的工作量,提高编写效率(图 6-58 和图 6-59)。

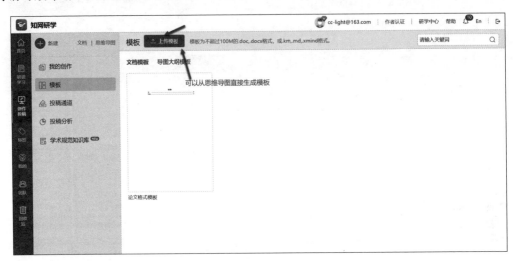

图 6-58　文档创作

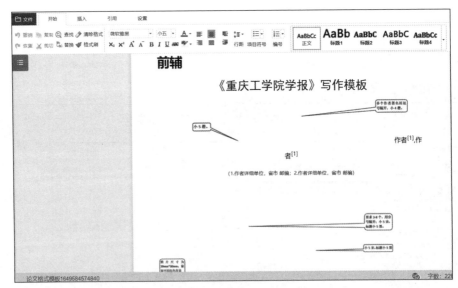

图 6-59　基于模板的文档创作

4. 创作界面

在知网研学的创作界面下进行文档创作编辑可以很好地利用已经建立和收藏的各种资源,如文摘、笔记等,创作界面如图 6-60 所示。

图 6-60　创作界面示意

5. 添加文摘/笔记

文摘、笔记、汇编及个人网盘、知网文献内容可以直接检索利用,以提高笔记和文摘的利用效率,操作方法如图 6-61 至图 6-63 所示。

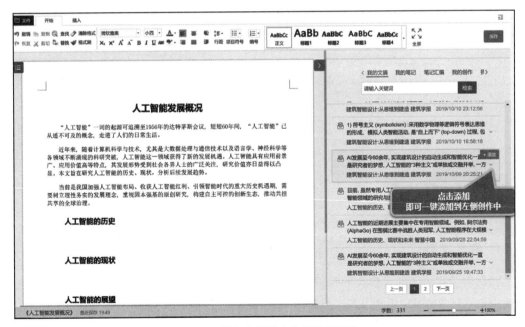

图 6-61　添加文摘到内容编辑页面中

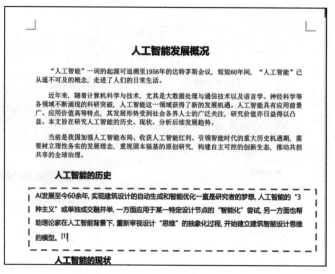

图 6-62　添加文摘后的内容编辑页面

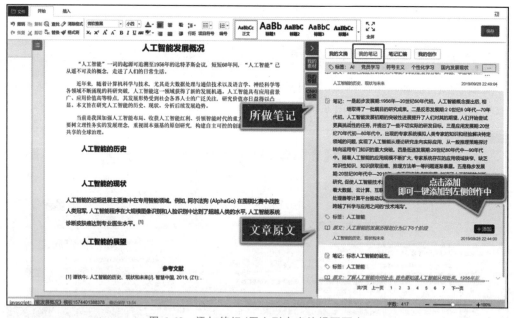

图 6-63　添加笔记/原文到内容编辑页面中

8. 参考文献

知网研学提供了非常便捷的参考文献插入方式,该插入方式建立在前期创建的笔记或文摘等内容的基础上,其操作方式和添加文摘、笔记的方法类似,此处不再赘述(图 6-64)。

此外,知网研学也提供了边读边添加参考文献的功能,即在页面右侧检索在线文章,然后进行边读边添加(图 6-65 和图 6-66)。

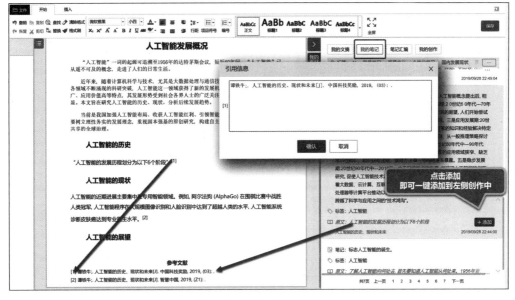

图 6-64　参考文献的添加

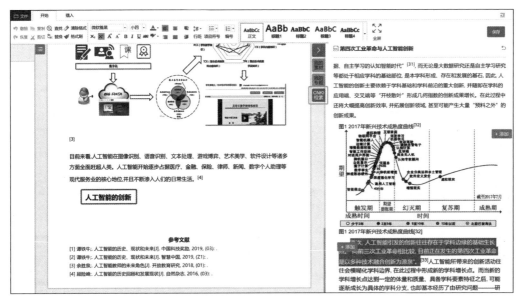

图 6-65　在线边读边添加参考文献

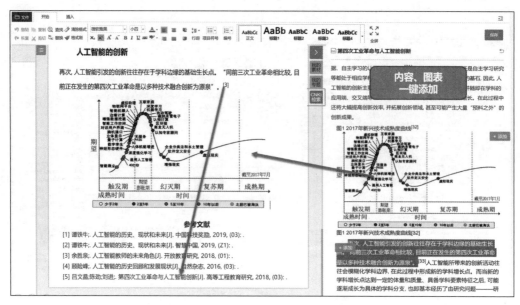

图 6-66　在线边读边添加参考文献结果示意

6.2.5　在线投稿

知网研学提供的投稿通道可以使用户便捷快速地导航到特定期刊进行投稿,具体操作方法如图 6-67 和图 6-68 所示。

图 6-67　在线投稿(1)

图 6-68　在线投稿（2）

6.2.6　个人知识管理

1. 我的摘录和我的笔记

知网研学将用户的文摘、笔记等统一收录在"我的"模块，用户可以根据需要进行查找、编辑和删除（图 6-69 和图 6-70）。

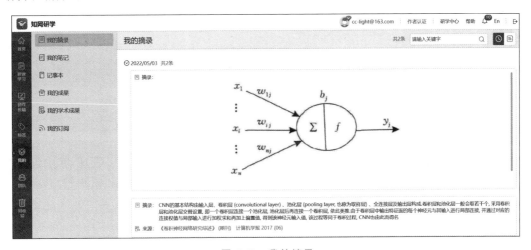

图 6-69　我的摘录

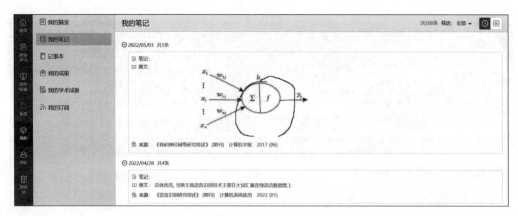

图 6-70　我的笔记

2. 记事本

知网平台提供的"记事本"模块可以将琐碎信息统一收录和管理(图 6-71)。

图 6-71　记事本

3. 我的成果

知网研学"我的成果"模块实现了对自己汇编的文档、创作内容的统一管理,其中包括所有个人创作(包括思维导图和文档)及所有单篇笔记汇编和专题笔记汇编(图 6-72)。

4. 我的订阅

RSS 提供的订阅推送功能可以实现对学科、期刊、RSS 等多种不同资源的订阅,订阅后的内容会分门别类地显示在页面中(图 6-73),用户可以通过单击不同类型的订阅源选项卡查看订阅内容和添加新的订阅。

图 6-72　我的成果

图 6-73　我的订阅

6.3　客户端知网研学的使用

6.3.1　下载与安装

1. 下载

客户端知网研学和网页版知网平台相比，其功能和操作方法总体相同，但也具有一定的差异。充分发挥两类平台的优势并结合使用，才能更好地发挥知网研学的功能。

要使用客户端知网研学，需要先下载知网研学软件。推荐用户前往中国知网官网进行研学平台软件的下载，下载完成后，即可在本地文件夹中看到安装文件(图 6-74 至图 6-76)。

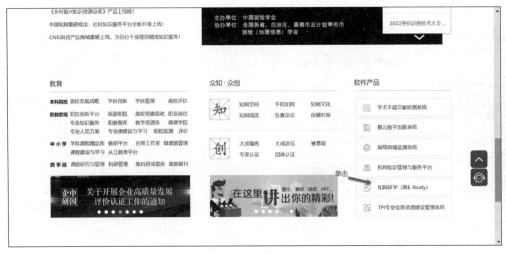

图 6-74　下载知网研学客户端软件(1)

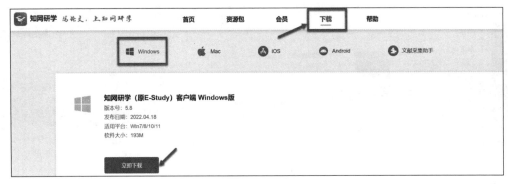

图 6-75　下载知网研学客户端软件(2)

2. 安装

双击知网研学客户端软件安装包,即可开启程序安装过程,在安装的过程中,用户可以根据实际需要选择安装路径,推荐默认安装方式(图 6-77)。

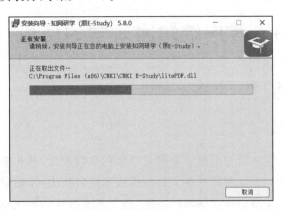

图 6-76　知网研学客户端软件安装包　　　　图 6-77　安装知网研学客户端

6.3.2　多终端同步

安装知网研学后,用户就可以启动知网研学客户端进行内容查看和使用。用户要想使网页端和客户端的资源同步,就需要使用相同的用户名进行登录,登录后就可以看到两个平台中的内容一致,如图 6-78 所示。

图 6-78　同步多终端数据

用户在移动端登录时,使用相同的用户名也能够实现同步。说明:知网研学提供了免费版和收费版两种使用模式,免费版在同步终端数量、思维导图制作等方面都具有一定的局限性,用户可以根据自己的实际需要选择是否购买收费版。

6.3.3　新建专题

单击知网研学客户端常用工具栏中的“新建专题”按钮,在弹出的“新建专题”对话框中输入专题名称,并勾选复选框确定是否同步该专题到其他端,一般采用默认方式即可,设置完成后单击“确定”按钮,即可完成专题的新建(图 6-79 和图 6-80)。

图 6-79　新建专题(1)

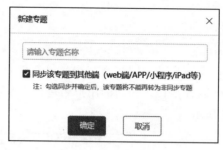

图 6-80　新建专题（2）

6.3.4　添加文献/文献夹

1. 在线添加

新建的专题内是没有文献的，用户需要通过在线或本地上传的方式为专题添加文献。用户可以借助客户端软件的检索功能实现在线检索文献，并添加文献到指定专题，基本操作如图 6-81 所示。

图 6-81　在线添加文献全文

勾选检索结果项中待添加到专题的文献前的复选框，单击"收藏到"按钮，在弹出的"收藏到"对话框中选择待添加的专题，根据需要单击"仅收藏题录"和"收藏题录并获取全文"按钮，单击"功能导航"选项卡返回专题列表，单击目标专题，可以发现该专题下已经包含了该文献（图 6-82 至图 6-85）。

2. 添加本地文献

可以通过添加单篇文献的方式为专题添加本地文献。基本方法为：单击待加入文献的

图 6-82　在线添加文献全文(1)

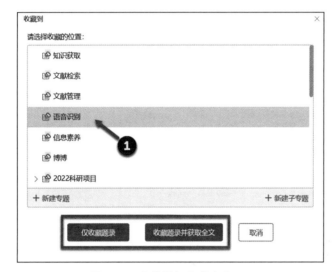

图 6-83　在线添加文献全文(2)

图 6-84　在线添加文献全文(3)

图 6-85　在线添加文献全文(4)

专题,单击常用工具栏中的"添加文献"按钮,在弹出的"添加文献"对话框中选择待添加的文献后,单击"打开"按钮即可成功添加(图 6-86 至图 6-88)。

图 6-86　添加本地文献(1)

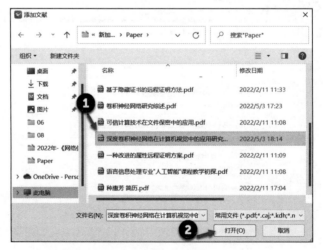

图 6-87　添加本地文献(2)

图 6-88　添加本地文献（3）

3. 导入本地文件夹

可以通过导入本地文件夹的方式批量导入某文件夹下的多篇文献，此种情况下的文件夹将会以专题的形式显示在专题列表中（图 6-89 至图 6-91）。专题下还可以再建专题，形成子专题。

图 6-89　导入本地文件夹（1）

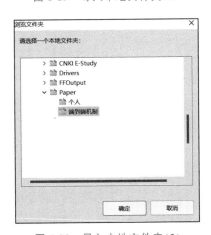

图 6-90　导入本地文件夹（2）

图 6-91　导入本地文件夹（3）

6.3.5 添加/导入题录

1. 添加题录

用户可以根据文献基本信息建立文献题录信息，以方便后续引用。具体操作方法为：单击"新建题录"按钮（图 6-92），在弹出的"新建题录"对话框中输入每一项信息，然后单击"保存"或"另存为"按钮即可（图 6-93）。

图 6-92 新建题录（1）

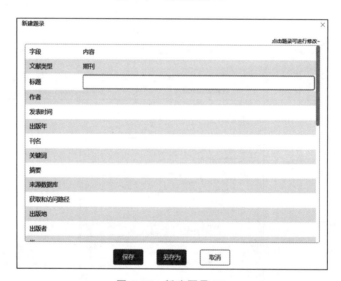

图 6-93 新建题录（2）

2. 导入题录

用户可以将外部题录信息导入知网研学中，操作方法如图 6-94 至图 6-97 所示。

图 6-94 导入题录（1）

图 6-95　导入题录（2）

图 6-96　导入题录（3）

图 6-97　导入题录（4）

6.3.6　下载文献

1. 下载单篇文献

右击欲添加全文的文献记录，在弹出的快捷菜单中选择"获取全文"选项，即可弹出文献下载页面，下载完成后即可看到该文献已经附录到题录上（本地阅读列表下显示 图标，说明该文献附有全文）（图 6-98 至图 6-100）。

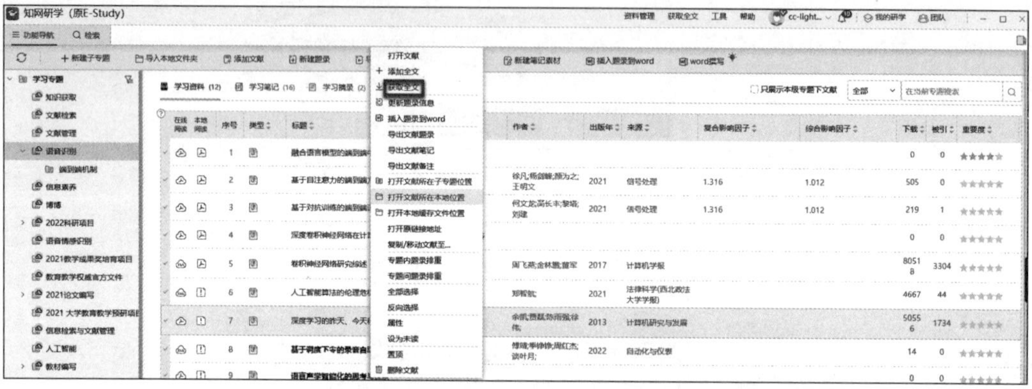

图 6-98　在线下载单篇文献（1）

图 6-99　在线下载单篇文献（2）

2. 批量下载多篇文献

用户如需获得多个题录的全文，可以在选中多个文献标题的情况下右击，选择"获取全文"选项即可，具体操作方法与单篇文献的获取方法相似，此处不再赘述。

图 6-100　在线下载单篇文献（3）

6.3.7　导入/导出专题

1. 导出专题

导出专题后，用户可以将有价值的专题分享给他人参考学习，减轻了他人查找文献、下载文献的开销。导出专题的基本步骤为：在专题列表中选择待导出的专题，然后右击该专题名称，在弹出的菜单中选择"导出专题"选项（图 6-101），在弹出的对话框中选择该专题的存储位置（图 6-102），然后单击"确定"按钮。导出专题时，不仅会导出该专题下的所有文献的题录信息，也会导出所有文献正文、笔记、标签等信息，导出内容包括三个文件，一是 cel 类型的专题文件，二是 es6 类型的题录文件，三是以专题名称和 contents 连接在一起命名的文件夹（图 6-103），打开该文件夹，即可看到该专题下的所有文献（图 6-104）。

图 6-101　导出专题（1）

2. 专题导入

右击知网研学专题列表上方的"学习专题"，在弹出的快捷菜单中选择"导入专题"选项（图 6-105），在弹出的"导入专题"对话框中选择待导入专题的存储位置（图 6-106 和图 6-107），设置完成后单击"开始导入"按钮（图 6-108 和图 6-109），导入完成后返回知网研学平台首页，即可查看导入的专题（图 6-110）。

图 6-102 导出专题(2)

图 6-103 导出专题(3)

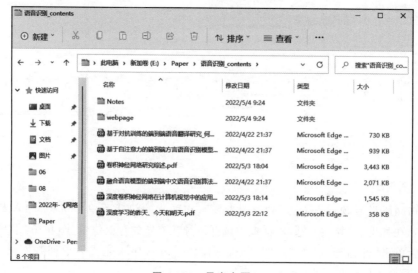

图 6-104 导出专题(4)

图 6-105　导入专题（1）

图 6-106　导入专题（2）

图 6-107　导入专题（3）

图 6-108　导入专题（4）

图 6-109　导入专题（5）

图 6-110　导入专题（6）

6.3.8　引文编辑

知网研学客户端提供的研学平台保证了用户在使用 Word 文档时可以快速便捷地插入参考文献，简化插入操作和后期编辑操作。

1. 知网研学插件

用户欲将知网研学中的参考文献一键插入 Word 中，必须保证 Word 安装了知网研学插件。一般在安装知网研学客户端时，都会在 Word 中自动安装研学插件（图 6-111），如果没有自动安装，此时用户需要手动安装该插件后才能使用，具体安装方法如图 6-112 至图 6-114 所示。

图 6-111　为 Word 安装知网研学插件（1）

图 6-112 为 Word 安装知网研学插件(2)

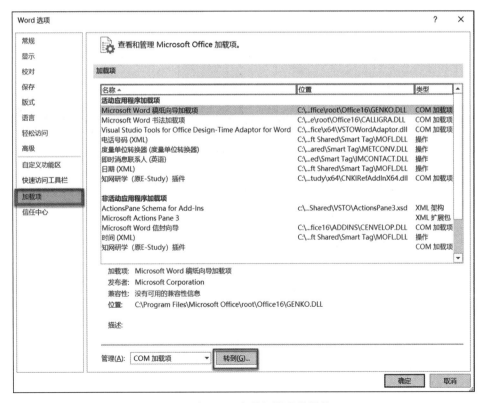

图 6-113 为 Word 安装知网研学插件(3)

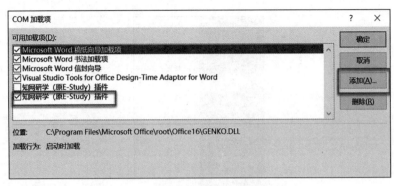

图 6-114　为 Word 安装知网研学插件(4)

2. 插入题录到 Word

用户如想将某文献作为参考文献插入文章中,可以在知网研学中选中该文献,然后单击常用工具栏中的"插入题录到 Word"按钮(必须确保 Word 已打开),即可将该题录插入Word 中光标所处位置(图 6-115)。

图 6-115　插入题录到 Word(1)

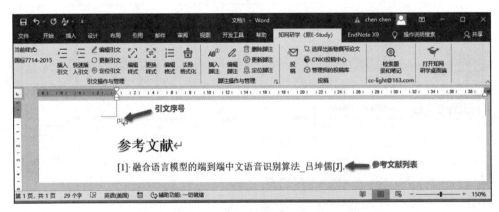

图 6-116　插入题录到 Word(2)

6.3.9　为浏览器添加知网研学插件

知网研学提供的 Web 研学平台插件可以方便用户将网页版文献资料快速收藏到知网研学客户端,实现统一管理、灵活引用等目的。

　　知网研学浏览器插件需要用户手动添加,添加方法为:在知网研学官网下载浏览器插件到本地,然后打开浏览器"扩展"选项卡,并开启浏览器开发者模式,然后选中该安装插件,将其拖曳到右侧已安装的扩展部分,待浏览器显示"复制"提示框后释放鼠标左键,在弹出的提示框中单击"添加扩展"按钮,即可将该插件添加到浏览器中,如图 6-117 至图 6-127所示。

图 6-117　为浏览器添加知网研学插件(1)

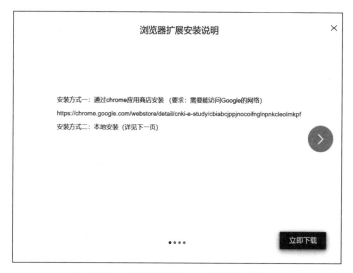

图 6-118　为浏览器添加知网研学插件(2)

　　将知网研学插件插入浏览器中后,右击待添加至知网研学平台的页面,即可弹出含有"保存网页到知网研学文献采集助手"的选项,选择该选项,即可将网页文件保存至知网研学个人账户中(图 6-128)。

图 6-119 为浏览器添加知网研学插件（3）

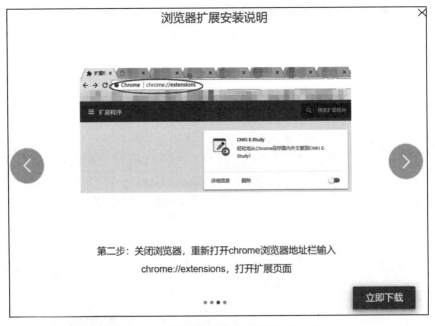

图 6-120 为浏览器添加知网研学插件（4）

☐ ECSP Literature Collection Assistant.crx

图 6-121 为浏览器添加知网研学插件（5）

图 6-122　为浏览器添加知网研学插件（6）

图 6-123　为浏览器添加知网研学插件（7）

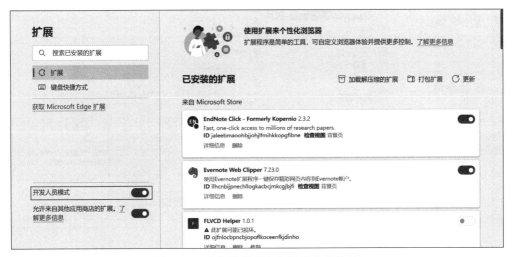

图 6-124　为浏览器添加知网研学插件（8）

图 6-125　为浏览器添加知网研学插件(9)

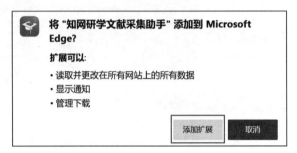

图 6-126　为浏览器添加知网研学插件(10)

图 6-127　为浏览器添加知网研学插件(11)

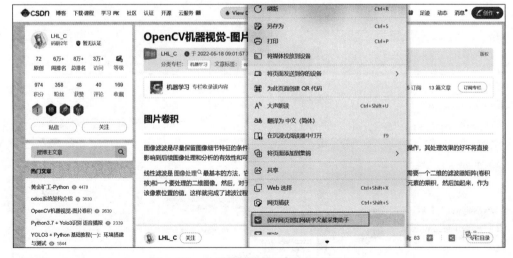

图 6-128　为浏览器添加知网研学插件(12)

6.4　小结

　　本章在前两章的基础上,介绍了对文献资料进行高效管理的中文文献管理软件知网研学的使用方法。本章首先介绍了知网研学的作用、使用途径及主要功能,然后介绍了网页版知网研学和客户端知网研学的使用方法。通过本章的学习,读者能够熟练使用知网研学工具,掌握如何快捷获取文献、科学管理文献、高效阅读文献、充分利用阅读收获进行论文书写及格式排版等,能够深刻体会工具软件在助力科研学术开展方面发挥的重要作用。

思考与练习

　　1. 使用知网研学网页端和客户端进行文献下载、阅读、写作管理,感受其与传统文献阅读管理方法的区别,体会其优势。

　　2. 使用知网研学完成如下操作。

　　(1) 确定研究方向,借助知网研学选定投稿期刊,分析该期刊中的某篇论文,生成文献结构导图。

　　(2) 依据研究方向,参照选定期刊提供的投稿模板,完成一篇要素完备的论文初稿。

　　(3) 以知网研学为基础新建学习专题,并根据欲存储的文献主题进行自定义命名。

　　(4) 依据研究主题,在中国知网、万方上下载不少于 15 篇文献(以近 5 年的期刊、学位论文、会议论文、图书、专利、标准等为主),进行文献资料阅读整理。

　　(5) 以(2)完成的论文初稿为基础,将 15 篇文献以参考文献的形式插入小论文中,引文样式采用 GB7714-2015。

　　(6) 对(5)生成的文档进行去格式化操作。

第7章 常见英文文献数据库及使用方法

1. 了解常用的外文文献数据库。
2. 熟悉常用外文文献数据库的使用技巧。
3. 能够根据个人研究需要,比较熟练地使用某几个外文文献数据库。

全球一体化加速了人们之间的经济和文化交流,许多科研成果都是以外文文献的形式呈现和存储的,由于不同数据库各有功能界定范围和特点,一个数据库不能承载所有的文献资料查阅功能,为此,科研人员有必要熟悉和掌握与个人科研方向相关的一些外文文献数据库,以全面了解学科发展现状,助力科研开展。本章将在第 6 章介绍的中文文献数据库的基础上介绍一些常见的外文文献数据库,以供读者借鉴参考。

7.1 SpringerLink

7.1.1 简介

1842 年,Julius Springer 在德国柏林开办了一家小型书店;1843 年,Macmillan 兄弟在伦敦创立了 Macmillan 出版社;1898 年,Macmillan 公司出版了著名的语法著作 *Nesfield's English Grammar*,即《纳氏文法》;1996 年,SpringerLink 作为科学研究在线信息服务平台发布,为 Springer 由纸质印刷媒体转向电子出版发行奠定了基础;2004 年年底,Springer 与荷兰 Kluwer Academic Publisher 合并成立了 Springer 科学与商业媒体(Science and Business Media);不久,Springer 合并原 Kluwer 电子期刊,并收购了 Current Medicine Group、Humana Press、Bonh Stafleu van Lognum 和 BioMed Central;2006 年,整合电子期刊、电子图书、电子参考书、电子丛书以及事实性数据库的第三代 SpringerLink 平台问世,为读者提供一站式使用体验;2008 年,Springer 收购纯开放获取数据库 BMC(BioMed Central),开发了 SpringerOpen 服务,成为世界上最大的 OA(Open Access)发行者;2010 年,SpringerLink 最新测试版出炉,在 SpringerLink 第三代的基础上加入了一些新功能,如先行预览文献内容,强大的搜索引擎,可以同时检索电子期刊、电子图书和电子参考工具书等各类文献,提供语义链接,可以获得更多相关文献和强大的简化检索页面;2012 年,

SpringerLink 再次改版,新平台添加了更多新功能,如搜索时自动建议功能、每个文件可以预览两页、显示所有查询结果、相关图片及表格可以在搜索结果中显示、直接链接到 HTML 部分、适应各种移动终端等;2013 年,Springer 发起了 Springer Book Archives 活动,以尽可能将 Springer 发行和印刷的书籍电子化;2015 年,Springer 和 Macmillan 合并,形成 Springer Nature,其包含 Springer、nature portolio、BMC、SCIENTIFIC AMERICAN、Spektrum、macmillan education、Apress、palgrave macmillan、Adis 等。Springer Nature 包括两大主要在线数据服务平台——Nature 和 SpringerLinker。

　　SpringerLink 平台是全球最完备的科学、技术和医学数据库在线资源,也是迄今为止 Springer 开发的最快、最智能的研究平台。目前,SpringerLink 平台的 Springer 电子期刊全文数据库可访问 Springer 出版的约 1900 种电子期刊,超过 60% 以上的期刊被 SCI、SSCI 收录,很多期刊在相关学科拥有较高的排名,涵盖学科包括数学、环境科学、医学、人文、社科等。SpringerLink 平台提供全面的科学、技术和医学以及人文和社会科学的期刊、电子图书、会议论文、实验室指南、视频等文献资源。通过 SpringerLink,用户可以快速、准确地访问超过 1400 万份科学文献,包含 Springer、Palgrave Macmillan、Adis、BMC 和 Apress 等备受信赖的品牌的出版物。用户可以通过网址 https://link.springer.com/登录 SpringerLink 平台(图 7-1)。

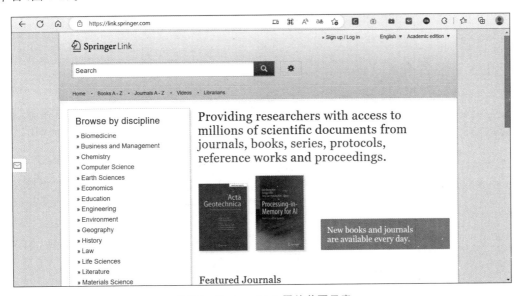

图 7-1　**SpringerLink 网站首页示意**

7.1.2　登录

　　已获得 SpringerLink 授权的团体用户主要通过 IP 自动识别的方式登录 SpringerLink,登录后,用户可以对包括 Springer 网络版丛书在内的所有 SpringerLink 电子刊物进行浏览、检索和查询文章标题、文摘等。未获得 SpringerLink 授权的用户可以以访客的身份进入系统,免费获得资源的目录和文摘信息。注册用户登录后,可以获得 SpringerLink 提供的免费个性化功能，如标记条目、订购检索记录、保存检索结果、设置个人收藏夹和提醒等（图 7-2）。

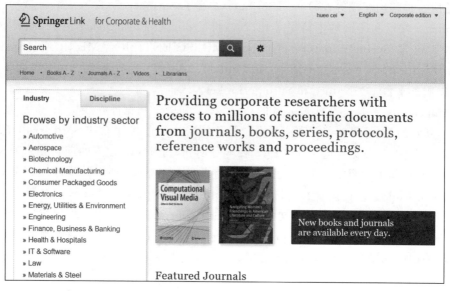

图 7-2　用户登录

7.1.3　平台介绍

SpringerLink 平台分为 3 个区域，分别是搜索区（默认为简单检索界面）、浏览区和内容区（图 7-3）。

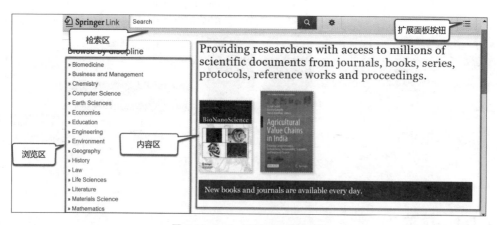

图 7-3　SpringerLink 主页示意

SpringerLink 不限制并发用户数，检索完成后不必从系统中注销。但从个人资料安全性的角度考虑，在检索完成后，请关闭检索窗口，否则用户的检索历史将保留在浏览器的缓存中（图 7-4 至图 7-7）。

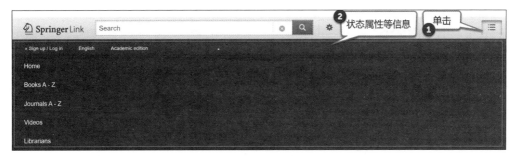

图 7-4　状态属性查看

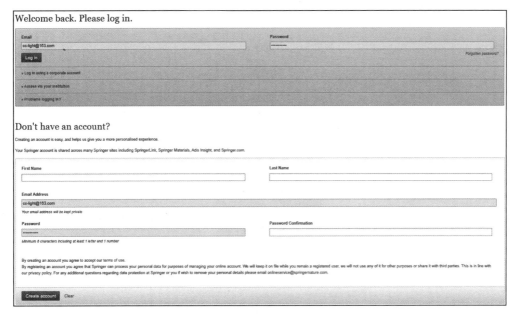

图 7-5　用户注册或登录界面示意

图 7-6　登录后的用户名信息示意

图 7-7　单击用户名查看详细信息

7.1.4　文献检索

　　SpringerLink 的默认检索方式为简单检索,用户在首页的 Search 检索框中输入检索词即可进行目标文献检索,用户也可以在此输入框中输入检索式进行检索。单击 Search 检索框右侧的 ✿ 按钮(图 7-8),在弹出的列表中选择 Advanced Search 选项可以进入高级检索窗口进行信息检索(图 7-9),选择 Search Help 可以查看检索帮助(图 7-10)。平台的检索功能设计比较符合一般用户的检索习惯,即先进行简单检索,得到一个较宽泛的检索结果,然后结合具体情况逐步缩小检索范围。

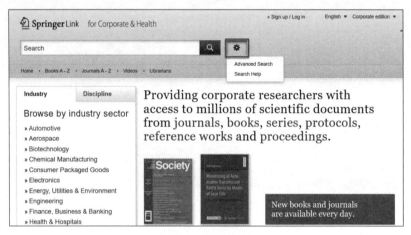

图 7-8　高级搜索

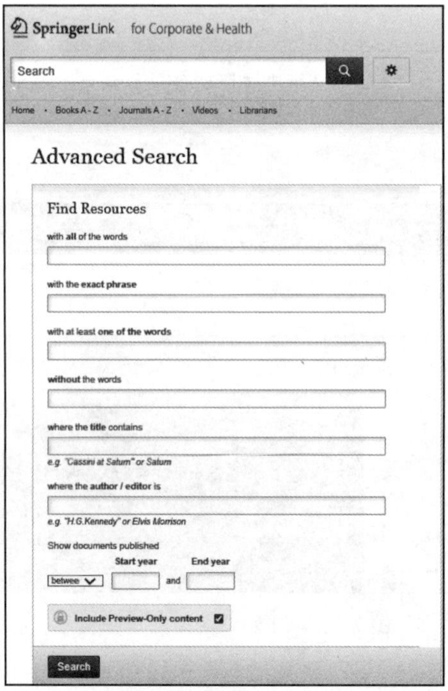

图 7-9　高级搜索窗口示意

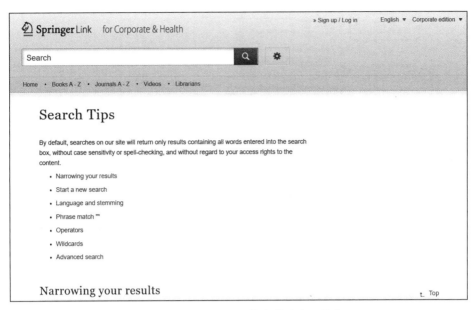

图 7-10　SpringerLink 检索帮助窗口示意

1. 简单检索

简单检索与前面介绍的中文文献检索数据库的简单检索的含义及作用基本相同。用户要进行简单检索,即可在检索框中输入检索词,然后单击 🔍 按钮或按 Enter 键进入检索结果界面(图 7-11)。SpringerLink 默认按照相关度(Relevance)对所有检索结果排序显示,用户也可以通过单击 Newest First 或 Oldest First 按钮按照发表时间的顺序进行排序,还可以单击 Date Published 按钮对结果文献的时间范围进行限制。简单检索默认按照主题进行检索(图 7-12),用户也可以单击检索结果页面左侧的相关按钮,按照内容、学科、子学科、语言等类别选项优化检索结果。此外,SpringerLink 还支持以 CSV 格式导出检索结果和 RSS 订阅的功能,用户通过单击相应的按钮就可以实现。

图 7-11　简单检索界面示意

SpringerLink 首页的默认检索框也支持输入检索式进行检索。SpringerLink 的检索算符包括布尔逻辑运算符和系统专用的检索算符(如词组检索算符、截词检索等)。布尔逻辑运算符的定义与中文检索相同,逻辑"与"使用"AND"或"&"表示,逻辑"或"使用"OR"或"|"表示,逻辑"非"使用"NOT"表示。SpringerLink 也支持包含"NEAR/n""ONEAR/n"的位置检索,支持"＊""?"等通配符截词检索。如果检索短语中包含标点符号或连词符号等特殊符号,系统会将此特殊符号识别为空格,如检索式"speech-recognition"和检索式"speech recognition"的检索结果相同。

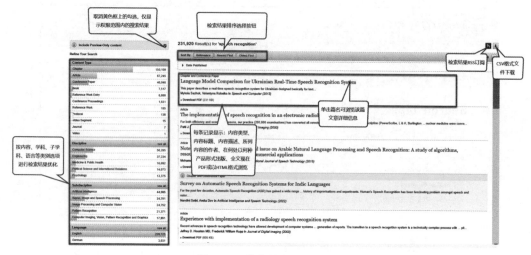

图 7-12　检索结果界面示意

2. 高级检索

如需根据文章作者、文献出版时间等线索精准地查找某文献，则可以使用 SpringerLink 提供的高级检索功能。在高级检索界面中的一个或多个检索框中输入检索词，并对检索条件进行限制，可以达到精确检索的目的（图 7-13）。高级检索界面中的多个检索条件之间是逻辑"与"的关系。取消勾选 Include Preview content 选项前的复选框可以限定用户的检索结果在该机构的访问权限内。

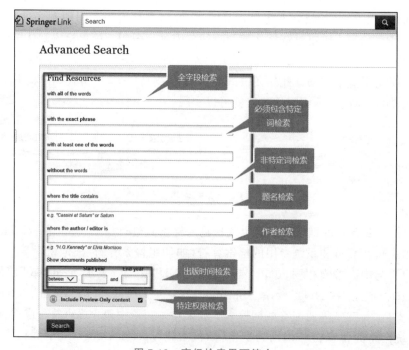

图 7-13　高级检索界面简介

3. 结果页面分析

在期刊主页,用户可以浏览具体期刊的编委会成员、出版范围、期刊编辑、出版模式等介绍性信息,还可以获取影响因子、下载量、反馈和接收速度等期刊数据指标。除了可以阅读最新一期的文章外,还可以查阅所有卷次与期次论文、专题文章合集等内容(图 7-14 中标号的含义:①刊内检索;②期刊介绍;③期刊指标;④作者投稿;⑤期刊电邮订阅;⑥最新卷期及往期浏览)。

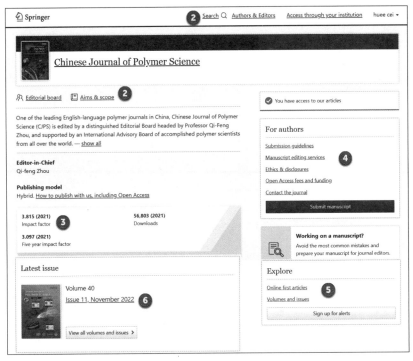

图 7-14 期刊主页

期刊文章页面提供文章类型、发表日期、作者信息、发表期刊的卷期和页码等介绍性信息,读者可以通过右侧导航条快速浏览文章的各个部分。单击 Cite this article 按钮即可复制格式规范的引文,直接引用该文章,或者以 RIS 格式导出引文,再使用 Reference Manager 等引文管理工具打开。单击 Metrics 按钮可查看文章下载/访问次数(图 7-15 中标号的含义:①论文标题作者等信息;②被引情况;③摘要;④快速下载;⑤论文相关要素快速导航;⑥文章引文下载;⑦链接分享)。

在图书主页,用户可以浏览具体图书的标题、出版年、作者/编者、关于本书、书评等介绍性信息。订阅用户不仅可以 PDF 或 EPUB 格式下载整本图书,还可在浏览图书目录时按章节选择性地下载所需内容(图 7-16 中标号的含义:①作者介绍;②图书介绍;③内容介绍导引;④下载;⑤书内检索;⑥章节信息)。

图书章节页面提供章节所属图书、作者及其所属机构、在线出版时间、引用次数、下载量等介绍性信息,用户可以通过右侧导航条快速浏览章节的各个部分。本页面也提供章节及

图 7-15　期刊文章页面

图 7-16　图书主页

其所属图书的下载选项。如需引用章节，单击 Cite as 按钮即可复制格式规范的引文，或者单击 Cite chapter 按钮以其他格式导出引文（图 7-17 中标号的含义：①章节作者及其所属机构；②图书摘要；③本章下载；④章节相关要素快速导航；⑤引文及分享）。

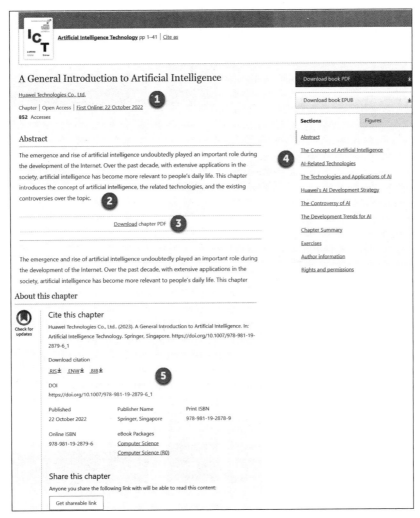

图 7-17　图书章节页面

7.1.5　文献浏览

　　SpringerLink 平台首页提供了行业部门分类浏览和文献类型浏览功能（图 7-18），用户单击 Industry 左侧的 Discipline 选项卡也可以进行学科分类浏览（图 7-19）。

　　用户在不输入任何检索词的情况下单击首页检索框右侧的 🔍 按钮即可进入检索浏览页面（图 7-20），在此界面左侧可以看到更详细的检索分类字段：出版物内容检索（Content Type）、学科分类（Discipline）、学科子分类（Subdiscipline）和语言检索（Language），SpringerLink 目前支持 28 种检索语言（图 7-21）。

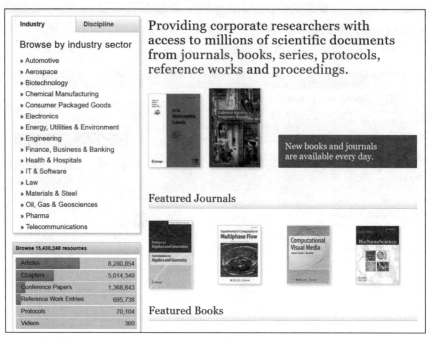

图 7-18　分类浏览功能示意

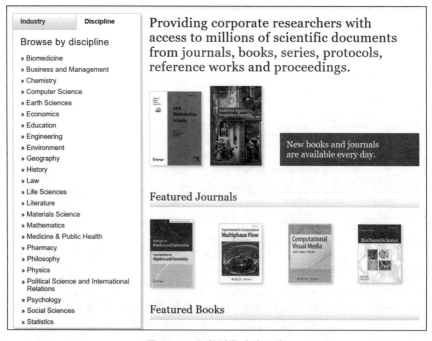

图 7-19　分类浏览功能示意

　　用户在检索浏览页面上方的检索框中输入检索式,单击 🔍 按钮后,可以进一步按照左侧的检索分类字段进行更细致的检索限定,使得检索结果更精准。

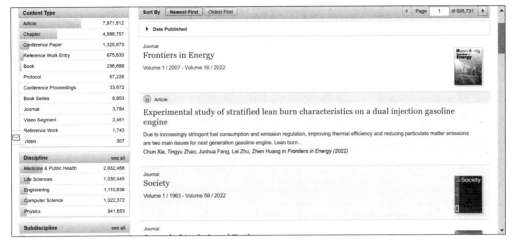

图 7-20　检索浏览页面示意

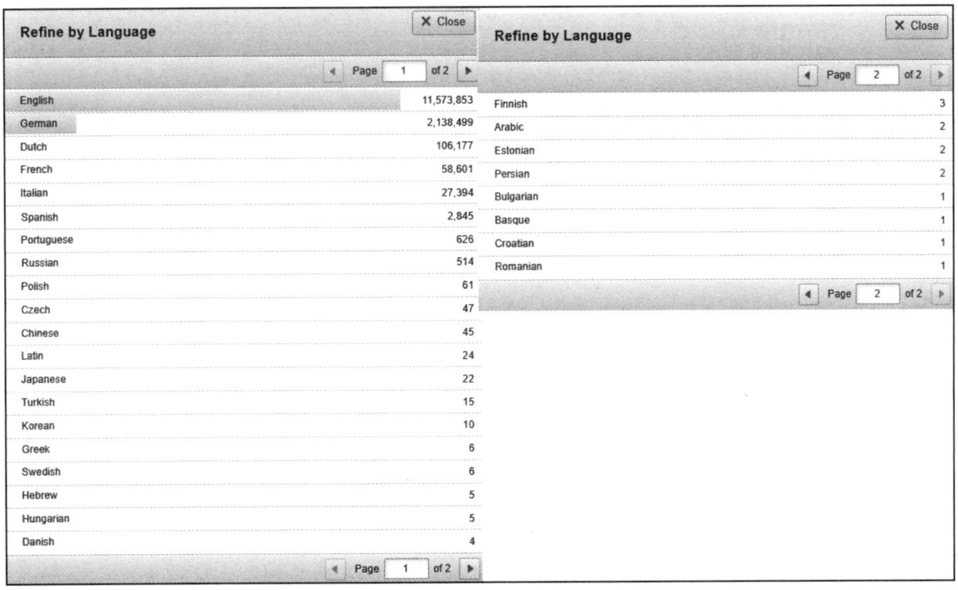

图 7-21　SpringerLink 支持的检索语言

7.2　ScienceDirect

7.2.1　简介

1997 年,为适应数字时代的到来,爱思唯尔媒体出版集团发布了 ScienceDirect 平台,以期将大量的纸质期刊整合为电子期刊。目前,ScienceDirect 共收录有 1600 万种出版物,4600 余个期刊,收藏图书 37000 余本,提供 140 余万个开放存取文献,提供的电子文辑可以回溯至 1823 年。收录期刊有研究型、综述类、学会合作型,涉及生物、医学、化学、材料、环境、健康、省市规划等 4 个领域、24 个分领域的 240 个学科方向。

7.2.2　登录

用户除了可以通过本单位科研机构（图书馆）登录 ScienceDirect 外，还可以通过在搜索引擎中搜索 ScienceDirect 获得入口地址，也可以直接输入网址 https://www.sciencedirect.com/登录 ScienceDirect 平台（图 7-22）。

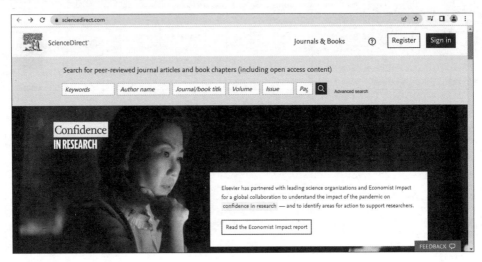

图 7-22　登录

7.2.3　平台介绍

单击 ScienceDirect 首页右上方的 Journal & Books 按钮可以查看平台提供的期刊和图书列表（图 7-23），在弹出的结果列表中可以通过 Domain 或 Subdomain 右侧的下拉列表，根据领域或子领域进行期刊和图书筛选，默认为全部领域。用户也可以在该页面中按照出版

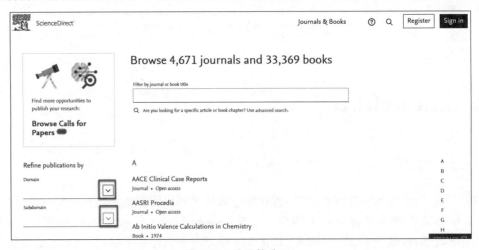

图 7-23　结果筛选（1）

物类型、期刊状态、文献访问方式进行结果筛选(图 7-24)。

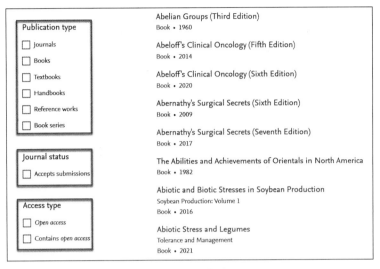

图 7-24 结果筛选(2)

7.2.4 文献检索

1. 快速检索

ScienceDirect 支持快速检索和高级检索两种方式。快速检索可以通过首页中的检索框实现(图 7-25)。ScienceDirect 首页提供了 6 个信息输入框,分别用来接收关键词、作者名、期刊/图书标题、卷、期及页码信息,各信息框之间是逻辑"与"的关系。用户将检索式输入对应的框后单击 🔍 或按 Enter 键即可进入检索结果页面。

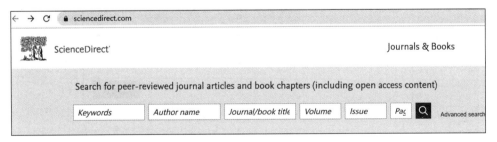

图 7-25 快速检索

2. 高级检索

高级检索可以提高检索的准确度。用户可以通过单击快速检索右侧的 Advanced search 按钮进入高级检索界面(图 7-26)。

在图 7-26 中,用户可以在 Find articles with these terms 下的输入框中输入检索式或 DOI 进行检索(图 7-27),也可以按照期刊或图书名称、出版年、作者、作者所在机构、卷、期、页码等进行检索,也可以单击 Show all fields 按钮进行更多条件的设置。设置完成后单击

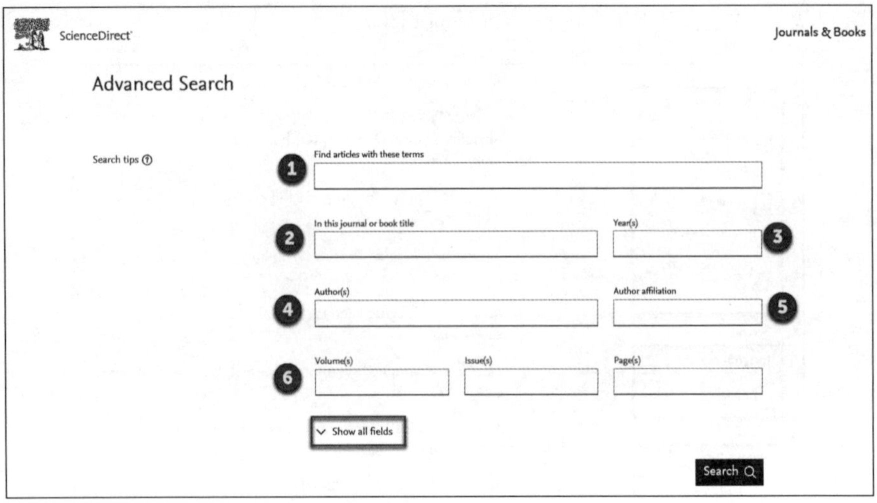

图 7-26　高级检索

Search Q 按钮或按 Enter 键即可开启检索。用户如果想了解更多的高级检索使用技巧,可以通过单击图 7-26 中的 Search tips 按钮进行查看(图 7-28)。

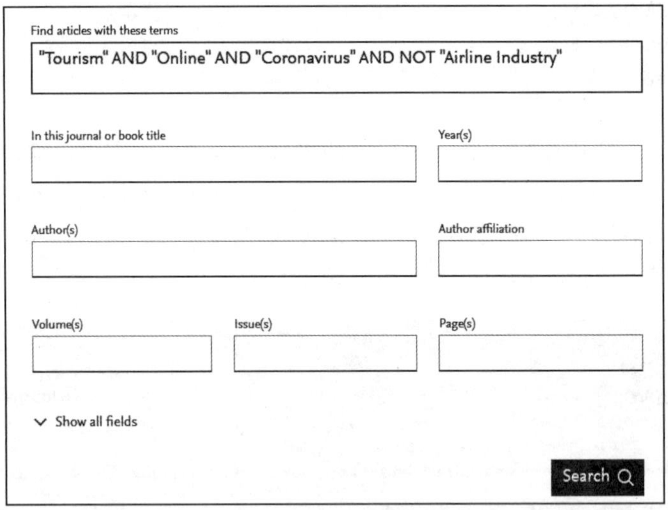

图 7-27　逻辑表达式检索

3. 结果页面分析

　　结果页面(图 7-29)上方显示了检索出的结果数量;对于检索到的结果,用户还可以根据年份、文献类型、出版标题、主题领域、访问类型进行检索结果提炼;也可以按照期刊或图书名进行分类;根据结果类型的不同,每一条结果显示的信息也不同,如期刊文献一般包括文献类型(如 Research article)、文献标题、文献出版信息、作者、是否提供全文;在结果页面右上方,用户还可以进行结果排序调整,默认排序方式为日期(date),用户可以通过单击 sorted by relevance 按钮按照相关度对结果文献进行排序;结果页面中还给出了结果涉及的主题领域。

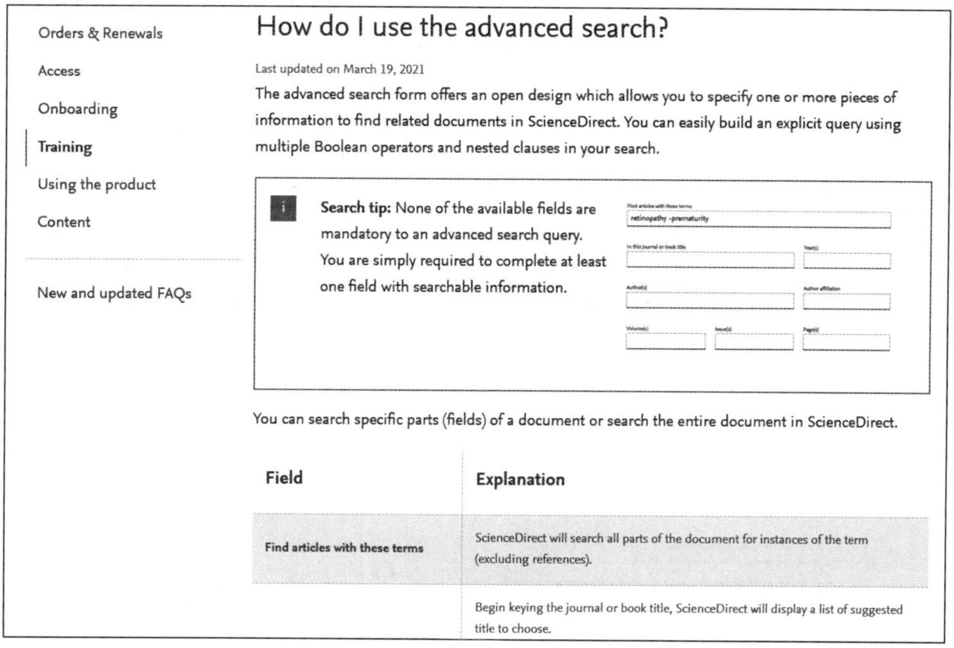

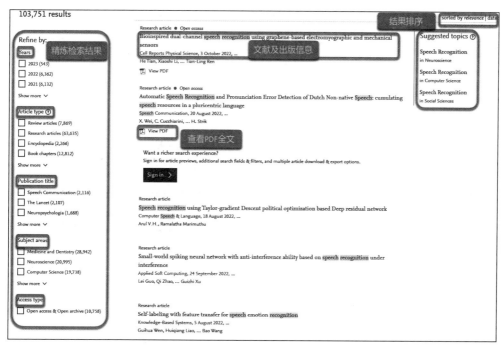

图 7-28　高级检索技巧说明

图 7-29　检索结果页面

在期刊主页,用户可以浏览期刊名称信息、期刊指标、期刊总体介绍等介绍性信息,还可以通过引用得分和影响因子、下载量、最新出版、最受欢迎等期刊数据指标了解具体内容。此外,还可以通过目录提供的信息进行更详细的信息了解,也可以进行期刊订阅、RSS 订阅、论文投稿等(图 7-30 中标号的含义:①期刊标题及是否支持 OA;②期刊简介;③期刊评价指标；④查看各期内容及设置内容提醒；⑤期刊定位、编委等信息；⑥投稿信息及作者指南等；⑦期刊订阅；⑧最新发表论文/待发论文/被引较多论文/下载最多论文/最受欢迎论文）。

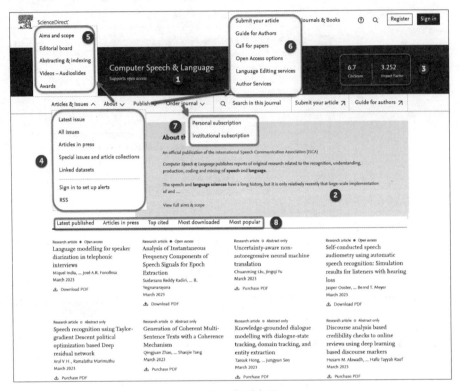

图 7-30　期刊主页

期刊文章页面（图 7-31）提供文章结构、文章标题及发表期刊的名称及卷期页码日期、作者信息、DOI、文章亮点、被引情况、图、表等介绍性信息，用户可以通过右侧导航条快速浏

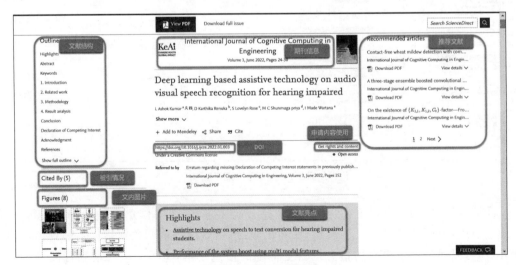

图 7-31　期刊文章页面

览文章的各个部分；单击 Cite 按钮即可选择以某种形式保存引文文件，后期通过相应的引文管理工具打开就可以使用；单击 Get rights and content 按钮可以申请内容的使用权；此外，系统在页面右上角还给出了相关的推荐文献。

　　在电子书页面，用户可以浏览书籍名称、出版时间、书籍简介及主要特点、书籍下载及分享、章节内容介绍、ISBN、编者、相关推荐等介绍性信息（图 7-32）。通过电子书页面，用户可以概要性地了解本书的内容，初步决定是否阅读。

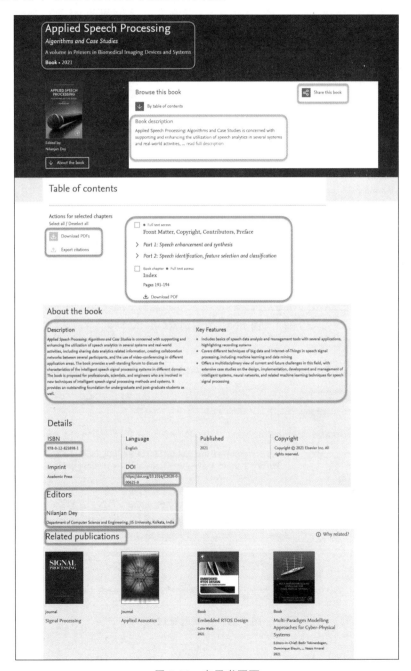

图 7-32　电子书页面

7.2.5　文献浏览

ScienceDirect 将所有文献资料分为四大类,分别是 Physical Sciences and Engineering、Life Sciences、Health Sciences 和 Social Sciences and Humanities(图 7-33),用户可以根据其欲浏览的文献所属类目,单击 ScienceDirect 平台首页中的导航目录,定位到该类目及其包含的子类目。确定浏览子类并单击某子类目,即可进入结果页面进行查看(图 7-34 和图 7-35),在该页面中,用户可以通过勾选左侧的分类列表进一步限定浏览范围。

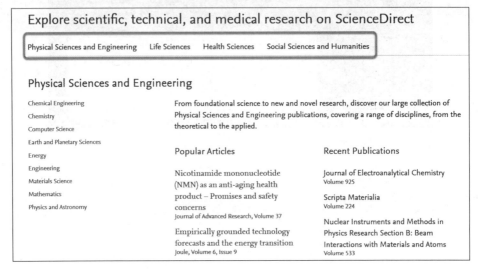

图 7-33　文献浏览(1)

图 7-34　文献浏览(2)

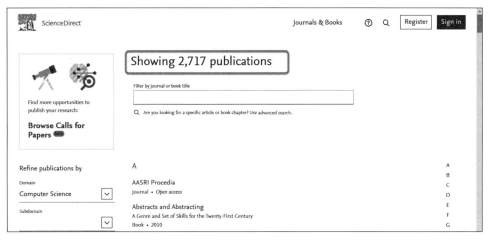

图 7-35 文献浏览（3）

7.3 小结

本章以 SpringerLink 和 ScienceDirect 为例，抛砖引玉地介绍了外文文献数据库的使用。通过本章的学习，读者能够掌握两个外文文献数据库的基本使用方法，为读者获取外文文献打下了基础。

思考与练习

1. 了解与本专业学科相关的外文文献数据库，并能够熟练使用。

2. 使用简单文献检索方法和高级文献检索方法在 SpringerLink 平台进行文献检索，体会不同检索方法的优势。

3. 使用快速文献检索方法和高级文献检索方法在 ScienceDirect 平台进行文献检索，体会不同检索方法的优势。

4. 分析 SpringerLink 平台和 ScienceDirect 平台的检索结果，熟悉结果页面的组成，并尝试进行文献下载和内容阅读。

第8章 基于 EndNote 的外文文献管理软件

学习目标

1. 理解 EndNote 的功能及作用。
2. 熟练使用 EndNote 进行本地文献管理。
3. 熟练使用 EndNote 进行文献检索、文献阅读及文献创作。

　　知网研学平台具有便捷的文献管理和文献阅读编辑功能,可以满足大部分用户的文献阅读需求。但该软件主要面向中文文献管理,网页端需要在线使用,客户端软件体积较大,且对于外文文献的检索及引文管理也存在一定不足。为此,对于阅读和撰写外文论文较多的用户,有必要选择专用的外文文献管理软件进行外文文献的获取和管理。EndNote 就是一款不错的外文文献管理软件。

8.1　EndNote 概述

8.1.1　简介

　　EndNote 是科睿唯安公司开发的一款高效的文献管理软件,深受外文文献阅读者的喜爱,至今已有 20 余年的发展历史,其最新版本是 EndNote 20。EndNote 的文献收集、文献阅读与管理、文献输出等功能可以帮助科研人员提高阅读文献和编写论文的效率。用户使用 EndNote 进行文献管理,一般涉及 3 个步骤,分别是文献收集、文献管理、文献输出。文献收集是建立文献和 EndNote 之间关系的过程。文献收集途径一般有 3 个:将预先下载的文献资料导入 EndNote 中;从某些数据库平台检索下载文献题录信息,并将其导入 EndNote 中;通过 EndNote 提供的在线检索功能进行文献检索,并将检索结果添加至 EndNote 中。文献管理是用户对添加到 EndNote 中的文献进行阅读管理,以便于后续使用的过程。文献管理涉及的主要工作包括:在本地建立个人数据库,以随时查找收集到的文献记录,并根据需要对文献题注信息进行编辑;通过检索结果,准确调阅所需 PDF 全文、图片和表格;将数据库与他人共享,对文献进行分组、分析和查重,自动下载全文等。文献输出是完成引文编辑和期刊投稿的过程。文献输出阶段的主要工作包括:为书写好的文章插入参考文献、对参考文献的文内引用和文后引用进行样式编辑、去格式化等;选刊投稿等。

8.1.2 使用方式

EndNote 有客户端和网页版两种使用方式。客户端方式支持各种操作系统上的安装使用,如移动操作系统版、Linux 操作系统版、Windows 操作系统版、Mac 操作系统版等,具有很强的跨平台性;网页版 EndNote 为注册用户提供在线文献管理功能,订购了 Web of Science 数据库的机构用户都有权限使用 EndNote Web 进行文献管理,个人用户也可以注册以免费试用,但功能权限存在区别。由于网页版 EndNote 基于用户账号进行文献内容管理,因此可以实现多终端上 EndNote 数据的同步管理,使用方便,而且不需要考虑软件升级问题。用户可以通过登录网页 https://endnote.com/进行软件下载或在线使用(图 8-1)。

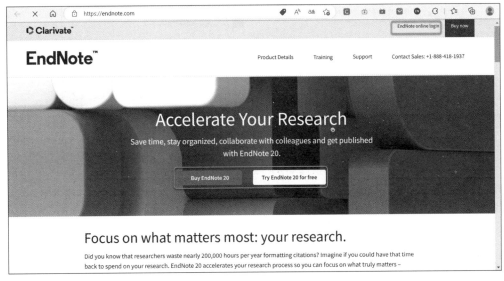

图 8-1 EndNote 官方主页

8.1.3 主要功能

EndNote 具有以下主要功能(图 8-2):

(1) 从在线资源库中检索引文及 PDF 文档;

(2) 快速获取文献全文;

(3) 实现在个人文献管理库中简单快捷的文献阅读、预览、标引及搜索;

(4) 创建引文规则,从而快速将引文按照期望的格式加入文章;

(5) 通过自动索引及在线更新功能保证数据的准确性;

(6) 通过特定标签搜索快速复制文献库中的内容;

(7) 快速将文献库中的题录信息插入 Word 文档;

(8) 使用软件提供的超过 7000 个样式文件自动创建个人的引文;

(9) 通过更新期刊及参考样式保证所用引文的准确性;

(10) 使用云存储功能,可以在任何地方、任何时候访问文献;

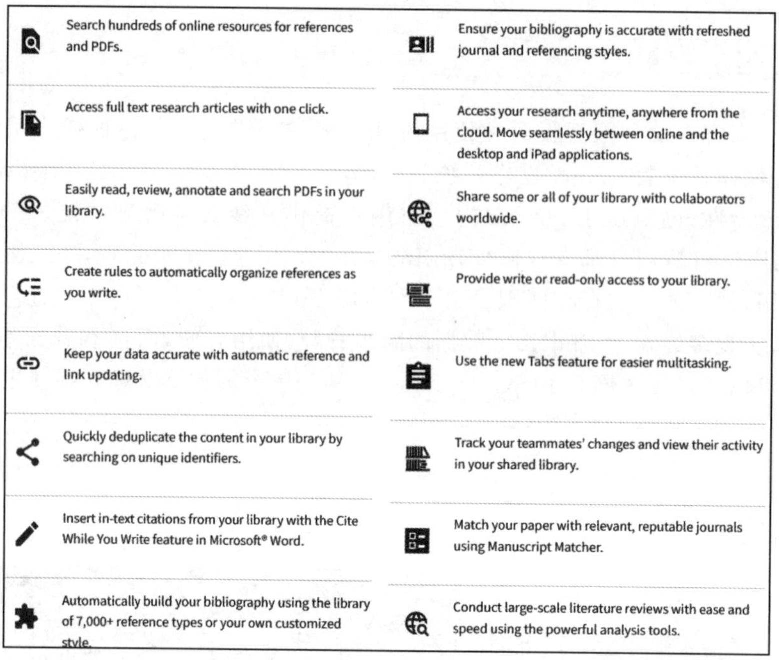

Search hundreds of online resources for references and PDFs.

Ensure your bibliography is accurate with refreshed journal and referencing styles.

Access full text research articles with one click.

Access your research anytime, anywhere from the cloud. Move seamlessly between online and the desktop and iPad applications.

Easily read, review, annotate and search PDFs in your library.

Share some or all of your library with collaborators worldwide.

Create rules to automatically organize references as you write.

Provide write or read-only access to your library.

Keep your data accurate with automatic reference and link updating.

Use the new Tabs feature for easier multitasking.

Quickly deduplicate the content in your library by searching on unique identifiers.

Track your teammates' changes and view their activity in your shared library.

Insert in-text citations from your library with the Cite While You Write feature in Microsoft® Word.

Match your paper with relevant, reputable journals using Manuscript Matcher.

Automatically build your bibliography using the library of 7,000+ reference types or your own customized style.

Conduct large-scale literature reviews with ease and speed using the powerful analysis tools.

图 8-2　EndNote 主要功能

（11）通过互联网共享个人文献库，用户可以设置只读或可写方式的访问，也可以实时查看其他共享用户对于贡献文献库的修改；

（12）提供一定的数据分析功能。

8.2　EndNote 的使用

8.2.1　下载与安装

1. 下载

用户可以根据自己的实际需要，通过登录 EndNote 全球官网或中文官网（https://endnote.cn/）（图 8-3）下载特定平台和版本的可执行文件。

2. 安装

本书以 EndNote X9 版本在 Windows 平台上的应用为例说明 EndNote 的使用。双击下载好的安装软件，选择默认安装方式即可完成安装，此处不再赘述。安装完成后，用户可以通过两种方式启动 EndNote。

（1）通过"开始"菜单选择 EndNote 启动项启动 EndNote（图 8-4）。第一次打开 EndNote 时，经过启动状态后会弹出灰色界面（图 8-5），需要选择菜单栏 File→New 建立 Library 文件后才能打开主窗口开始使用（图 8-6）。

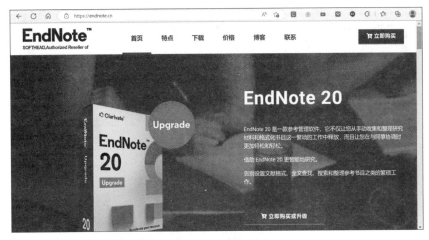

图 8-3　EndNote 全球官网首页示意

图 8-4　EndNote 启用方法

图 8-5　EndNote 首次启动窗口

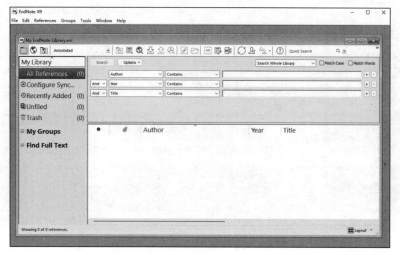

图 8-6　EndNote 默认窗口示意

（2）安装 EndNote 后，一般会在 Microsoft Word 中自动添加 EndNote 插件，在 Word 中多出 EndNote X9 选项卡，可以通过单击该选项卡下的 Go to EndNote（图 8-7）启动 EndNote。

图 8-7　通过 Word 打开 EndNote

8.2.2　认识 EndNote

1. 菜单栏

EndNote 的菜单栏提供了丰富的操作选项，用户可以根据需要使用。下面通过图示的形式说明菜单栏包含的功能选项（图 8-8 至图 8-14）。

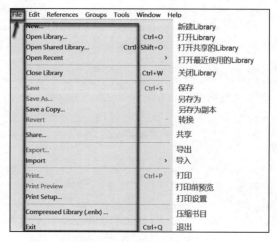

图 8-8　File 菜单

File	Edit	References	Groups	Tools	Window	Help		
	Undo			Ctrl+Z		撤销		
	Cut			Ctrl+X		剪贴		
	Copy			Ctrl+C		复制		
	Paste			Ctrl+V		粘贴		
	Paste With Text Styles					文本粘贴		
	Clear					清除		
	Select All			Ctrl+A		全部选中		
	Copy Formatted			Ctrl+K		复制格式		
	Find and Replace...			Ctrl+R		查找并替换		
	Font			>		字体		
	Size			>		大小		
	Style			>		样式		
	Output Styles			>		输出样式		
	Import Filters			>		导入过滤器		
	Connection Files			>		连接文件		
	Preferences...					偏好设置		

图 8-9　Edit 菜单

File	Edit	References	Groups	Tools	Window	Help		
		New Reference			Ctrl+N		新建题录	
		Edit References			Ctrl+E		编辑题录	
		Move References to Trash			Ctrl+D		删除题录	
		Go To...			Ctrl+J		转到	
		Copy References To			>		复制题录	
		E-mail Reference					邮件发送题录	
		File Attachments			>		添加文献	
		PDF Viewer			>		PDF预览	
		Find Full Text			>		查找全文	
		Find Reference Updates...					题录更新发现	
		URL			>		网址	
		Figure			>		图片	
		Web of Science			>		Web of Science查看	
		Next Reference			Ctrl+Page Down		下一个题录	
		Previous Reference			Ctrl+Page Up		上一个题录	
		Show All References			Ctrl+M		所有题录	
		Show Selected References					展示选中题录	
		Hide Selected References					隐藏选中题录	
		Record Summary...					记录摘要	
		Find Duplicates					查找重复	
		Restore to Library					恢复到Library	
		Resolve Sync Conflicts...					解决同步冲突	
		Empty Trash					清空缓存	

图 8-10　References 菜单

File	Edit	References	Groups	Tools	Window	Help		
			Create Group				创建群组	
			Create Smart Group				创建智能群组	
			Create From Groups...				从群组中组建新群组	
			Rename Group				重命名群组	
			Edit Group...				编辑群组	
			Delete Group				删除群组	
			Share Group...				共享群组	
			Add References To			>	添加题录到	
			Remove References From Group				从群组中删除题录	
			Create Group Set				建立群组集	
			Delete Group Set				删除群组集	
			Rename Group Set				重命名群组集	
			Create Citation Report				创建索引报告	
			Manuscript Matcher				期刊匹配	
			Hide Groups				隐藏群组	

图 8-11　Groups 菜单

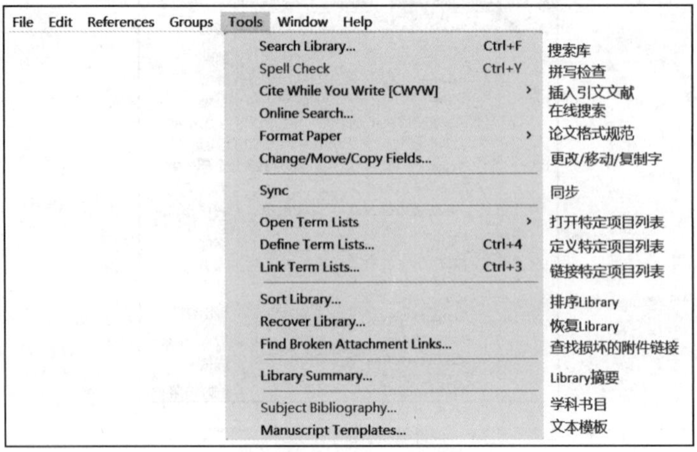

File	Edit	References	Groups	Tools	Window	Help		

Search Library...   Ctrl+F   搜索库
Spell Check   Ctrl+Y   拼写检查
Cite While You Write [CWYW]   插入引文文献
Online Search...   在线搜索
Format Paper   论文格式规范
Change/Move/Copy Fields...   更改/移动/复制字
Sync   同步
Open Term Lists   打开特定项目列表
Define Term Lists...   Ctrl+4   定义特定项目列表
Link Term Lists...   Ctrl+3   链接特定项目列表
Sort Library...   排序Library
Recover Library...   恢复Library
Find Broken Attachment Links...   查找损坏的附件链接
Library Summary...   Library摘要
Subject Bibliography...   学科书目
Manuscript Templates...   文本模板

图 8-12   Tools 菜单

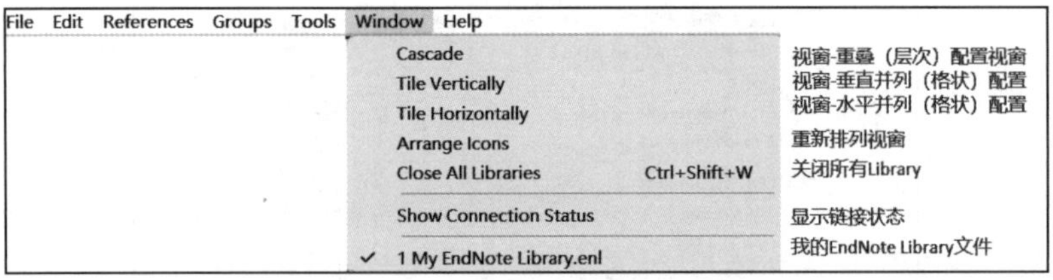

File	Edit	References	Groups	Tools	Window	Help

Cascade   视窗-重叠（层次）配置视窗
Tile Vertically   视窗-垂直并列（格状）配置
Tile Horizontally   视窗-水平并列（格状）配置
Arrange Icons   重新排列视窗
Close All Libraries   Ctrl+Shift+W   关闭所有Library
Show Connection Status   显示链接状态
✓ 1 My EndNote Library.enl   我的EndNote Library文件

图 8-13   Window 菜单

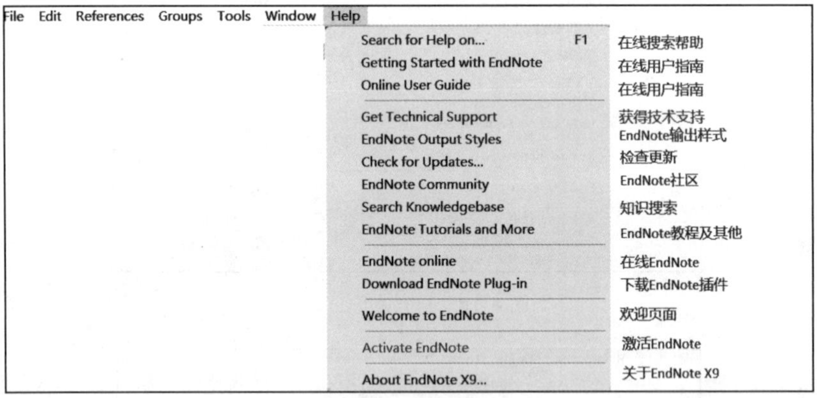

File	Edit	References	Groups	Tools	Window	Help

Search for Help on...   F1   在线搜索帮助
Getting Started with EndNote   在线用户指南
Online User Guide   在线用户指南
Get Technical Support   获得技术支持
EndNote Output Styles   EndNote输出样式
Check for Updates...   检查更新
EndNote Community   EndNote社区
Search Knowledgebase   知识搜索
EndNote Tutorials and More   EndNote教程及其他
EndNote online   在线EndNote
Download EndNote Plug-in   下载EndNote插件
Welcome to EndNote   欢迎页面
Activate EndNote   激活EndNote
About EndNote X9...   关于EndNote X9

图 8-14   Help 菜单

2. 功能区

熟悉 EndNote 的工作界面可以提高使用效率。图 8-15 是 EndNote 官网上展示的基本操作区、功能区及各个功能区的主要作用。

3. 工作流程

用户使用 EndNote 的基本过程如图 8-16 所示：首先通过 EndNote 或其他途径从各大文献数据库中检索文献信息（题录、全文等）；将检索到的题录信息导入 EndNote，此时需要

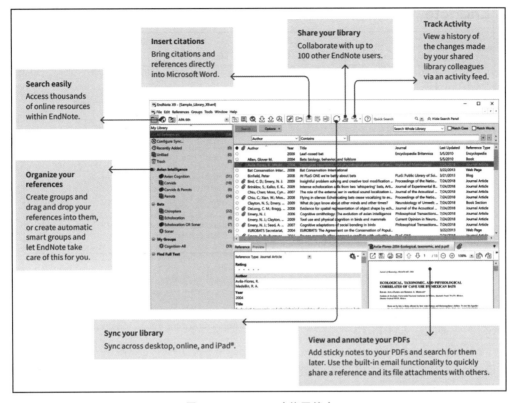

图 8-15　EndNote 功能区简介

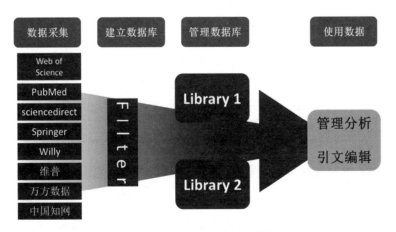

图 8-16　EndNote 基本工作流程

EndNote Filter 完成识别数据库导出的文献中的字段，并对应添加到 EndNote 的合适位置；为方便文献管理，EndNote 为用户提供了文献 Library 管理功能，可以实现对采集的文献进行分类管理分析的功能；借助 EndNote 提供的文献管理分析功能，用户可以实现文献阅读进度的标记、题录编辑、课题梳理等功能，而 EndNote 提供的引文编辑功能对于用户快速插入引文、修改标引等起着非常重要的作用，可以大大节约科研人员的文献编辑时间（图 8-17）。

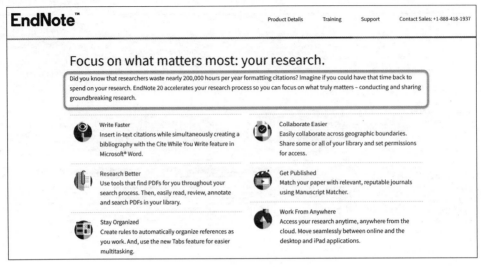

图 8-17　EndNote 作用

8.2.3　新建 Library

　　EndNote 安装完成后,用户需要建立 EndNote Library 以实现对文献的阅读和管理。新建 Library 的基本操作过程为:单击菜单栏中的 File→New 命令(图 8-18),在弹出的对话框中选择存储位置及输入 Library 名称,用户可以根据要存储的文献的研究题目、领域计划等为 Library 命名,命名后单击"保存"按钮(图 8-19)保存新建的 EndNote 库。在 EndNote 的 Library 存储目录下,可以看到两个新增文件,一个是以 Library 名连接".Data"为名称的文件夹,另一个是以".enl"为后缀的文件(图 8-20)。EndNote 必须确保这两个文件成对搭配,才能正常运行 EndNote Library。所以,用户如需将某个 Library 中存储的文献分享给他人,则要将这两个文件对象同时发送给接收者,接收者通过双击 enl 文件即可打开和使用该库下存储的文献。

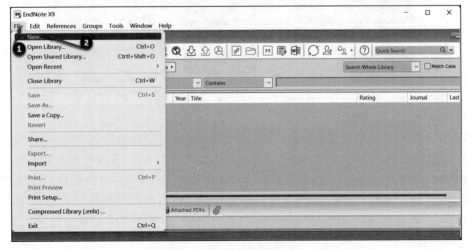

图 8-18　新建 Library 操作步骤(1)

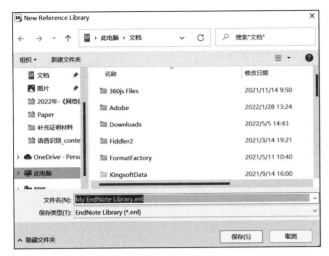

图 8-19　新建 Library 操作步骤（2）

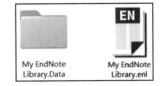

图 8-20　新建 Library 操作步骤（3）

8.2.4　创建 Group

　　群组是 Library 中的一个文献管理单位，使用群组可以使用户更加有条理地进行文献管理。EndNote 中的群组类似于知网研学平台中的专题。

　　在 EndNote 中新建一个 Library，会默认为该 Library 创建一个名为 My Groups（图 8-21）的群组集，在该群组集下，用户可以添加更多的子群组，也可以直接将题录文献添加到该群组集下进行管理，还可以根据需要创建群组集。

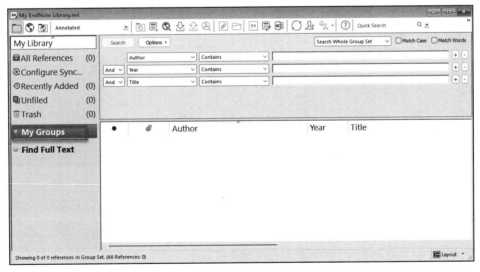

图 8-21　默认群组集 My Groups

1. 新建群组

　　右击某群组集，在弹出的快捷菜单中选择 Create Group 选项（图 8-22），即可看到该群组集下新增了名为 New Group 的群组,单击该群组名即可为该群组重命名(图 8-23)。

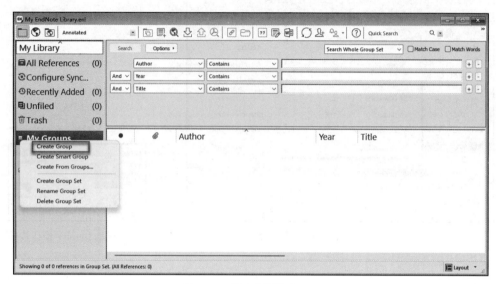

图 8-22　创建新群组集(1)

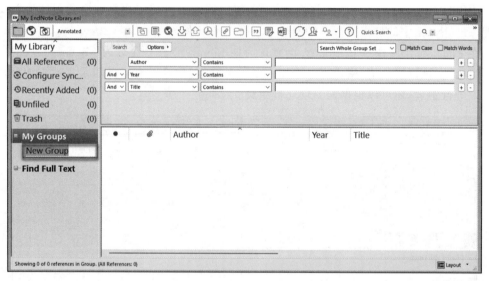

图 8-23　创建新群组集(2)

2. 新建智能群组

除创建上述普通群组外,用户还可以创建智能群组。智能群组通过设置特定的搜索条件或关键词以达到文献自动归类的目的。创建智能群组的方法为: 右击 My Groups,在弹出的快捷菜单中选择 Create Smart Group 选项(图 8-24),在弹出的 Smart Group 对话库中输入智能筛选条件(图 8-25)并单击 Create 按钮,此时,EndNote 会自动从库中筛选出符合筛选条件的题录及相关信息,并添加到该群组下(图 8-26)。如果将来有新的题录信息加入Library 中,那么 EndNote 也会智能地进行判断,将符合条件的题录信息添加到该群组下,从而减轻了用户的分组负担。

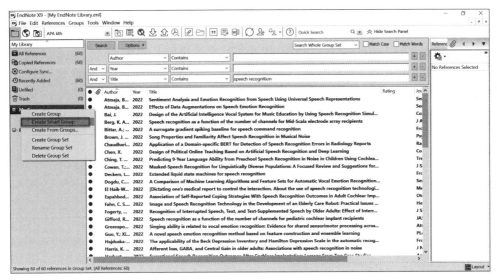

图 8-24　建立智能群组（1）

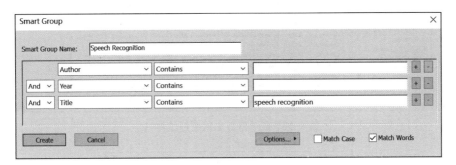

图 8-25　建立智能群组（2）

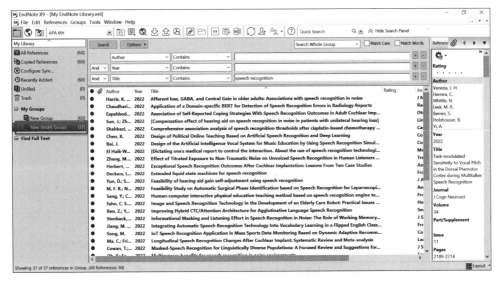

图 8-26　建立智能群组（3）

3. 基于群组集创建群组集

　　EndNote 提供了基于多个群组创建群组的功能。右击群组集 My Group,在弹出的快捷菜单中选择 Create From Groups 选项(图 8-27),在弹出的 Create From Groups 对话框中输入新创建的群组的名称,通过单击 Include References in 下方的群组选择列表框右侧的下拉按钮选择群组,通过单击群组选择列表左侧的逻辑运算符"And""Or""Not"实现多个群组之间的文献逻辑限定,通过单击群组选择列表框右侧的 + 或 - 按钮增加或减少选择条件(图 8-28)。

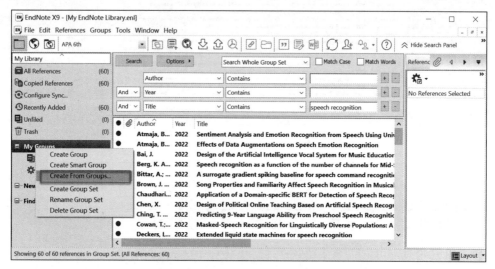

图 8-27　基于群组集创建群组集(1)

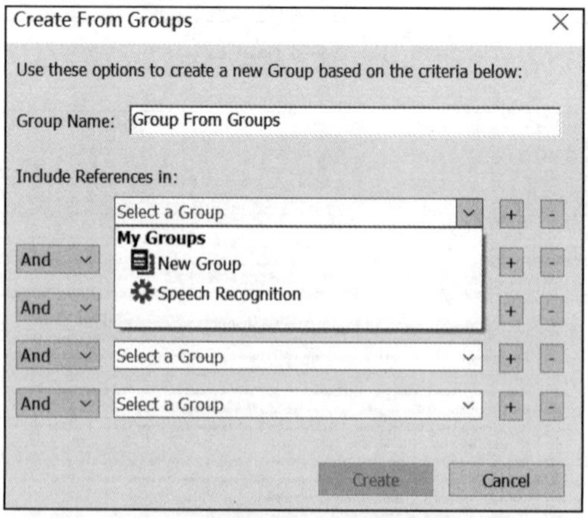

图 8-28　基于群组集创建群组集(2)

4. 建立群组集

　　Create Group Set 可以用来创建与 My Groups 地位相同的群组集,即创建并列的群组集,其创建方法与创建群组类似,不再赘述。

8.2.5　添加题录

1. 输入题录

题录是对文献关键信息的描述,用户可以新建文献题录。建立方法为:单击菜单栏中的 References 菜单,选择 New Reference 选项(图 8-29),打开题录编辑窗口(图 8-30),也可以通过单击快速工具栏中的▤按钮开启新题录编辑窗口(图 8-31)。

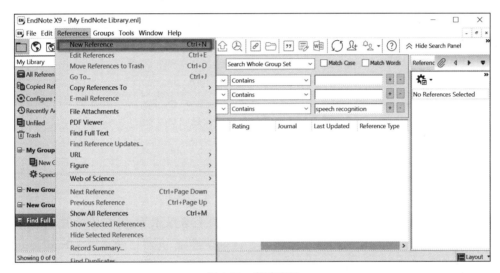

图 8-29　新建题录

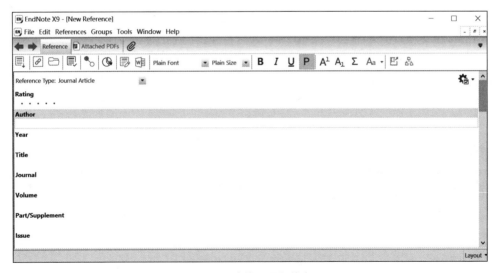

图 8-30　手动输入题录信息(1)

用户可以通过单击 Reference Type 右侧的下拉列表选择文献类型,然后逐一输入 Rating、Author、Year 等文献信息。填写完成后,用户可以通过单击工具栏中的 File→Close 命令或窗口左上角的关闭按钮关闭窗口,并保存题录。此时,可以在相应的群组下看到保存

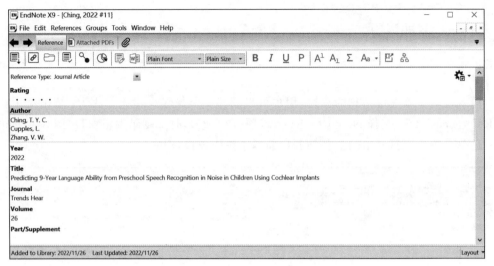

图 8-31　手动输入题录信息（2）

的文献题录。

2. 导入题录

多数文献数据库（如 SCI 数据库、中国知网、万方、谷歌学术等）均支持导出 EndNote 所需格式的题录信息。下面以从中国知网导出 EndNote 题录，并将该题录导入 EndNote 的过程为例说明导入题录到 EndNote 的基本操作。

1）导出题录信息

打开中国知网首页，在检索框中输入检索式，进行目标文献检索，在弹出的检索结果页面中单击目标文献右侧的"引用"按钮（图 8-32），在弹出的"引用"对话框中选择 EndNote 引文样式（图 8-33），浏览器会自动保存题录文件（图 8-34）。用户如需导出多篇文章的题录，可以首先选中待导出文献，然后单击检索结果页面上方的"导出与分析"按钮，在弹出的选项下选择"导出文献"→EndNote 选项（图 8-35），在弹出的页面中单击"导出"按钮（图 8-36），浏览器会自动下载和保存该题录。

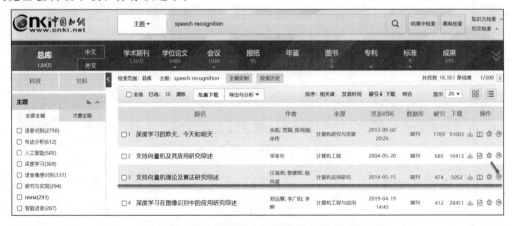

图 8-32　从中国知网中导出特定文献题录（1）

图 8-33　从中国知网中导出特定文献题录(2)

图 8-34　从中国知网导出的 EndNote 格式题录文件示例

图 8-35　批量导出文献题录(1)

图 8-36　批量导出文献题录(2)

2）导入题录

用户要将 EndNote 格式的题录文件导入 EndNote，可以通过执行以下操作实现：单击 File→Import→File（或单击工具栏中的 按钮）（图 8-37），在弹出的对话框中单击 Import File 后的 Choose 按钮选择待导入的文件（图 8-38），设置 Import Option 的选项为 EndNote Import（图 8-39）。用户还可以通过单击 Duplicates 后的下拉列表设置导入文件是否重复或将重复文件进行单独存储，单击 Text Translation 后的下拉列表选择是否进行编码格式转换（图 8-40）。设置完成后，单击 Import 按钮，进入题录导入阶段，导入结束后，会在 EndNote 左侧的 Library 目录导航下看到新增的 Imported References 选项，在右侧的主窗口中会看到导入题录的详细信息（图 8-41）。

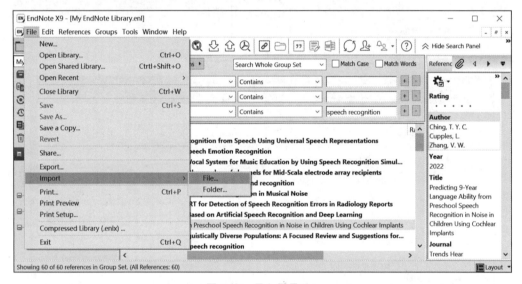

图 8-37　导入题录（1）

图 8-38　导入题录（2）

强调：在导入题录的过程中，如果出现编码错误，此时需要对 Import Option 后的选项和 Text Translation 后的选项进行设置。

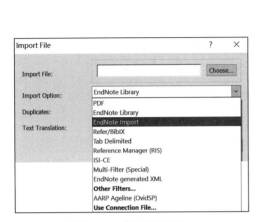

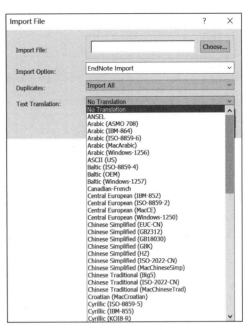

图 8-39 导入题录（3）　　　　　　　图 8-40 导入题录（4）

图 8-41 导入题录（5）

8.2.6　附加文献资料

1. 附加全文

用户要在 EndNote 中阅读文献资料，就需要先将题录对应的文献添加到 EndNote 中。用户可以通过以下 4 种方式为题录附加全文。

（1）在文献记录上双击开启文献编辑界面，利用拖曳的方式将数据添加到库中（图 8-42）。

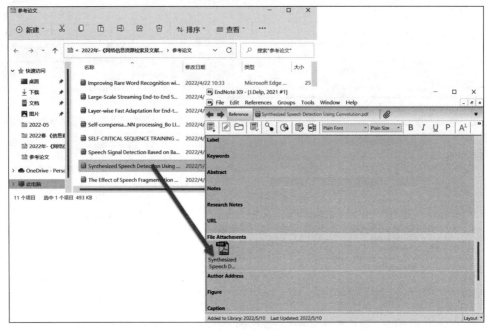

图 8-42　附加全文（1）

（2）直接在 File Attachments 字段上单击，在弹出的快捷菜单中选择 File Attachments→Attach File 命令，然后在文件输入框中选择待添加的文件即可（图 8-43）。

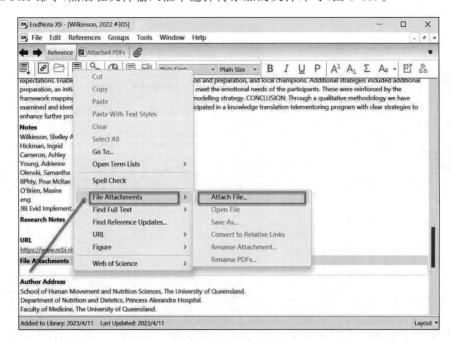

图 8-43　附加全文（2）

（3）单击菜单栏中的 References→File Attachments→Attach File 命令，在弹出的 Select a file to link to the reference 对话框中选择要附加的全文文献（图 8-44）。

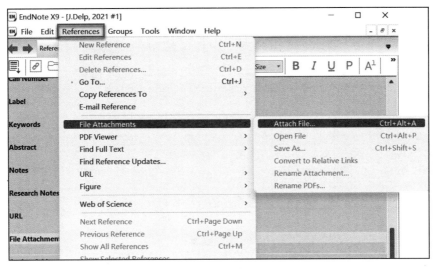

图 8-44　附加全文（3）

（4）单击 Attach File 按钮，选择附加文件以添加全文（图 8-45）。

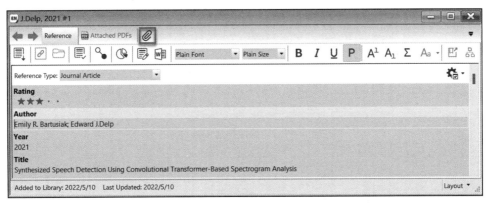

图 8-45　附加全文（4）

2. 附加图片

用户还可以为题录附加图片。附件图片的方式为：进入文献题录编辑窗口，在题录的 Figure 字段处右击 Figure→Figure→Attach Figure 命令（图 8-46），在弹出的 Attach Figure 对话框中单击 Choose File 按钮选择要添加的图片（图 8-47）后单击 OK 按钮，即可在题录中的 Figure 下附加图片标识（图 8-48），双击该图标可以打开图片，也可以在 EndNote 主窗口中发现，添加了图片的题录的 Figure 列下有图标✔（图 8-49）。

说明：用户可以通过右击题录列标题，在弹出的选项卡中选择要显示的题录信息（图 8-50）。

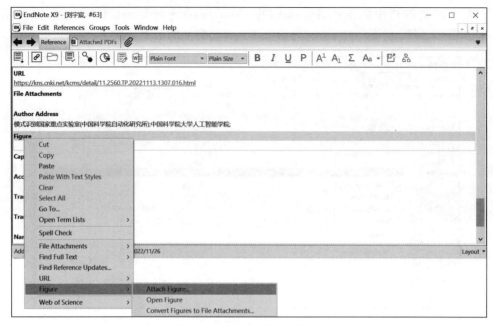

图 8-46 为题录附加图片(1)

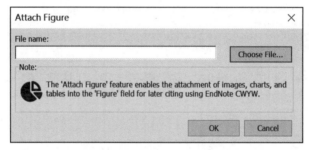

图 8-47 为题录附加图片(2)

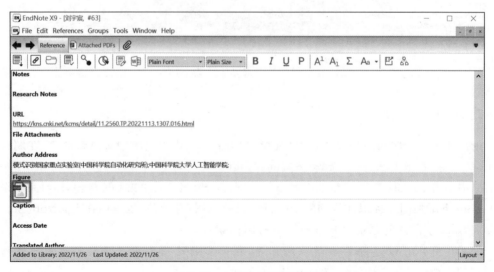

图 8-48 为题录附加图片(3)

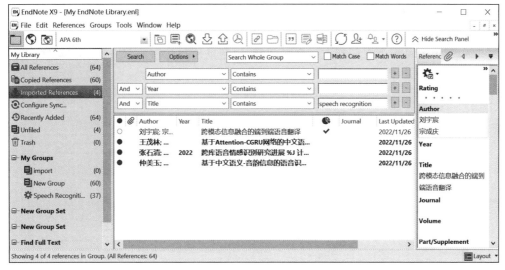

图 8-49　为题录附加图片（4）

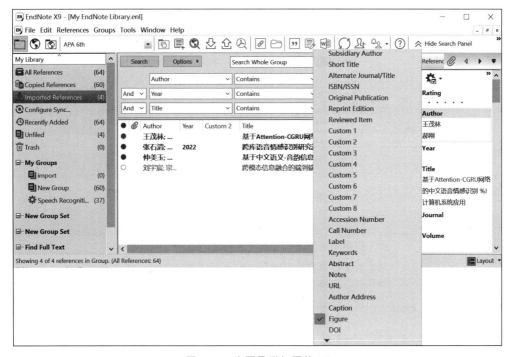

图 8-50　为题录附加图片（5）

8.2.7　检索题录数据

1. 检索题录

EndNote 提供的题录检索功能可以方便用户在 Library 中快速定位想要的文献资料，具体操作方法为：在 EndNote 界面右上角的快速检索字段 Quick Search 中输入检索关键词后,单击🔍按钮开启检索,也可以通过单击位于快速检索字段右侧的 >> 标签启动检索(Search Panel)窗口,在适当的检索字段中输入关键词,单击 Search 按钮即可进行检索(图 8-51),其中的每一个字段都有一套操作数,以帮助用户控制检索查询的精确度(图 8-52 和表 8-1)。

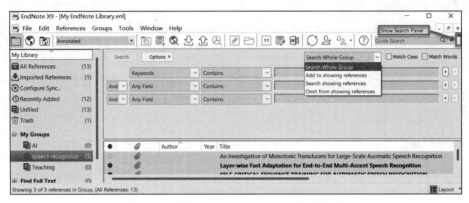

图 8-51　切换至 EndNote Library 检索窗口

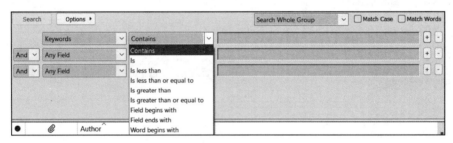

图 8-52　利用操作数控制查询范围

表 8-1　不同操作数的含义

操 作 数	含 义
Contains	检索结果必须包含检索词
Is	检索结果与检索词完全相同,不可增减一个字
Is less than	检索结果必须小于输入的数,例如在年份(Year)输入框中输入 2020,则检索结果必须小于 2020 年
Is less than or equal to	同上,检索结果必须小于或等于 2020 年
Is greater than	检索结果必须大于输入的数,例如在年份(Year)输入框中输入 2020,则检索结果必须大于 2020 年
Is greater than or equal to	同上,检索结果必须大于或等于 2020 年
Field begins with	检索结果的首字为检索词,例如以 Speech 检索 Title 字段,则检索结果必须在标题 Speech…
Field ends with	检索结果的末字为检索词,例如以 Speech 检索 Title 字段,则检索结果必须在标题 …Speech
Word begins with	检索结果包含某些字母开头的字,例如输入 drink,结果会出现 drink、drinking、drinks 等

2. 查找重复题录

当 EndNote 中的题录信息很多时，常常会出现将完全相同的两个题录信息添加到 EndNote 中的情况，即使得 Library 中存在重复题录。需要说明的是，重复题录不是指题录中的每一项内容的信息均相同，而是指某些核心信息相同，如作者、刊名、篇名、卷、期等，用户可以根据实际情况进行设置。

查找重复题录的基本操作步骤为：单击菜单栏中的 References→Find Duplicates 命令，此时，EndNote 会按照其预设的判断条件进行重复题录的判断和查找（图 8-53）。用户如需设置个性化的判定条件，则可以单击菜单栏中的 Edit→Preferences 命令（图 8-54），在弹出的 EndNote Preferences 对话框左侧的选项列表中选择 Duplicates 选项，然后在右侧弹出的属性设置对话框中进行详细的属性判定设置（图 8-55）。

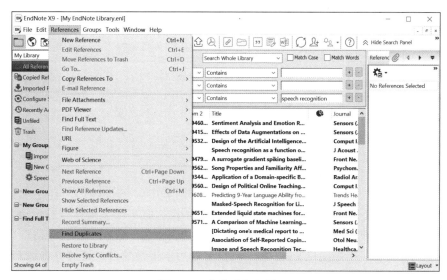

图 8-53　查找重复题录（1）

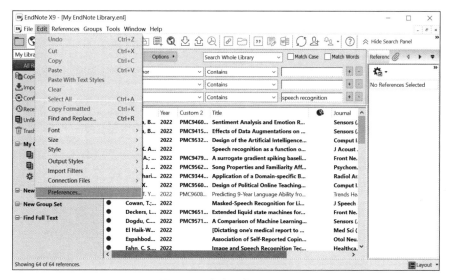

图 8-54　查找重复题录（2）

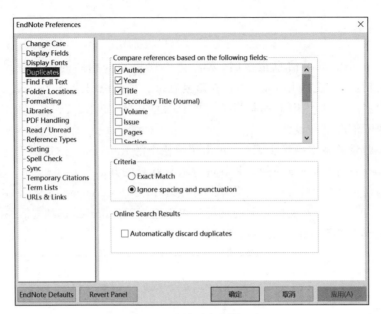

图 8-55　查找重复题录(3)

8.2.8　管理 Library

1. 备份 Library

为了防止建立的 Library 损坏或丢失,可以使用 EndNote 提供的 Library 保存功能进行文献备份,也可以将备份的 Library 分享给他人使用,从而实现文献资料的传递。基本操作方法为:单击 File→Save a Copy 命令(图 8-56),在弹出的 Save a Copy 对话框中设置要保存的 Library 的名字和存储位置(图 8-57),设置好后单击"保存"按钮即可将该 Library 保存到目标位置(图 8-58)。

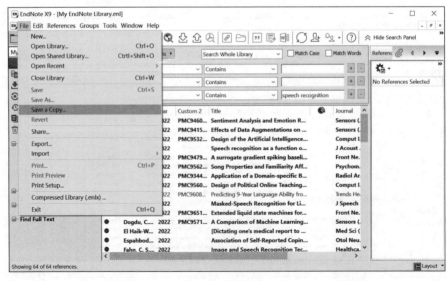

图 8-56　备份 Library(1)

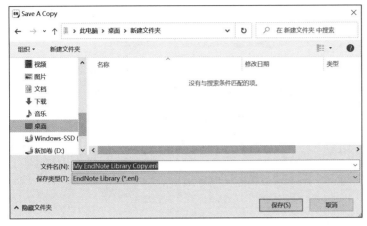

图 8-57　备份 Library（2）　　　　　　　　　　　图 8-58　备份 Library（3）

2. 合并 Library

如果要将他人分享的 Library 中的内容导入个人已有的 Library 中，实现与自己的 Library 的合并使用，可以通过合并 Library 实现。具体操作方法为：单击菜单栏中的 File→ Import→File 命令（图 8-59），在弹出的 Import File 对话框中选择导入的 Library 文件路径，在 Import Option 后选择文件类型为 EndNote Library，然后单击 Import 按钮实现文献导入（图 8-60）。导入后，可以在 EndNote 左侧的 Library 目录窗口的 Imported References 下看到导入的信息。

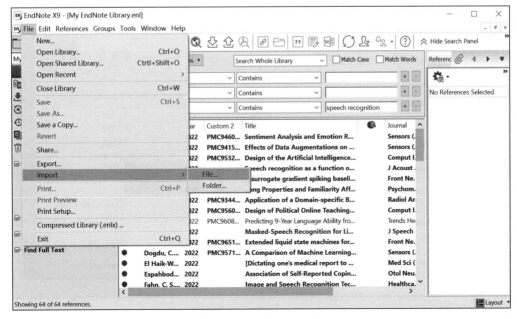

图 8-59　合并 Library（1）

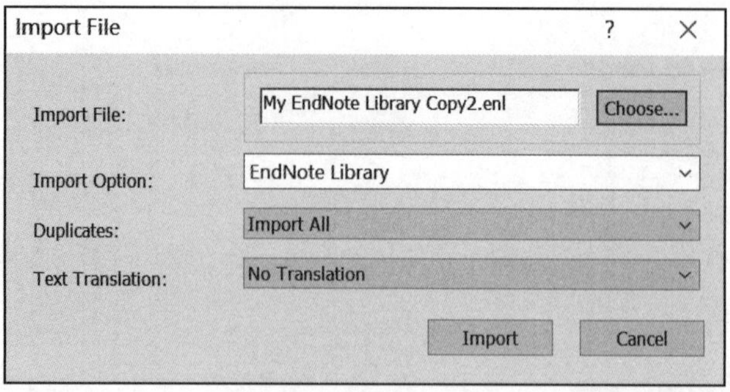

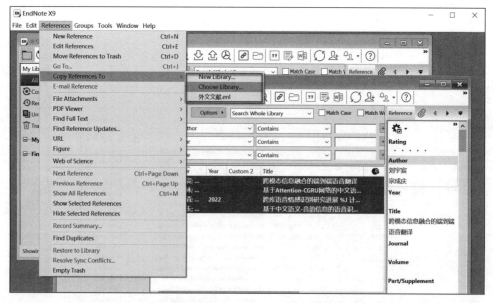

图 8-60　合并 Library(2)

3. 移动不同 Library 中的题录数据

用户可以在启动两个 Library 的情况下,实现不同 Library 中部分题录信息的移动。基本操作步骤为:启动多个 Library,在其中一个 Library 中选择一个或多个题录信息,单击菜单栏中的 References→Copy References To→Choose Library 命令(图 8-61)。选择 New Library 选项,则选中的题录信息会自动添加到一个新建的 Library 中;选择 Choose Library,会弹出文件选择对话框,通过选择 Library 文件实现将选中文献添加到某个库中;也可以选择列表中的 Library 的名称,将题录添加到对应的 Library 中;复制的 Library 启动后,会发现题录已经新增到了目标 Library 中(图 8-62)。如果另一个 Library 中的题录排序方式是依照作者姓氏字母顺序排列的,那么粘贴的题录也会依照同样的顺序排列。

图 8-61　移动不同 Library 间的题录(1)

4. 压缩 Library

分享或复制 Library 时,需要将 Data 及 enl 文件结合在一起才能正常使用,如果

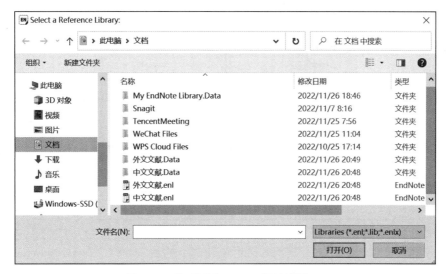

图 8-62　移动不同 Library 间的题录（2）

Library 中的文献较多,则进行必要的数据压缩不仅可以缩小存储空间,而且可以避免文件传输过程中的文献丢失和管理时的文献出错。压缩 Library 的操作方法为：单击菜单栏中的 File→Compressed Library(.enlx)命令(图 8-63),在弹出的 Compressed Library(.enlx) 对话框中设置共享方式,用户在该对话框下可以设置单纯压缩或压缩并通过电子邮件发送 (A 区域)、压缩时仅压缩题录还是题录和文献同时压缩(B 区域)、压缩整个 Library 还是压缩特定的题录或群组(C 区域)。设置完成后单击 Next 按钮(图 8-64),在弹出的压缩文件保存窗口中设置压缩文件的保存位置及名称后(图 8-65),单击"保存"按钮即可完成压缩 (图 8-66),用户双击该压缩文件即可驱动 EndNote 程序打开。

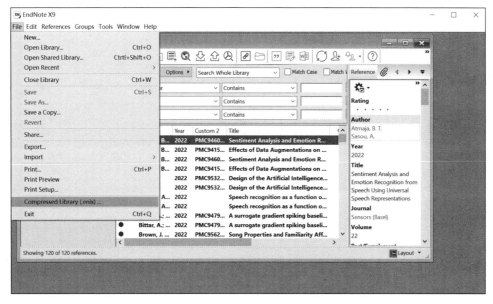

图 8-63　压缩 Library(1)

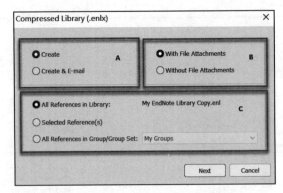

图 8-64　压缩 Library（2）

图 8-65　压缩 Library（3）

图 8-66　压缩 Library（4）

8.2.9　Filter

1. Filter 简介

EndNote Filter 也称 EndNote 过滤器，它对于数据的导入和导出发挥着非常重要的作用，在各类文献数据库和 EndNote 文献管理工具之间起着翻译员的作用，在用户进行文献引用时发挥着重要的作用（图 8-67）。用户安装 EndNote 时，会自动添加 300 余个过滤器

（图 8-68）。由于期刊数据库不断增加，EndNote 自动添加的过滤器不可能覆盖所有 Filter，此时，用户需要根据个人需求在线寻找并下载 Filter 保存到本机 EndNote 中，也可以根据实际需要自行制作 Filter 并使用。

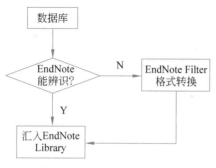

图 8-67　EndNote 功能示意

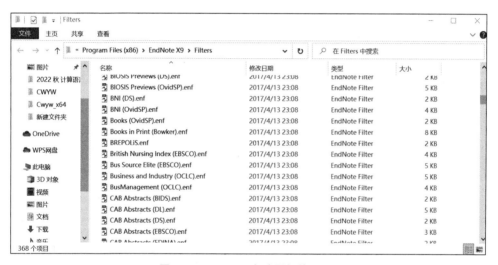

图 8-68　EndNote 自动添加的 Filter

2. 添加 Filter

用户可以到 EndNote 官网下载特定的 Filter，然后将该 Filter 存储到安装 EndNote 时存储 Filter 的位置，也可以通过单击菜单栏中的 Edit→Import Filter→New Filter 命令（图 8-69）进入 Filter 编辑窗口新建 Filter（图 8-70），还可以通过 Open Filter Manager 选项查看和管理已有的 Filter（图 8-71）。

3. 编辑 Filter

现有 Filter 如不能满足用户的实际需求，则可以新建 Filter，也可以在原有 Filter 的基础上进行编辑以满足实际需要。下面以中文文学类期刊常见的期刊引文格式要求为例，介绍 Filter 中常见的几个功能的设置方法。

1）设置文后参考文献"中文参考文献在前，英文参考文献在后"

（1）将中文、英文、其他语言的文档放置在不同的群组中，如图 8-72 所示。

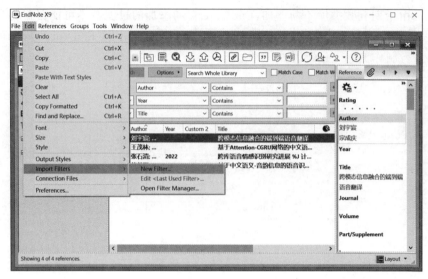

图 8-69　添加 Filter(1)

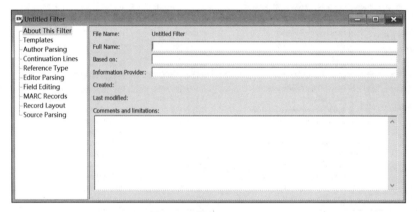

图 8-70　添加 Filter(2)

图 8-71　添加 Filter(3)　　　　　　　　　　图 8-72　设置文后参考文献格式(1)

（2）单击菜单栏 Edit→Output Styles 命令，选择要新建或编辑的样式，进入样式编辑页面，如图 8-73 所示。

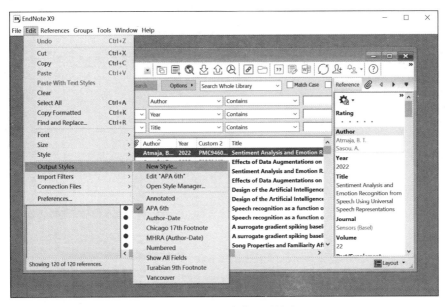

图 8-73　设置文后参考文献格式（2）

（3）在样式编辑窗口中，单击左侧列表框中的 Bibliography→Sort Order，在右侧的 Bibliography Sort Order 设置框中选择 Other 选项（图 8-74），在弹出的 Sort Options 对话框的 Sort First by this 的第一个下拉列表下选择 Language（图 8-75）。如有多个排序条件要求，如相同语言的文献按照作者姓名排序等，则可以通过依次对下方的下拉列表进行条件设置实现（图 8-76 和图 8-77）。

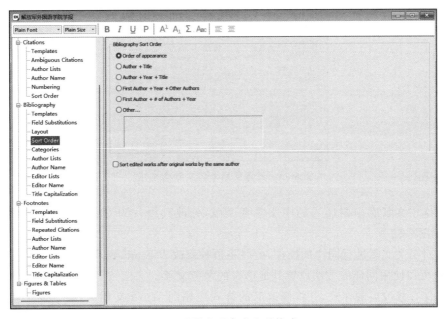

图 8-74　设置文后参考文献格式（3）

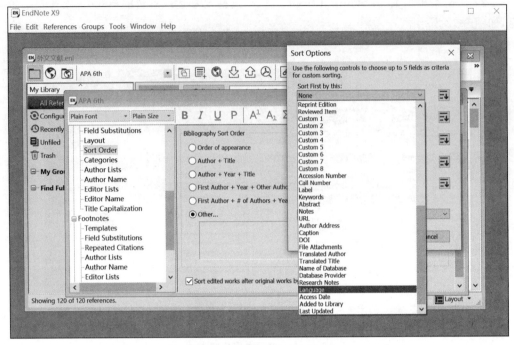

图 8-75　设置文后参考文献格式(4)

图 8-76　设置文后参考文献格式(5)

（4）选中文献库中要插入的中文参考文献，修改其语言为 Chinese，具体操作方法如图 8-78至图 8-82 所示。

（5）对英文文献进行同样的操作，此时将语种修改为 English（图 8-83 至图 8-85）。

用户可以使用同样的方法设置其他语言的参考文献。

（6）保存修改后的样式，并将修改后的样式应用到 Word 文档中，插入或更新引文，此时会发现文后参考文献排序为中文在前、英文在后，如图 8-86 所示。

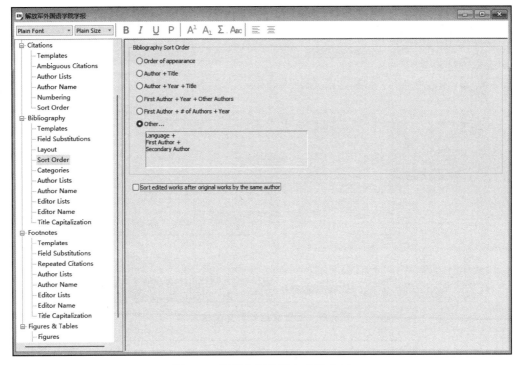

图 8-77　设置文后参考文献格式(6)

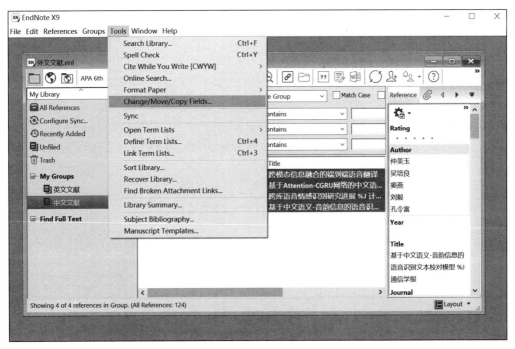

图 8-78　设置文后参考文献格式(7)

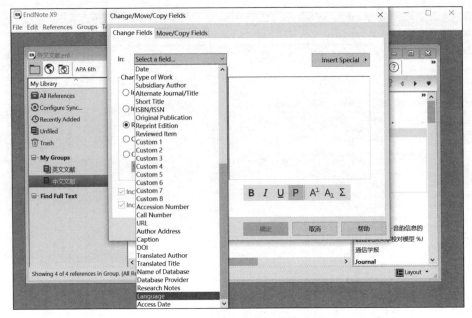

图 8-79　设置文后参考文献格式（8）

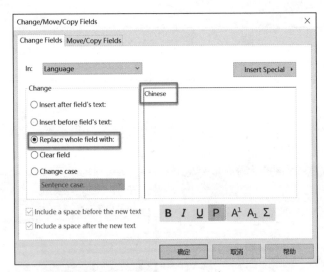

图 8-80　设置文后参考文献格式（9）

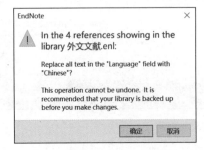

图 8-81　设置文后参考文献格式（10）

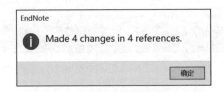

图 8-82　设置文后参考文献格式（11）

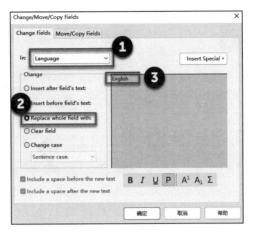

图 8-83 设置文后参考文献格式（12）

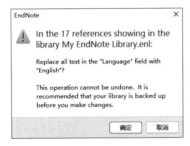

图 8-84 设置文后参考文献格式（13）

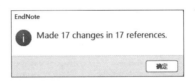

图 8-85 设置文后参考文献格式（14）

[1] 傅永梅, 陈建建, 陈锐, et al. 新时代大学生信息素养教育研究 [J]. 2022, 13(11): 55-7.

[2] 李娟, 罗少敏, 赵宏龙, et al. 信息化视域下信息素养的内涵及教育探讨 [J]. 2022, 51(04): 106-12.

[3] BAKO P, KOVACS M, UZSALY J, et al. Subtotal Petrosectomy and Cochlear Implantation in Children With Chronic Suppurative Otitis Media: A Single Institutional Experience [J]. J Audiol Otol, 2022, 26(4): 214-22.

[4] BERNINGER E, DROTT M, ROMANITAN M, et al. Congenital Nonprofound Bilateral Sensorineural Hearing Loss in Children: Comprehensive Characterization of Auditory Function and Hearing Aid Benefit [J]. Audiol Res, 2022, 12(5): 539-63.

图 8-86 设置文后参考文献格式（15）

2）以夹注的形式随文在括号中注明作者姓名、出版年和引文页码

如要实现正文中引文格式为"作者（出版年：页码）"的形式，如"赵元任（1990：31）认为……"，则也需要进行特别设置。

（1）进入样式编辑页面，如图 8-87 所示。

（2）单击 Citations→Templates 命令，在右侧窗口的 Citation 文本输入框中删除默认值，选择普通文本样式（非上标样式，通过单击窗口上方的 P 标识实现），输入一对小括号（图 8-88），然后单击 Insert Field 按钮，选择 Author，然后输入" "（空格），再单击 Insert Field 按钮，选择 Year（图 8-89），然后保存。

（3）更新使用该样式的 Word 文档，即可发现文档中的引文部分已经修改为"（Author Year）"的格式，如图 8-90 所示。

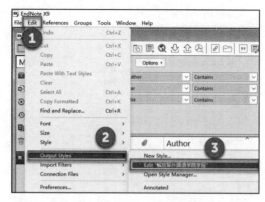

图 8-87　正文引文格式设置(1)

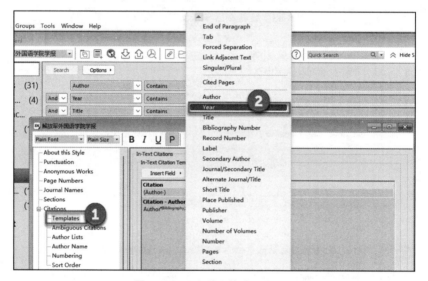

图 8-88　正文引文格式设置(2)

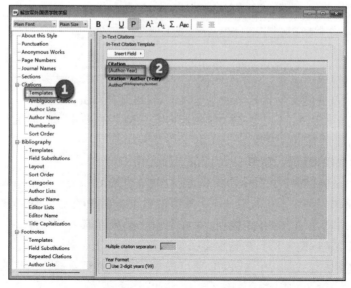

图 8-89　正文引文格式设置(3)

中文参考文献↵
(李娟, 罗少敏, 赵宏龙, 等 2022)↵
(Bako, Kovacs, Uzsaly, **et al**, Szanyi and Gerlinger 2022)↵
外文参考文献↵
(Berninger, Drott, Romanitan, **et al** 2022)↵

图 8-90　正文引文格式设置(4)

（4）同样的办法，可以为该引文添加页码(输入":"后插入 Pages)部分，如图 8-91 所示。

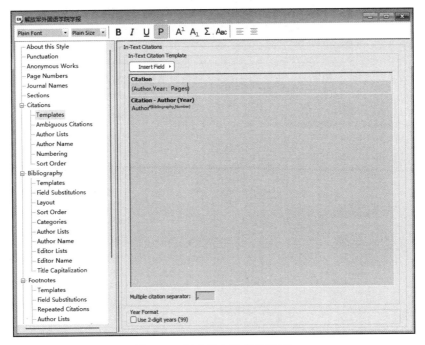

图 8-91　正文引文格式设置(5)

（5）更新使用该样式的 Word 文档，即可发现文档中有引文部分已经修改为"(作者 年：页码)"的格式，如图 8-92 所示。

(Bako, Kovacs, Uzsaly, et al 2022：214-22)↵
外文参考文献↵
(Berninger, Drott, Romanitan, et al 2022：539-63)↵

图 8-92　正文引文格式设置(6)

3）参引多条的，按照出版年先后顺序排列，用分号隔开

（1）进入样式编辑页面，如图 8-93 所示。

（2）单击 Citations→Templates 命令，在窗口右下角的 Multiple citation separator 后的文本框中输入";"，关闭并保存该样式，如图 8-94 所示。

（3）更新使用该样式的 Word 文档，即可发现文档中的引文部分已经修改为用";"分隔的多个引用，如图 8-95 所示。

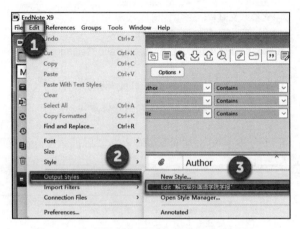

图 8-93 正文同一位置多条引文的格式设置(1)

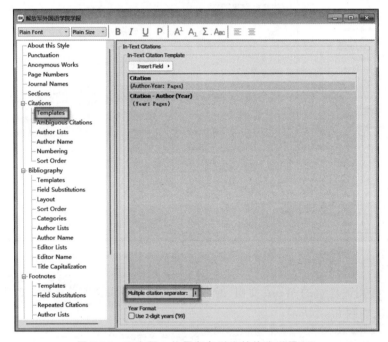

图 8-94 正文同一位置多条引文的格式设置(2)

同一个位置引用多篇文章(肖新祥·2021：116-21+28; Xi,·Wang,·Shi,·Gao,·Li,·Qiu,·Wang· et al ·2022：23312165221134007; Yu,·Ferradal,·Dunstan,·Carruthers,·Sanfilippo,·Zuk,·Zollei,· Gagoski,·Ou,·Grant·and·Gaab·2022：e2236102)

图 8-95 正文同一位置多条引文的格式设置(3)

4）参引 3 位以上合作作者的文献，文中夹注仅列第一作者

（1）进入样式编辑页面，如图 8-96 所示。

（2）单击 Citations→Author Lists 命令，在窗口右侧的 Abbreviated Author List-First Appearance 下勾选第二个复选框，设置如果作者为 3 个或 3 个以上，则只显示第一个作者（图 8-97），设置完后关闭并保存该样式。

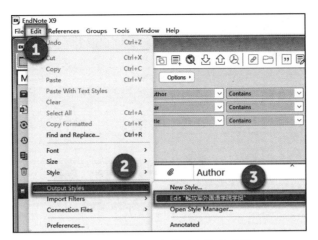

图 8-96　正文多位作者的引文格式设置（1）

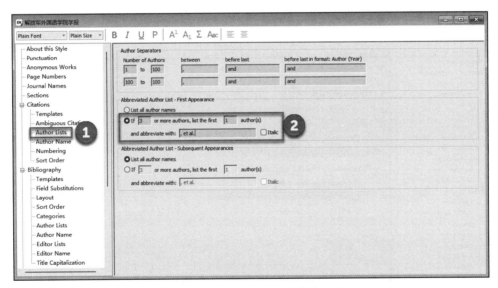

图 8-97　正文多位作者的引文格式设置（2）

（3）更新使用该样式的 Word 文档，即可发现文档中的引文部分的作者个数超过两个的都已发生改变，如图 8-98 所示。

外文参考文献

(Berninger, et al. 2022: 539-63)

图 8-98　正文多位作者的引文格式设置（3）

5）同一位置同一作者多篇文章被引用时，参引之间用逗号隔开

（1）进入样式编辑页面，如图 8-99 所示。

（2）单击 Citations→Author Name 命令，在窗口右侧的 Consecutive Citations by the Same Author 选项下，勾选 Omit repeated authors 后的复选框（图 8-100），关闭并保存该样式。

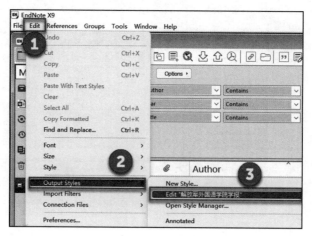

图 8-99　打开样式编辑页面

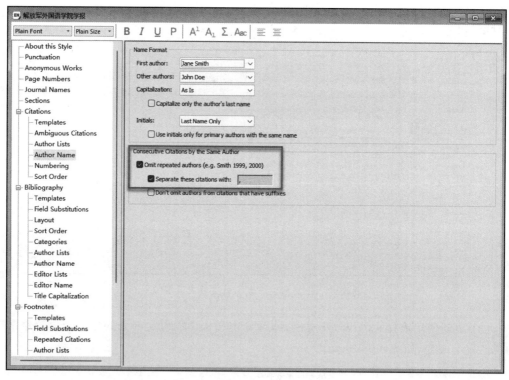

图 8-100　正文参引格式设置（1）

（3）更新使用该样式的 Word 文档，即可发现文档中的引文部分为同一作者的多篇文档的引文格式均发生了改变，如图 8-101 所示。

同一位置引用同一作者的多篇参考文献(Hamilton,·et·al.·2016：595-605,·2016：2116-21)↵

图 8-101　正文参引格式设置（2）

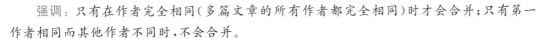

强调：只有在作者完全相同（多篇文章的所有作者都完全相同）时才会合并；只有第一作者相同而其他作者不同时，不会合并。

6）将中文参考文献中出现的"et al"设置为"等"

（1）通过单击菜单栏中的 Edit→Preferences 新建一个 Type，如图 8-102 所示。

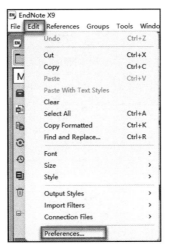

图 8-102　中文参考文献格式设置（1）

（2）在弹出的 Modify Reference Types 对话框中输入相关属性信息，其中 Secondary Author 必须填写为 Secondary Author（图 8-103），其他信息可以参考表 8-2 填写。填写完成后单击 OK→"确定"按钮退出编辑。

图 8-103　中文参考文献格式设置（2）

表8-2　填写参考

项　目	内　容	项　目	内　容
Genertic	中文文献	Label	Label
Author	Auther	Keywords	Keywords
Year	Year	Abstact	Abstact
Title	Title	Notes	Notes
Secondary Author	Secondary Author	Research Notes	Research Notes
Secondary Title	Journal	URL	URL
Volume	Volume	File Attachments	File Attachments
Number	Issue	Author Address	Author Address
Pages	Start Page	Figure	Figure
ISBN/ISSN	ISSN	Caption	Caption
DOI	DOI	Access Date	Access Date
Original Publication	Original Publication	Translated Author	Translated Author
Custom 8	Article Number	Translated Title	Translated Title
Accession Number	Vccession	Name of Database	Name of Database
Call Number	Call Number	Database Provider	Database Provider

（3）进入样式编辑页面（图 8-104），在弹出的样式窗口中选择 Bibliography→Templates，单击 Reference Types，在弹出的列表框中选择新建的样式"中文文后参考文献"，如图 8-105 所示。

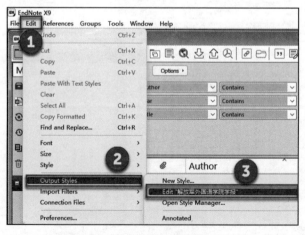

图 8-104　中文参考文献格式设置（3）

（4）在"中文文后参考文献"下通过单击 Insert Field 按钮的方式逐个插入或填写格式信息，如图 8-106 所示。

图 8-105 中文参考文献格式设置（4）

（5）设置完成后关闭该样式即可，设置好的样式信息如图 8-107 所示。

（6）双击 Bibliography→Editor Lists，设置 Abbreviated Editor List 选项（图 8-108），单击"关闭"按钮并保存设置。

（7）双击待插入的文献，在弹出的窗口中选择 Reference Types 格式为"中文文后参考文献"，如图 8-109 所示。

（8）在 Secondary Author 部分输入 Author 中的信息，多个作者之间通过换行隔开（图 8-110），设置完成后关闭该窗口且保存修改。

（9）将更新 Reference Type 为"中文文后参考文献"的文献插入 Word 中，此时可以发现，文后参考文献中，作者超过 3 个的已经以想要的格式显示出来了，如图 8-111 所示。

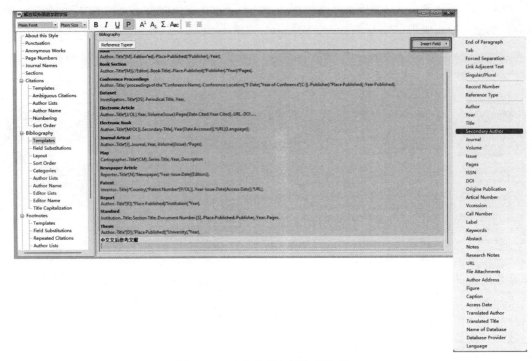

图 8-106　中文参考文献格式设置(5)

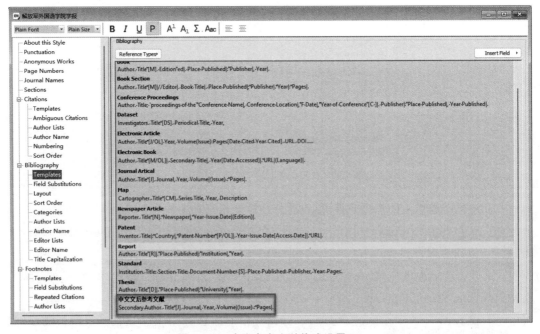

图 8-107　中文参考文献格式设置(6)

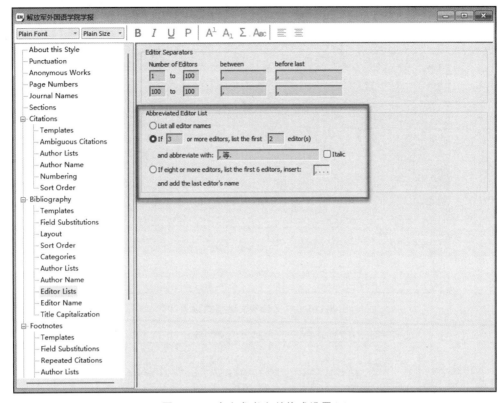

图 8-108　中文参考文献格式设置(7)

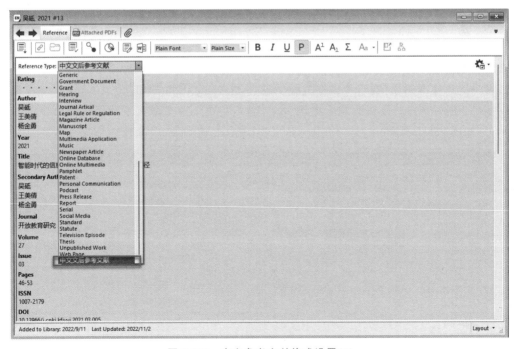

图 8-109　中文参考文献格式设置(8)

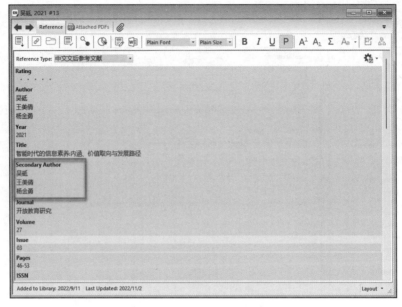

图 8-110　中文参考文献格式设置（9）

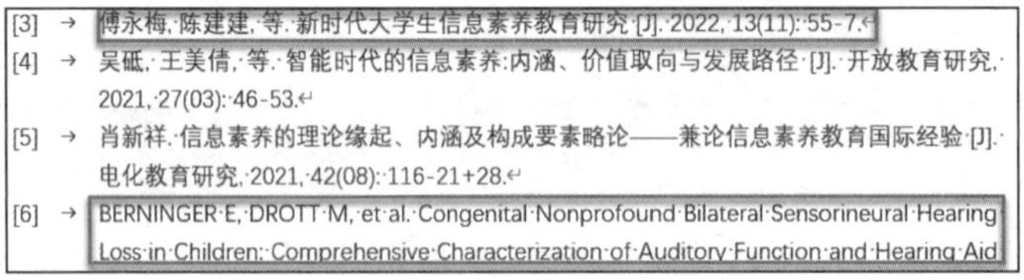

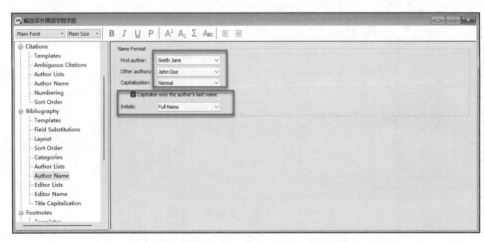

图 8-111　中文参考文献格式设置（10）

7）设置外文文献第一责任者"姓在前、名在后"，名的首字母缩写，其他责任者"名在前、姓在后"，名的首字母缩写

用户进入样式编辑模式，单击样式编辑窗口左侧的 Bibliography→Author Name，并按照图 8-112 进行设置。设置完成后更新引文，即可发现文后参考文献已经按照预定的格式显示了，如图 8-113 所示。

图 8-112　文后参考文献多位作者名称设置（1）

[1] → 傅永梅, 陈建建, 陈锐, 程瑞雪. 新时代大学生信息素养教育研究 [J]. 2022, 13(11): 55-7.

[2] → 刘丹鹤, 白忆菲. 智能时代大学生信息素养的内涵本质和培养路径 [J]. 2022, 38(06): 123-5.

[3] → 吴砥, 王美倩, 杨金勇. 智能时代的信息素养: 内涵、价值取向与发展路径 [J]. 开放教育研究, 2021, 27(03): 46-53.

[4] → 肖新祥. 信息素养的理论缘起、内涵及构成要素略论——兼论信息素养教育国际经验 [J]. 电化教育研究, 2021, 42(08): 116-21+28.

[5] → Berninger E., M. Drott, M. Romanitan, L. Tranebjaerg, S. Hellstrom. Congenital Nonprofound Bilateral Sensorineural Hearing Loss in Children: Comprehensive Characterization of Auditory Function and Hearing Aid Benefit [J]. Audiol Res, 2022, 12(5): 539-63.

[6] → Hamilton W. L., J. Leskovec, D. Jurafsky. Inducing Domain-Specific Sentiment Lexicons from Unlabeled Corpora [J]. Proc Conf Empir Methods Nat Lang Process, 2016, 2016: 595-605.

[7] → Hamilton W. L., J. Leskovec, D. Jurafsky. Cultural Shift or Linguistic Drift? Comparing Two Computational Measures of Semantic Change [J]. Proc Conf Empir Methods Nat Lang Process, 2016, 2016: 2116-21.

[8] → Shi Mohan, Zhang Jie, Du Zhihao, Yu Fan, Zhang Shiliang, Dai Li-Rong. A Comparative Study on multichannel Speaker-attributed automatic speech recognition in Multi-party Meetings [J]. 2022: 1-22.

图 8-113　文后参考文献多位作者名称设置（2）

8）参考文献插入每章末尾

（1）打开样式文件，如图 8-114 所示。

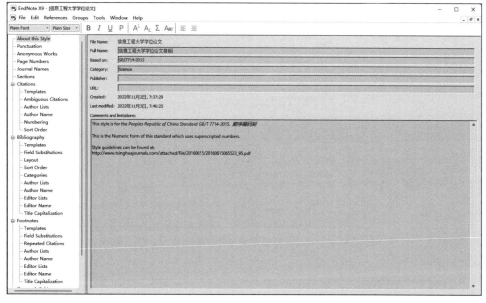

图 8-114　设置参考文献位于章节末尾（1）

（2）单击 Sections，在弹出的窗口右侧选择 Create a bibliography for each section 单选项，并根据不同章节中相同文章是否需要重复等要求确定是否勾选 Continue numbering, or apply settings for disambiguation and repeated citations across sections 复选框，如图 8-115 所示。

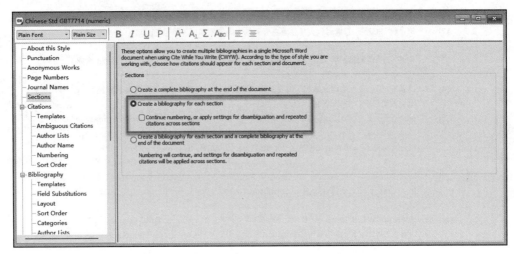

图 8-115　设置参考文献位于章节末尾(2)

(3) 关闭窗口并保存设置。

(4) 为待插入参考文献的 Word 文档设置不同章节,可以通过插入章节符号实现,如图 8-116 和图 8-117 所示。

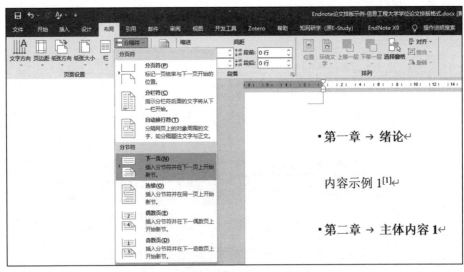

图 8-116　设置参考文献位于章节末尾(3)

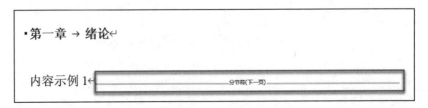

图 8-117　设置参考文献位于章节末尾(4)

（5）根据需要为每部分内容插入参考文献，此时不同章节的参考文献将在不同的章节页面底端显示，如图 8-118 所示。

图 8-118　设置参考文献位于章节末尾（5）

8.2.10　论文撰写

EndNote 除了具有高效的文献管理功能外，在助力用户撰写论文方面也可以发挥重要的作用。用户利用 EndNote 提供的模板可以快速建立格式、段落等合乎投稿要求的稿件，利用 EndNote 提供的 Cite While You Write(CWYW)功能可以快速插入引文，并且自动生成正确的文内和文后书目引文格式，建立文内和文后引文之间的紧密关联关系，从而为用户提供高效的引文编辑管理功能。

EndNote 与论文撰写的关系如图 8-119 所示。用户在建立了 Library 并收集和阅读了众多文献资料后，就可以着手撰写论文了；用户撰写论文时，除了可以直接打开空白论文编辑文档进行写作外，还可以通过 EndNote 内建的论文范本快速进行段落、文字等符合规定的格式编辑；使用 EndNote 提供的 Cite While You Write 功能撰写论文时，必须同时打开 EndNote 和论文编辑软件（如 Word），以快速获取文献书目信息，进行引文编辑。

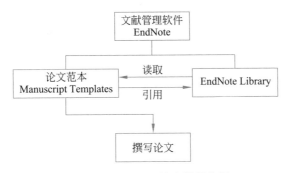

图 8-119　EndNote 论文撰写作用

1. 论文范本

不论是撰写学位论文还是会议、期刊论文，用户都必须依据相关机构指定的格式进行排版编辑，即必须按照段落、字体、字形、行距、引文格式等进行编辑，细节相当烦琐。EndNote 的内建论文范本（Manuscript Template）功能为用户提供了数百种论文范本。内建论文范本一般存储在 EndNote 的安装路径下的 Templates 文件夹下（图 8-120）。用户双击即可打开某模板，可以发现每个段落所应具备的项目及格式要求等都已经规范整齐地出现在其中。

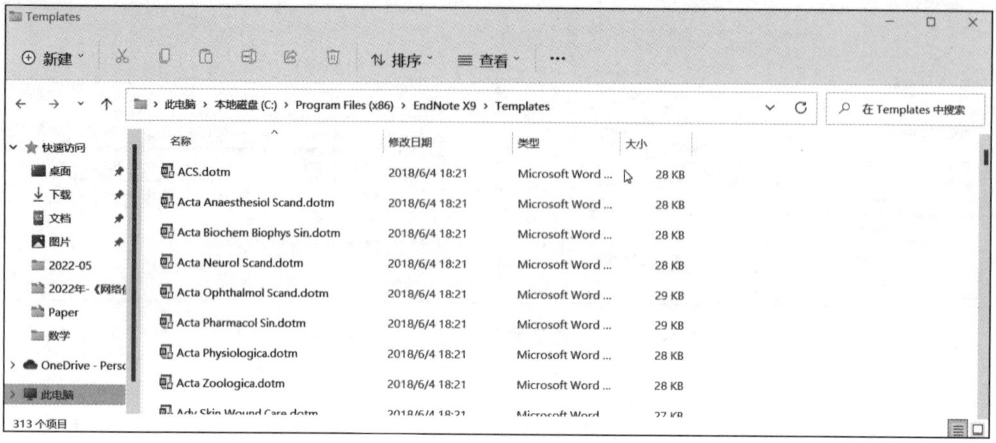

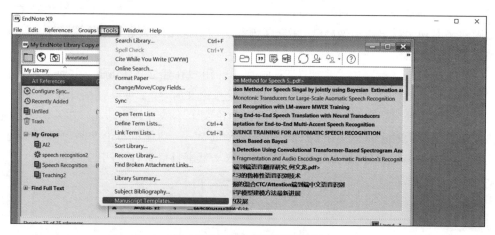

图 8-120　论文模板

论文范本除了可以通过上述方法打开外，还可以通过 EndNote 工作窗口的菜单栏中的 Tools→Manuscript Templates 命令打开，如图 8-121 所示。

图 8-121　论文模板打开方式

说明：对于默认模板中没有提供的模板文件，可以用相近格式的范本进行修改，或者直接打开 Word 空白文档进行编辑设置。

2. 插入参考文献

使用 EndNote 提供的 Cite While You Write 功能可以轻松地将选定的题录信息快速插入文章。插入参考文献的方法有以下 3 种。

1）拖曳法

打开 EndNote 和待插入参考文献的 Word 文档，然后在 EndNote 中选择一条或数条待插入书目，直接拖曳到文件的适当位置，此时会在文内出现文内引用，在文末则会出现格式整齐的参考文献列表。如果出现的是表示功能变量的大括号，则代表数据已经导入，只需要单击功能区中的 Update Citations and Bibliography 按钮(图 8-122)就可以将变量转换为参考文献格式。参考文献的显示格式可以随时更改,其修改方式是单击文献的 Style 下拉列表(图 8-123),在其中选择其他引用格式或进行 Style 样式编辑。

图 8-122　更新引文

图 8-123　修改引文样式

2) Library 插入法

单击待插入文内引用的 Word 位置,然后在 EndNote Library 中选择要插入的题录,单击 Insert Citation 按钮(图 8-124)即可插入引文。

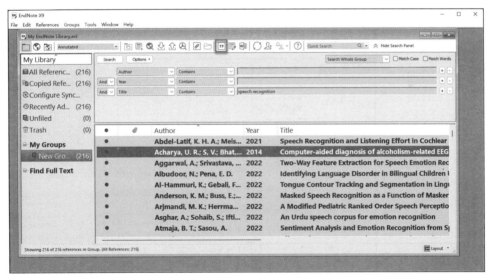

图 8-124　引文插入方法(1)

3) Word 插入法

在 EndNote Library 选定书目之后返回 Word 界面,再单击功能区中的 EndNote→Insert Citation→Insert Selected Citation 命令(图 8-125)。

图 8-125　引文插入方法(2)

说明：如果用户采用空白文件撰写论文，那么参考文献列表将会出现在全文末尾；如果套用 EndNote 提供的论文范本撰写论文，则参考文献会自动根据模板设置出现在正确的位置，不一定是文末。

3. 更改参考文献相关属性

1）改变文献顺序

如果要将某参考文献前移或后移，可以通过执行 Word 功能区中的 EndNote X9→Edit & Manage Citation 命令实现（图 8-126）。也可以在引文上右击，在弹出的快捷菜单中执行 Edit Citations→More 命令（图 8-127），弹出的 EndNote X9 Edit & Manage Citations 对话框中显示了所有参考文献以及作者、出版编号等提示信息，此时用户可以通过单击题录左侧的上移/下移按钮调整先后次序（图 8-128）。调整完成后单击 OK 按钮，关闭编辑界面，此时可以看到引用文献的次序已经发生变化。

图 8-126　改变引文顺序（1）

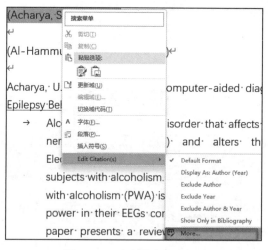

图 8-127　改变引文顺序（2）

2）删除引用文献

要删除引文，可以使用 EndNote 提供的 Edit Citation 功能实现。具体操作方法是：单击 Word 功能区中的 EndNote X9 Edit & Manage Citations 按钮，在弹出的对话框中选定要删除的引文后，在右侧执行 Edit Reference→Remove Citation 命令，即可删除选中的参考文献（图 8-129）。也可以在 Word 中使用删除内容功能直接进行文内引文的删除。

3）增加引文

执行 Word 功能区中的 EndNote X9→Edit & Manage Citation 命令，在弹出的对话框

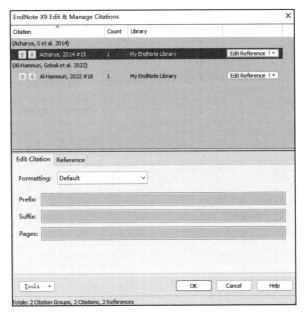

图 8-128　改变引文顺序(3)

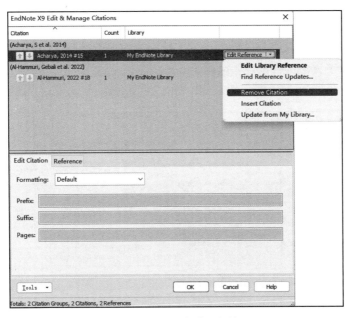

图 8-129　删除引用文献

中执行 Edite Reference→Insert Citation 命令(图 8-130)，在弹出的 EndNote X9 Find &
Insert My Reference 对话框中输入关键词，单击 Find 按钮，找出要引用的书目后，单击
Insert 按钮插入引用文献，新的引文数据会自动加入文内，且自动排序形成参考文献。

4）更改显示格式

引用格式虽然有一定的规则，但在一篇论文同时引用了同名同姓作者的文献时，必须加
以区别，例如加上作者的生卒年、国籍、称谓或其他说明文字，让读者不至于误会引用的对

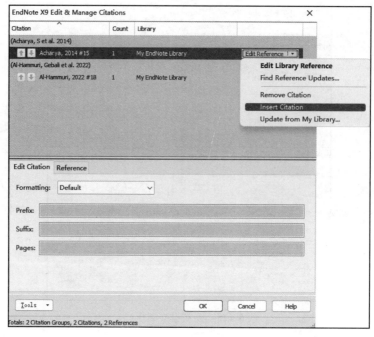

图 8-130　插入引文

象。如果希望将显示格式设定为不显示年份、姓氏前加头衔、资料后方补充作者所属机关所在地，可以按照以下方法进行设定：执行 Word 功能区中的 EndNote X9→Edit & Manage Citation 命令（图 8-131），弹出 EndNote X9 Edit & Manage Citations 对话框（图 8-132）。

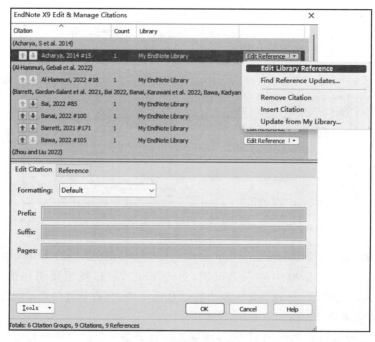

图 8-131　编辑显示格式（1）

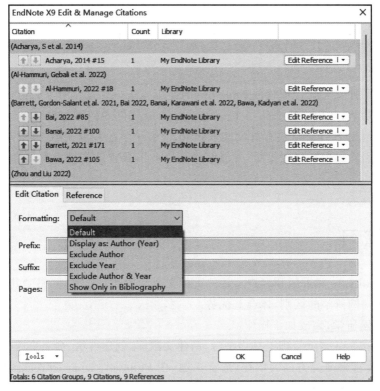

图 8-132　编辑显示格式(2)

该对话框中各个选项字段的含义如下。

- Prefix(前置字)：附加在书目之前的文字。
- Suffix(后置字)：附加在书目之后的文字。
- Pages(页码)：显示作品的页码。
- Exclude author：不显示作者。
- Exclude year：不显示年份。

4. 将稿件转换为纯文本

该操作步骤的功能与知网研学平台中论文去格式化的作用相同，其目标是将文内所含功能变量去除，使得文本成为纯文本文件，其操作方法为执行 EndNote X9→Covert and Bibliography→Convert to Plain Text 命令，在弹出的对话框中选择纯文本文件存储的位置等后单击"确定"按钮即可(图 8-133)。

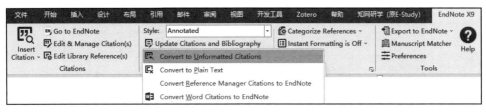

图 8-133　去格式化操作

8.3 小结

本章介绍了外文文献管理软件 EndNote 的使用方法。首先介绍了 EndNote 的作用、使用途径及主要功能，然后详细介绍了 EndNote 客户端软件的使用方法。通过本章的学习，读者能够熟练使用 EndNote 进行外文文献获取，能够科学地管理文献、高效地阅读文献、灵活高效地进行引文编辑和格式排版，并能够深刻体会工具软件在助力科研和学术开展方面发挥的重要作用。

思考与练习

1. 使用 EndNote 网页版和客户端软件进行文献阅读和写作管理，感受其与传统文献阅读管理方法及知网研学的区别，体会其优势。

2. 使用知网研学，完成如下操作。

（1）以 EndNote 文献管理工具为平台，新建文献库、创建群组、命名群组。

（2）以本专业和研究方向为依托，选定主题，在 Pubmed、Sciencedirect、微软学术、谷歌学术搜索等平台下载不少于 12 篇文献（尽量包含全文）。

（3）以第 6 章的中文文献管理练习生成的文档 2 为基础，将 12 篇文献作为引文插入文档 2 的适当位置，输出样式设定为 Vancouver（注意文献要素的完整性）。

（4）进行样式编辑，使得文后中文参考文献在前、英文参考文献在后。

（5）执行投稿前的去格式化操作。

第 9 章　文献分析及文献分析工具

学习目标

1. 理解文献分析的必要性。

2. 了解常见的文献分析工具。

3. 初步掌握 CiteSpace 的安装、配置及使用。

开展科研工作常常需要面临海量的文献,如何从这些海量信息中找出最值得精读、细读的关键文献,挖掘学科前沿,找到研究热点,预测研究动向,是研究人员需要解决的问题。文献分析工具正是一类基于用户需求,通过对大量文献进行分析,从中找出最值得阅读的文献,以展现学科发展趋势的软件。

9.1　文献分析概述

9.1.1　基本概念介绍

1. 参考文献和引文

如果论文 A 使用并引用了论文 B,那么论文 A 含有参照论文 B 的参考文献,则论文 B 含有来自论文 A 的引文,如图 9-1 所示。

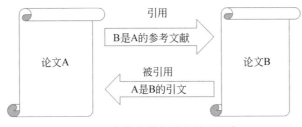

图 9-1　参考文献和引文关系示意

2. 文献共被引

当两篇文献共同出现在第三篇文献的参考文献目录中时,这两篇文献就形成了共引的关系,如图 9-2 所示。

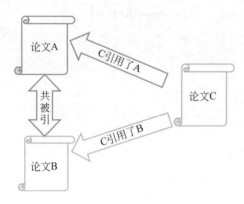

图 9-2　文献共引关系示意

3. 文献共现

当一篇文献中的主题、关键词、作者、机构等项目共同出现在另外 N(N≥2)篇文献中时,这些共同出现的项目就形成了共现的关系,如图 9-3 所示。

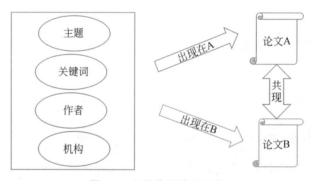

图 9-3　文献共现关系示意

9.1.2　常见文献分析工具分类

随着数据库技术和智能软件分析技术的不断提高,除了先进的专业文献分析工具外,大部分文献数据库也提供了文献分析功能。

1. 全文数据库文献分析功能

1) CNKI 文献分析

CNKI 提供的文献分析功能可以实现全面分析和局部分析两个层面的文献分析。全面分析是对检索到的所有文献进行分析,局部分析是对选定的部分文献进行分析。

　　全面分析的操作步骤为：在检索页面中根据检索条件进行内容检索，在检索结果页面中执行"导出与分析→可视化分析→全部检索结果分析"命令（图 9-4），在弹出的页面中即可进行可视化分析查看（图 9-5）。

图 9-4　CNKI 文献分析功能（1）

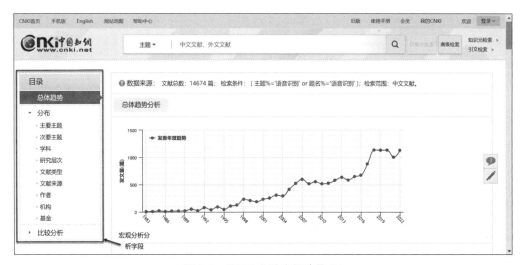

图 9-5　CNKI 文献分析功能（2）

　　通过分析，可获得每年发文量、主要主题分布、文献来源分布、中国作者分布、机构分布等关键信息。从主题分布可获知现有的研究点分布状况，从文献来源可获知主题在不同期刊的发文量，中国作者分布、机构分布等信息则可帮助我们快速锁定高产学者、高产科研单位。

　　局部分析的操作步骤与全面分析基本相同，基本操作过程如图 9-6 和图 9-7 所示。

　　2）万方知识脉络

　　万方知识脉络提供了多维度统计分析、可视化展示结果、智能文献推荐和全方位信息整合的功能，其分析页面如图 9-8 所示。

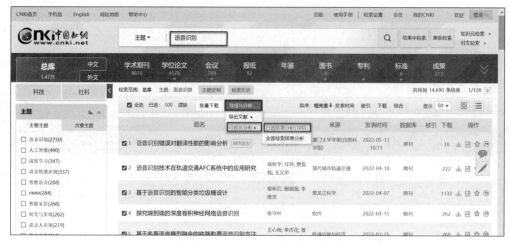

图 9-6　CNKI 文献分析功能（3）

图 9-7　CNKI 文献分析功能（4）

图 9-8　万方数据库文献分析功能

2. 文摘数据库增强扩展分析功能

WOS、EI、JCR、ESI 等文摘数据库和外文全文数据库一样,也提供了类似的分析功能,此处不再赘述。

3. 独立分析工具软件

常见的独立文献分析工具软件有 HistCite、CiteSpace、VOSviewer 等,这些独立分析工具往往提供了超越文献数据库的文献分析功能,下面以 CiteSpace 为例说明文献分析工具软件的使用。

9.2 CiteSpace 文献分析工具

9.2.1 CiteSpace 概述

1. 产生

CiteSpace 是由美国德雷赛尔大学计算机与情报学教授陈超美(Chaomei Chen)于 2004 年使用 Java 语言开发的工具,其目标是对特定领域的文献进行计量,以探寻学科领域演化的关键路径及知识转折点。该软件的主要开发灵感来自库恩(Thomas Kukn,1962)的科学结构演进观点"科学研究的重点随着时间变化,有些时候速度缓慢(incrementally),有些时候比较剧烈(drastically)",即科学发展是可以通过其足迹从已经发表的文献中提取的。CiteSpace 又翻译为"引文空间",是一款着眼于分析学科中蕴含的潜在知识,在科学计量学、数据可视化背景下逐渐发展起来的引文可视化分析软件。由于是通过可视化的手段呈现科学知识的结构、规律和分布情况的,因此也将通过此类方法分析得到的可视化图形称为"科学知识图谱"[18-21]。

2. 原理

CiteSpace 是用 Java 语言开发的一款信息可视化软件,主要基于共引分析理论和寻径网络算法等,对特定领域文献(集合)进行计量,以探寻学科领域演化的关键路径及知识转折点,并通过一系列可视化图谱的绘制形成对学科演化潜在动力机制的分析和学科发展前沿的探测。CiteSpace 首先对学科文献中的信息单元(包括文献层面上的参考文献,主题层面上的关键词、主题词、学科、领域分类等,主体层面上的作者、机构、国家、期刊等)进行提取,然后根据信息单元之间的联系类型和强度进行重构,形成不同意义的网络结构(如关键词共现、作者合作、文献共被引等),网络中的结点代表文献信息单元,连线代表结点间的联系(共现),最后通过对结点、连线及网络结构进行测度、统计分析(聚类、突现词检测等)和可视化,发现特定学科和领域的知识结构的隐含模式和规律,如图 9-9 所示。

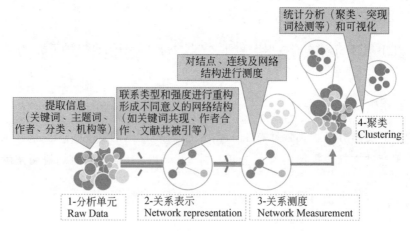

图 9-9　CiteSpace 工作原理示意

3. 作用

CiteSpace 可以帮助用户解决以下问题。

- 在某个研究领域中,哪些主题占据着主流地位?
- 不同的研究领域之间是如何相互关联的?
- 在某个研究领域的发展历程中,哪些文献起着关键的作用?
- 某个研究领域中的知识基础和研究前沿是什么? 研究前沿是如何演变的?

4. 使用情况

常见的文献计量软件分为两大类,一类是基于社会关系矩阵构建的分析软件,如
BibExcel、Bicomb 和 SATI;另一类是基于社会网络聚类的分析软件,该类软件又可以细分
为基于挖掘文献间潜在知识的分析软件(如 CiteSpace)、基于探究文献间相似度的分析软件
(如 VOSviewer)、基于探究文献间直接引用关系的分析软件(如 Ucinet 和 NetDraw)。

以文献计量工具名称为主题词在中国知网中进行检索,可以发现,使用最多的是文献计
量软件 CiteSpace;以时间为主线进行查阅分析,可以看出 CiteSpace 的使用量在逐年增加
(图 9-10 和图 9-11)。基于此,本书以 CiteSpace 作为文献分析工具进行介绍。

图 9-10　知网文献计量软件使用情况示意

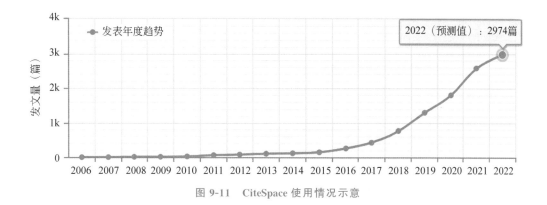

图 9-11 CiteSpace 使用情况示意

9.2.2 安装与配置

CiteSpace 使用 Java 语言开发，在安装 CiteSpace 前，需要先搭建 Java 程序运行环境 JDK(Java Development Kit)。

1. 下载并安装 JDK

1）下载 JDK

JDK 是 Java 语言的软件开发工具包，它为开发 Java 应用程序及采用 Java 编写的程序和组件提供运行环境的支持。用户可以通过链接地址 https://www.oracle.com/java/technologies/downloads/♯jdk18-windows，根据自己所用操作系统环境等信息下载相应版本的 JDK 开发工具，如图 9-12 所示。

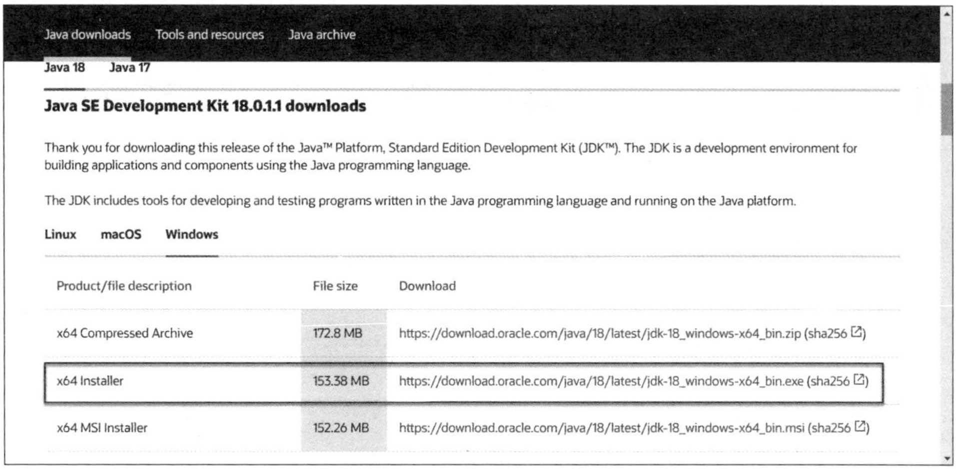

图 9-12 JDK 下载

2）安装

软件下载完成后，在软件的保存目录下会出现 JDK 安装包，如图 9-13 所示，双击该安装包即可启动安装，后续安装步骤可以选择默认配置。

图 9-13 JDK 安装软件

软件安装完成后，用户可以在命令提示符窗口下输入 java -version 后按 Enter 键，如果能够显示 Java 版本信息（图 9-14），说明 JDK 安装成功，就可以下载并安装 CiteSpace 了。

图 9-14 JDK 平台安装成功测试命令行示意

需要说明的是，某些版本的 CiteSpace 安装包已经集成了 JDK 环境，用户不用另行下载和安装 JDK，直接安装下载的 CiteSpace 即可。

2. 下载并安装 CiteSpace

1) 下载

用户通过网址 https://citespace.podia.com 打开 CiteSpce 官网后（图 9-15），单击首页上方的 SoftWare 按钮即可进入软件下载页面（图 9-16），下载后的安装文件如图 9-17 所示。

图 9-15 CiteSpace 下载（1）

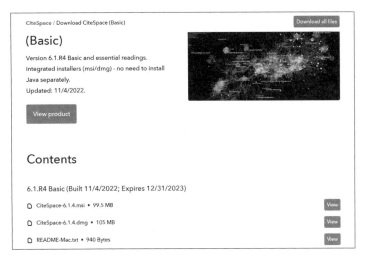

图 9-16　CiteSpace 下载（2）　　　　　　　　　图 9-17　CiteSpace 安装包

2）安装

双击安装包即可开启安装，可以选择默认安装方式，也可以根据实际需要进行属性设置（如修改安装路径等）。安装完成后，用户可以在"开始"菜单中单击软件图标启动程序，如图 9-18 所示，单击 Agree 按钮即可打开 CiteSpace 应用程序，主界面如图 9-19 所示。

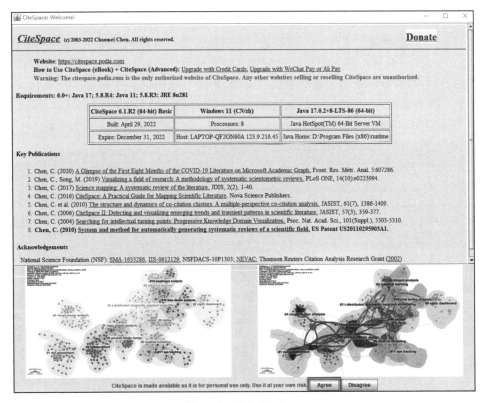

图 9-18　进入 CiteSpace

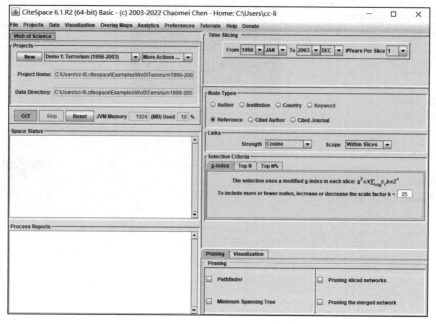

图 9-19　CiteSpace 工作界面示意

3. 功能界面介绍

CiteSpace 功能界面主要分为两大模块：一是最先进入的 CiteSpace 功能与参数设置区域，二是 CiteSpace 对分析结果的可视化窗口。功能参数区是 CiteSpace 对数据进行处理的重点区域，只有对这个区域的一些功能认识正确，才能有效保证后续结果的准确性，下面首先对功能参数菜单栏进行简要介绍，如图 9-20 所示。

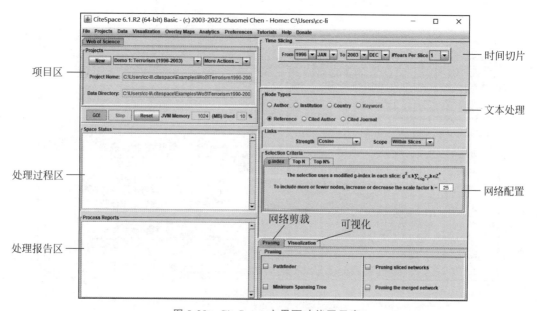

图 9-20　CiteSpace 主界面功能区示意

1) 功能区菜单栏

菜单栏中包含 File(文件)、Project(项目)、Data(数据)、Visualization(可视化)、Overlay Maps(图层叠加)、Analytics(分析)、Preferences(偏好)、Tutorials(指导)、Help(帮助)等。

File 菜单可以打开登录文件（Open Logfile）、保存当前项目的参数（Save Current Parameters)以及移除已经建立的词集（Remove Alias）等，如图 9-21 所示。

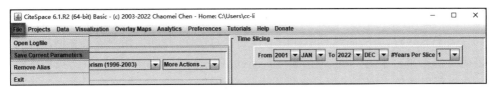

图 9-21　File 菜单

Project 菜单可以用来下载不同数据源（如 Scopus、CNKI 以及 CSSCI 等）的案例数据、项目导入格式查看（Info：Project Import Format）、导入项目功能（Import Projects）和列出已经建立的项目（List Projects)功能，如图 9-22 所示。

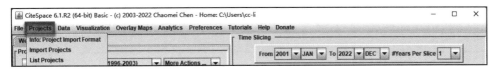

图 9-22　Project 菜单

Data 菜单主要用于数据的导入和导出（包含数据的 MySQL 管理、各种数据库数据的转换处理），如图 9-23 所示。

图 9-23　Data 菜单

Visualization 菜单主要用来打开 CiteSpace 分析得到的可视化文件，包含 Open Saved Visualization 和 Open Slice Image File 选项，如图 9-24 所示。

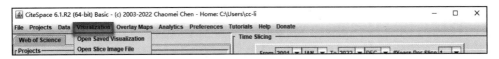

图 9-24　Visualization 菜单

Analytics 菜单栏主要包含作者的合作分析（COA-Coauthorship Network）、作者的共被引分析（ACA-Author Co-Citation Analysis）、文献的共被引分析（DCA-Document Co-Citation Analysis）、期刊的共被引分析（JCA-Journal Co-Citation Analysis)等功能，如图 9-25 所示。

Preferences 菜单是对用户使用 CiteSpace 相关功能的偏好设置，如图 9-26 所示。其中，Defer the Calculations of Centrality 为中介中心性的计算设置，当 CiteSpace 的默认网络

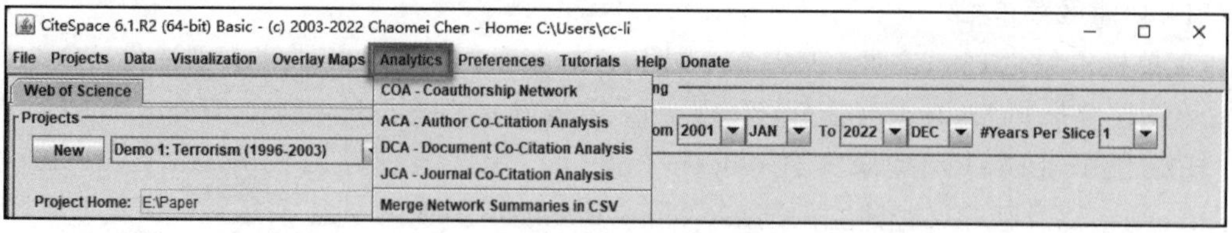

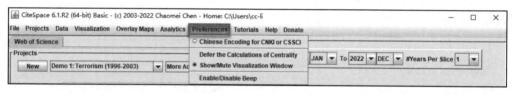

图 9-25　Analytics 菜单

结点数量大于 500 时,将关闭结点中介中心性的计算功能。此时,用户需要在网络可视化界面中依次点击菜单栏中的 Nodes-Compute Node Centrality 手动计算网络结点的中介中心性。用户也可以在该界面下设置计算中介中心性的结点数量,或者不限制结点的数量。此外,它还包含 Show/Mute Visualization Window 和 Chinese Encoding for CNKI or CSSCI 选项,其中,Chinese Encoding for CNKI or CSSCI 选项是在分析中文数据时需要选中的功能。

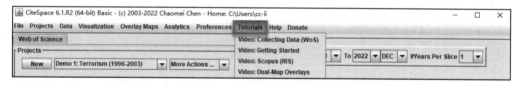

图 9-26　Preferences 菜单

Tutorials 菜单包含了 4 个 CiteSpace 入门指导视频,分别是从 WoS 数据库采集数据、CiteSpace 启动与基础概念、Scopus 数据分析和期刊的双图叠加分析,如图 9-27 所示。

图 9-27　Tutorials 菜单

Help 菜单包含 CiteSpace 主页链接、PDF 版的英文手册链接、术语表以及更新记录等,如图 9-28 所示。

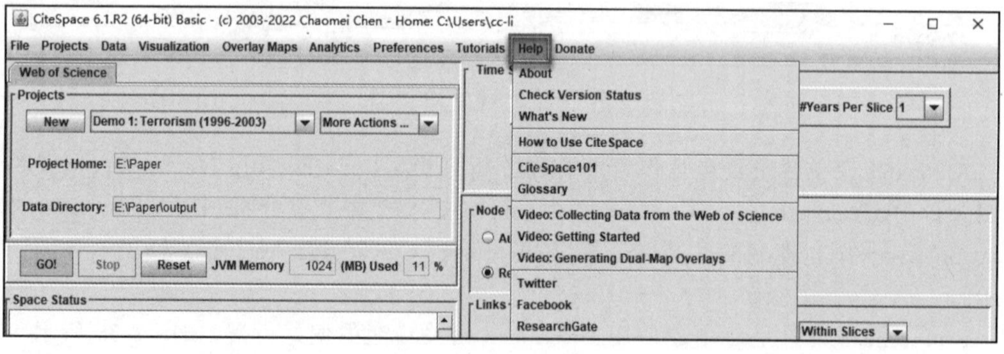

图 9-28　Help 菜单

2）功能区

菜单栏下方的区域为功能参数区界面的快捷区域，包含 Projects 区域、Time Slicing 区域、Pruning 区域、Visualization 区域等以及只有在数据运行后才有结果反馈的 Space Status 区域和 Process Reports 区域，如图 9-29 所示。

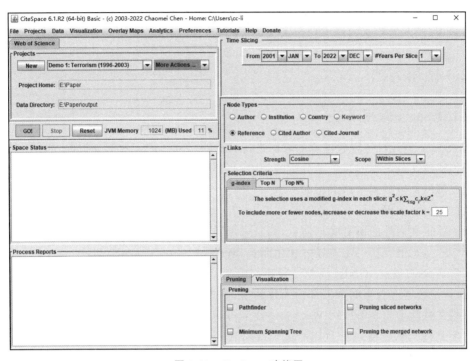

图 9-29　CiteSpace 功能区

（1）Projects 功能和参数区主要用于新项目的建立、编辑和删除。

（2）Time Slicing 功能和参数区中的 Time Slicing 区域的主要功能是对将要分析的数据进行时区分隔，如分析的时间是 2010—2020 年，默认为 1 年一分隔，就有 10 个分段，如果 2 年一分隔，就有 5 个分段。CiteSpace 还提供了按照每月切分数据的功能，主要用来处理在短时期内某一研究发表过度集中的问题。

（3）Node Types 功能和参数区分为上下两个部分，上面的一行主要对文献进行处理，下面的一行对引用文献进行处理，文献分析包括 Author、Institution、Country、Term、Keyword、Source、Category，引用文献分析包括 Reference、Cited Author、Cited Journal。使用时根据分析的需要选择一个即可。

（4）Selection Criteria 功能和参数区用来确定分析标准。g-index 是 CiteSpace 4 版本之后新增的一个功能，也是一种运算方式，其中 K 值越大，得出的数据就越多；TOP N 是最常用的一个标准，表示在每个 time slice 中提取 N 个被引次数最高的文献，N 越大，生成的网络将相对越全面；Top N％和 Top 类似，意为将每个 time slice 中的被引文献按被引次数排序后，保留最高的 N％作为结点；Thresholds 设定 3 个 time slices 的值，其余 time slices 的值由线性插值赋值。3 组需要设置的 slices 为第一个、中间一个和最后一个 slice。每组中的 3 个值分别为 c、cc 和 ccv。c 为最低被引次数。只有满足这个条件的文献才能参加下面的运算,cc 为本 slice 内的共被引次数,ccv 为规范化以后的共被引次数（0～100）,Citations、Usage180、Usage2013 基本不常用。

（5）Pruning 功能和参数区用来对网络连线及结点数进行剪裁。

注意：在实际处理数据时,没有标准的使用方式,要根据自己的目的灵活使用,虽然有推荐,但也并不一定完全适用,CiteSpace 仅仅是一个工具,图出来了,更多的是作者自己对图进行解释,所以不要在选择哪种方式上过多纠结,多试一试,看看哪种结果更好。

9.2.3 使用方法

1. CiteSpace 数据采集

CiteSpace 是针对特定数据源的数据进行分析的,为此,进行数据分析前,必须准备好分析数据。科技文献数据的采集是分析的基础,当前数据的采集主要是借助科技文献数据库,并采用成熟的文献检索策略进行的。

数据分析与数据结构和数据组成联系密切。对于科技文本数据而言,索引型数据库通常收录了除正文以外的所有文献信息,而且增加了数据库本身对论文的分类标引。当然,不同数据库的格式也存在一定差异。相比而言,Web of Science（WoS）和 Scopus 的数据结构最为完整,CSSCI 次之,CNKI 完整性最小。由于 CiteSpace 分析的数据是以 WoS 数据为基础的,即其他数据库收集的数据都要经过转换,成为 WoS 的数据格式才能分析,因此,本书对于一些文献题录的表示就用 WoS 的字段字母简称表示。通常用户收集的文献题录数据都会包含 PT（文献类型）、AU（作者）、SO（期刊）、DE（关键词）、AB（摘要）、C1（机构）以及 CR（参考文献）。需要说明的是,CNKI 下载的数据没有参考文献信息。下面以 CNKI 为例,说明数据采集的一般过程。

（1）进入中国知网首页,单击右上角的"高级检索"按钮,进入高级检索界面,在检索字段选择"文献来源",在其后的检索框中输入"解放军外国语学院学报",并选择"精确"匹配,在时间范围字段输入文献发表时间段（图 9-30）,设置完成后单击"检索"按钮,即可显示检索结果。

图 9-30　CNKI 数据采集（1）

（2）查看检索结果,可以发现全部为期刊文章,单击左侧导航区中的"主题""学科""发表年度"等之后的可视化图标 ,可对检索结果进行初步的分析。勾选检索出的全部 153

条结果前的复选框,单击页面中的"导出与分析"按钮,在弹出的下拉列表中执行"导出文献"
→Refworks 命令(图 9-31),在弹出的导出页面中单击"导出"按钮(图 9-32),设置导出文件
名和导出位置后,即可导出数据(图 9-33)。

图 9-31　CNKI 数据采集(2)

图 9-32　CNKI 数据采集(3)

**CNKI-20220520
171953986.txt**

图 9-33　CNKI 数据采集结果

2. CiteSpace 数据预处理

进入 CiteSpace 数据预处理功能模块的步骤为：运行 CiteSpace 后，执行参数区菜单栏的 Data→Import/Export 命令，即可进入数据的预处理界面，如图 9-34 所示。

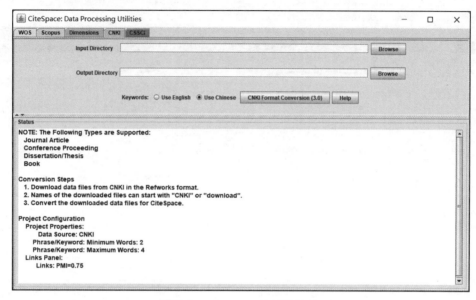

图 9-34　CiteSpace 数据预处理

对于某些来源的数据，CiteSpace 不能直接进行预处理（如 CNKI 数据），必须先进行数据格式转换。

在进行数据转换之前，需要建立两个文件夹，一个用于存储原始数据，可以命名为 input，将从数据库中采集到的原始数据存放到其中；另一个用于存储转换后的数据，必须命名为 output。此外，原始文件夹 input 中保存的下载文件需要命名为"download_×××"的格式，output 需要为空文件夹，以保存转换后的数据。

这里需要转换的数据为 CNKI 格式，因此需要单击 CNKI 选项卡，进入 CNKI 数据转换界面，如图 9-35 所示。单击图 9-35 中的 Input Directory 后的 Browse 按钮，选择原始数据所在的文件夹（这里的 input 文件夹），单击 Output Directory 后的 Browse 按钮，加载对应的输出文件夹（这里的 output 文件夹），单击 CNKI Format Conversion(3.0) 按钮即可完成转换。转换生成的数据文件会在源文件后添加"_converted"（图 9-36），转换前后的数据文件内容的格式对比如图 9-37 和图 9-38 所示。

3. 可视化分析

可视化分析是对采集并完成格式转换之后的数据进行数据分析，并以图形的可视化方式展示给用户，以便于用户直观理解。

CiteSpace 提供的默认演示案例是 Demo 1：terrorism（1996-2003）。用户进入 CiteSpace 后，单击 CiteSpace 窗口中的 Go 按钮就可以直接启动 CiteSpace 对该案例进行文献的共被引分析（图 9-39），然后，软件会提示用户进行操作选择，用户可以选择 Visualize

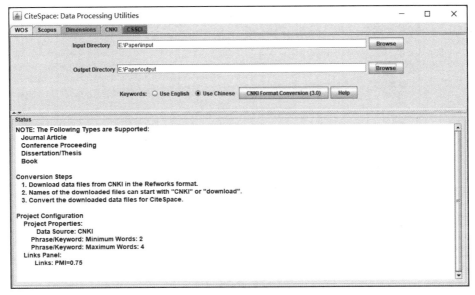

图 9-35 CNKI 数据转换界面

图 9-36 转换后的文件命名格式示意

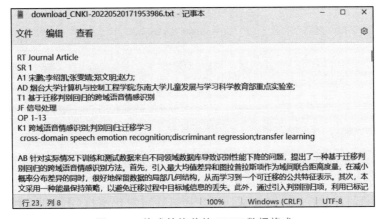

图 9-37 格式转换前的 CNKI 数据格式

（可视化）、Sava As GraphML（保存为 GraphML 格式文件）或者 Cancel（取消数据分析），如图 9-40 所示。如果用户选择 Visualize 选项，则会展示数据分析的结果，如图 9-41 所示。

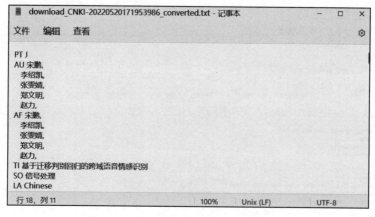

图 9-38　格式转换后的 CNKI 数据格式

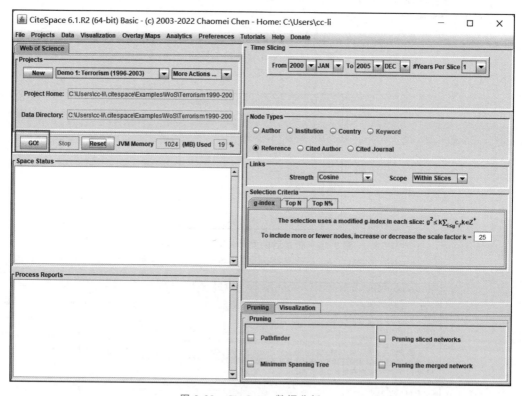

图 9-39　CiteSpace 数据分析(1)

　　用户还可以通过在 CiteSpace 主窗口中进行更详细的参数设置,使得 Demo 1: terrorism(1996-2003)的分析更符合个人分析目标。用户也可以通过单击 Projects 下的 New 按钮对下载的目标数据进行分析。用户还可在可视化窗口(图 9-41)中通过单击菜单栏中的相关选项进行图形化显示设置。对于更详细的操作,读者可以通过在互联网上查找陈超美教授撰写的相关使用文档进行查看,也可以通过相关图书[19-21]和学术论文[22-28]进行深入学习,本书不再详细介绍。

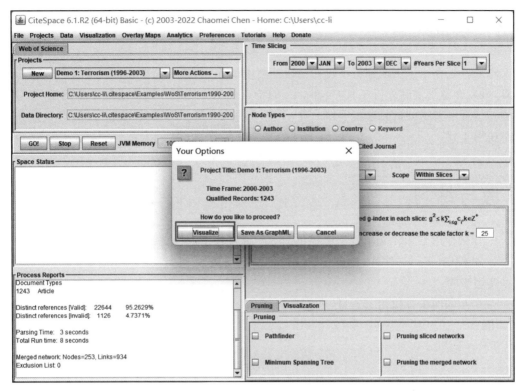

图 9-40 CiteSpace 数据分析(2)

图 9-41 CiteSpace 数据分析(3)

9.3 小结

本章首先介绍了文献分析手段在科研开展中的作用,然后简要说明了常见的文献分析工具,最后介绍了文献分析工具 CiteSpace 的特点及基本使用方法。通过本章的学习,读者能够初步理解文献分析的基本工作原理,了解可用的文献分析工具,初步了解 CiteSpace 的基本使用步骤。

思考与练习

1. 尝试使用 CNKI 文献数据库提供的文献分析功能进行文献分析。

2. 安装 CiteSpace 软件,初步尝试使用 CiteSpace 软件进行文献分析,熟悉 CiteSpace 的基本使用步骤。

3. 在互联网中查找相关资料,进一步研究 CiteSpace 的使用方法,体会其在科研开展中的作用。

第 10 章　论文写作与排版技巧

学习目标

1. 熟悉课题研究与论文创作的基本步骤。
2. 熟悉学位论文的写作规范。
3. 掌握学位论文的写作与排版技巧。

科研人员取得的科研成果多数是以论文的形式进行呈现的。论文可以分为两大类,一类是学术论文,另一类是学位论文。学术论文和学位论文都是科研人员经历潜心研究之后产生的科研成果。科研人员要取得突出的科研成果,就需要深入开展科学研究。科学研究是一个复杂但有章可循的过程,掌握必要的科研论文创作流程和技巧,就可以提高科研开展的效率;掌握必要的论文写作规范及排版技巧,可以提高撰写论文的速度。本章首先介绍课题研究与论文创作的基本步骤,然后重点介绍学位论文的写作规范,最后介绍学位论文的写作和排版技巧。

10.31　课题研究与论文创作基本步骤

10.1.1　课题相关资料查询

课题查询又称课题资料查询,是课题研究及论文写作的第一步。课题资料查询一般分6个步骤进行,分别是分析研究课题、选择参考资源或检索工具、确定检索范围和确定检索途径、选择检索系统、评估检索结果和优化检索策略、检索结果的组织与整理。

科研课题有大有小、有深有浅,不同的课题需要获得的信息类型和信息量都不一样,运用的研究策略也不同,读者可以在实践中灵活运用。

1. 分析研究课题

在进行检索之前,必须对检索课题内容进行分析,主要是对课题类型、所需信息的深度与广度、主题的时效性、资料的数据类型等方面进行分析,在明确检索目的的基础上合理界定检索范围。

课题的类型主要包括针对某一具体问题寻找准确答案、查找特定的文献、对某一问题做大致的了解、查阅某一专题的前沿和最新资料、对某一课题做全面的检索、对某一课题做深入的专题研究。明确了检索课题的类型之后,可以在此基础上确定该课题检索的广度与深度、时间范围,对检索资料的数据类型有所限定或侧重。

前两种类型检索课题比较简单,只要正确选择一个检索工具和参考资源,便可以一步查到所需信息;第三种类型检索课题的检索深度要求不是很高,可进行浏览式检索,参考一般的图书、杂志、报纸或视听资料;从主题的时效性看,第四种类型的检索课题需要最原始、最新颖的资料,如最新的期刊、会议资料、未发表的预印本文献(pre-print);第五种类型检索课题要求系统全面,必须以时间为轴做纵向、深度的考察;第六种类型检索课题应着重参考各种学术品质较高的期刊论文、会议论文、学位论文、重要专著。

检索课题分析的另外一项主要任务就是明晰检索的主题内容、主题概念,确定中文及相应的英文检索词,同时注意挖掘隐含的主题概念,将表达同一概念的同义词一一列出,并确定主题词之间的逻辑关系。

2. 选择参考资源,确定检索工具

根据课题分析结果,可以有针对性地选择适用的参考资源及检索工具。恰当的参考资源或检索工具可以使用户在很少的时间内获得既丰富又有价值的资料。对检索工具的正确选择应建立在对可用资源有全面了解的基础上,建立在充分认识各种参考资源的类型、内容、意义和功能的基础上。使用参考资源或检索工具的原则一般如下。

(1)学科属性是考察参考资源是否适用的首选因素。首先要保证所选的资源与检索课题的学科一致,其次应考虑所选资源在该学科领域的地位,尽量使用权威性、学术性较高的数据库作为参考资源。

(2)了解检索工具的收藏范围和学科覆盖面,包括时间范围、覆盖的地理范围、语种、覆盖的地理范围、语种、信息类型等。

(3)了解检索工具或参考资源的检索方法和系统功能。

(4)了解并有效利用检索系统的其他检索手段和辅助工具(如检索帮助等)。

在实际的检索过程中,课题检索的范围一般受两个因素的制约:一是课题本身提出的要求,二是可利用资源的状况。一般社会科学方面的课题受地域因素的制约较强,对于科学技术,特别是高科技领域的课题,应重点查阅世界上在该领域有突出作为的机构。

3. 确定检索途径,选择检索方法

检索途径大体分为分类途径、主题途径、著者途径、题名途径、序号途径、特种途径。分类途径是从课题所属学科范畴入手进行检索,集中体现学科属性;主题途径是通过对课题内容进行提炼,通过主题概念检索,具有专指性、灵活性;著者途径包括个人著者和团体著者,是在已知某人姓名、某机构名称及背景时所做的有针对性的检索;题名途径包括文献篇名、书名和刊名,也包括篇名关键词、书名关键词、刊名关键词的检索,专指性非常强;序号途径通常作为辅助检索于段,提供从某一序号线索入手进行检索,如专利号、标准号等,能直接查找某一篇特定的文献。根据特殊要求和特殊需要,还可以采用其他特殊途径。总之,选择哪种检索途径应根据课题需要和个人对检索技能的掌握程度确定。

文献信息检索方法有系统检索、一般浏览和追溯法三种。系统检索法即工具法,是利用信息检索工具或数据库,全面、系统地获得文献信息的一种查找方法,是最常用的检索方法。

用户可以基于关键词、作者、机构名称等进行检索,具体检索方法本书前文已有详细介绍。系统检索根据检索文献信息时间的不同,可分为顺查找法、倒查法和抽查法三种。顺查法是根据所查课题的起始年代为起点,由远而近按时间顺序查找文献的方法,适合于大课题的检索;倒查法是由近而远,按逆时间的顺序查找文献的方法,适合查找最新资料;抽查是根据课题特点,在课题发展迅速、出版文献多的年代进行查找,适合于某些年代文献特别多的课题的检索。追溯法是从已有文献后所列的参考文献开始,逐一追查原始文献,再对这些原始文献后所附的参考文献逐一进行检索,获得相关文献的检索方法,这是一种扩大文献信息源的十分有效的方法,可以在不利用任何检索工具的情况下,快速获取一批与原文关系密切的文献资料。但参考文献有限,不宜作为主要的检索方法。

通常,课题查询的方法是先利用一般浏览方法了解课题的背景或获取最新信息,然后利用工具法全面、系统地检索与课题相关的文献资料,在获得切题的文献后,再利用追溯法获得一些相关文献。

4. 选择检索系统

确定检索范围和要求后,用户就可以选择合适的检索系统进行文献检索了。当检索课题涉及范围广、学科多时,可选择综合型检索系统;当检索课题涉及专业性较强、学科单一且用户要求目标文献对口性强时,可选择专业型检索系统,如从事英美语言文学研究工作的读者,可以去现代英美文学及语言学全文期刊数据库进行检索;若涉及技术性较强的课题,应考虑使用专利信息检索工具。

5. 选择检索词,确定检索策略

检索词的选取是否得当将直接影响检索效果,一般要求检索词的选取要全面,尽可能包含各主题概念,可选取上位词和同义词、近义词作为检索词(如计算机、电脑、平板、电子计算机等),并利用备检索系统的词表对其进行规范,以保证检索词与标引词的一致性,也可以选用一些自由词或关键词进行检索,避免漏检,提高检索效果。检索策略是检索前制定的概念组配和执行检索的顺序方案,在手工检索中,检索策略表现为一个个独立的检索词,而在计算机检索中,则表示为检索式,即将各个检索概念之间的逻辑关系、位置关系等用各种运算符连接起来,成为检索系统可识别和执行的检索命令。

6. 获取原始文献

获取原始文献是检索文献的最后一步,也是至关重要的一步。随着全文型电子资源的不断增加,原文的获取变得十分便捷。数字资源更新快、查询输出方便,因此在获取原文时应遵循"先电子,后印刷"的原则。

检索全文时,可以首先根据文献出处信息判断文献的出版类型,并将文献出处中的缩写、音译刊名(日文、俄文、中文等)还原为全称或原刊名,以便进一步准确进行文献检索。大型检索系统都有与之相匹配的刊名缩写表,如 PL 是 Publications List 的缩写,CA 是 Chemical Abstracts Service Source Index 的缩写。也可以按照外文缩写习惯解决,如 Mech.Eng. 是 Mechanical Engineering 的缩写。对于非拉丁文的音译刊名(日文、俄文、中文等),可以利用专门的工具书,如《拉丁音译日文:科技期刊与连续出版物名称对照手册》将其转换为原语种刊名，以获得原文。

也可以根据出版文献的类型获取原始文献。原则上采取"由近及远，就近解决"的方法，或直接向作者或出版单位索取。如原文是图书，可通过查找各国 OPAC 联机检索目录，以确定有无藏书或该书的索取号，也可以通过超星等在线数据库获取图书全文。期刊文献是使用最多的文献，较其他文献更易获得原文。本书前文介绍了几个典型的常见中文全文期刊数据库及外文期刊全文数据库，由于篇幅所限，很多优秀的中外文全文期刊数据库没有在此叙述，读者可以自行学习使用。印刷版文献可以通过各机构的图书馆 OPAC 联机检索目录或纸本馆藏目录等获得馆藏信息，然后到相应馆藏地进行借阅。

学位论文的获取与期刊论文稍有不同。当前，某些大型的全文数据库也提供了部分学位论文全文获取功能，如万方的学位论文全文数据库、清华同方的优秀博硕论文全文数据库、美国 ProQuest 公司的 PQDD 学位论文数据库等。对于数据库未收录的学位论文，读者可以直接向学位颁发单位索取，各学位颁发单位都有收藏。

专利、标准、会议等特种文献的全文获取也很方便。专利文献可以直接向当地信息研究所等收藏专利文献的单位索取专利说明书原文，也可以通过网上某些专利信息机构提供的网站索取。标准文献可向当地质量标准检验所、标准研究所索取，也可以通过标准数据库（如万方标准全文数据库）获取。国内科技会议文献也可以从相应的全文数据库获取（如万方、中国知网等）。

10.1.2 文献资料管理步骤

1. 初步分类筛选

研究人员对于已获得的资料，必须进行进一步的筛选、分析和整理才便于利用。根据课题涉及的研究内容和类目，对每份资料进行粗略浏览、归类，将主题内容相同或相近的资料集中分类管理，去除价值较小的资料，以便于后期阅读和整理。

2. 进行阅读整理

对初步分类的资料进行阅读，进一步了解资料内容，从而进一步进行阅读取舍和分类管理。对于文献资料的阅读，一般采取粗读、通读和精读三种方式。粗读以看题目、目录、作者、摘要和结论等为主，对全文采取跳跃式、有选择地分段部分阅读。经粗读选出的资料可以进行通读，通读需要全面掌握资料内容，并根据需要分析和摘录文章重点，从而达到只看摘录即可了解原文主要内容的目的。最后，对在通读阶段选出的重点资料进行精读。精读即反复阅读，以准确掌握文章论点、论据和结论，达到不看原文就能复述其内容的程度，从而便于进行思考、推理和论证。精读时还要进行深度分析，尽力提出问题或个人的想法，以为后续开展研究奠定基础。阅读文献时，借助前文介绍的文献阅读管理工具知网研学平台或 EndNote 可以有效提高阅读效率。

3. 深度分析鉴别

在阅读资料的过程中对资料进行分析和鉴别，从而判断资料的可靠性、先进性和适用性。可靠性是指资料的真实性和准确性,论文的逻辑推理是否严谨,是否有精确的实验数据做支撑,内容是否达到一定的广度和深度,所持论点与结论是否有充分的理论和实践依据。此外,文献的作者、出版单位、来源和类型等也是可靠性的重要衡量指标。一般来说,由著名学者和专家撰写、著名出版社出版、专业机构人员提供、发表在核心期刊上的文章的可靠性都比较高。资料的先进性是指在科学技术上是否有某种创新或突破,文献内容是否在原有知识的基础上提出了新观点或新假说,原有技术和经验是否在新领域中得到了应用,并取得了新的成就等。资料的适用性是指文献资料对用户的适合程度与范围,凡适合课题研究需要的文献,就是具有参考价值的文献。对资料的适用性要做具体分析,要根据研究课题的目的、要求及成果的应用时间、地点和条件等进行判断。

10.1.3　学术论文写作

1. 论文分类

论文常指用来进行各个学术领域的研究和描述学术研究成果的文章,它既是探讨问题、进行学术研究的一种手段,又是描述学术研究成果、进行学术交流的一种工具。根据作用的不同,论文可以分为学术论文、学位论文、学期论文、竞赛论文、会议论文、项目结题书、内部报告等,其中,学术论文和学位论文是最重要的两类论文。

学术论文是某一学术课题在实验性、理论性或观测性上具有新的科学研究成果或创新见解的科学记录,或是某种已知原理应用于实际并取得新进展的科学总结,用来在学术会议上宣读、交流或讨论,或在学术刊物上发表,或作其他用途的书面文件。学位论文是表明作者从事科学研究取得创造性的结果或有了新的见解,并以此为内容撰写而成的作为提出申请授予相应学位时评审用的学术论文。与学术论文相比,学位论文更加系统、全面、综合。

2. 学术论文分类

学术论文可分为研究型论文(Research Paper)、综述型论文(Review Paper)、方法型论文(Methods Paper)、讨论型论文(Discussion Paper)等。

1) 研究型论文

研究型论文是最常见的一类期刊论文,在期刊中通常占据大量篇幅。研究型论文的特点是针对某一个问题进行分析和讨论的原创性研究发现,其主体部分的常规格式为研究问题及其相关内容介绍(前言)、研究方法、研究成果、讨论以及总结,字数一般为 5000～8000 个单词(根据具体期刊要求而定)。

2) 综述型论文

综述型论文是学术论文的一种形式,是在对某一特定课题的全部或大部分文献资料进行分析、比较、整理、归纳的基础上,全面、系统、准确、客观地概述该主题内容而形成的一种文献调研报告。综述型论文的特点是语言概括、信息浓缩、内容客观,是通过对大量现有文献的调研,对相关专题的研究背景、现状、发展趋势进行的较为深入、系统的述评(介绍与评价)。综述型论文要求能够比较全面地反映与本课题直接相关的国内外研究成果,尤其是近年来的最新成果和发展趋势,指出该课题需要进一步解决的问题或提出相关的评议。一般在学位论文的开题报告中包含综述型论文内容。

综述型论文可分为叙述性综述、评论性综述和专题研究报告三种。叙述性综述是围绕某一问题或专题,广泛搜集相关的文献资料,对其内容进行分析、整理和综合,并以精炼、概括的语言对有关的理论、观点、数据、方法、发展概况等做综合、客观的描述。评论性综述是在对某一问题或专题进行综合描述的基础上,从纵向或横向上做对比、分析和评论,提出自己的观点和见解,并明确取舍的一种文献信息分析报告,其特点是分析和评价,因此也有人将其称为分析性综述。专题研究报告是就某一专题(一般是涉及国家经济或科研发展方向的重大课题)进行反映与评价,并提出发展对策,预测发展趋势。专题研究报告最显著的特点是预测性,是一种现实性、政策性和针对性很强的情报分析研究成果。

3. 论文写作一般要求

学术论文的组成一般包括论文标题、摘要、关键词、引言(背景)、正文、结束语、参考文献等。

标题之于一篇论文,如同额头、眼睛之于人。标题用简洁的语言概括论文核心内容和主要观点,好的题目能够吸引读者阅读全文,且能够为二次文献机构、数据库系统提供检索和录用。论文标题要紧扣主题,高度概括,突出重点,具有一目了然和引人瞩目的特点,使得读者一看标题即可了解其大致内容且有兴趣阅读。撰写论文标题时,应使标题能够直接反映文献类型,如用"综述""概述""述评""评述""进展""动态""现状""趋势和对策""分析与思考"等表示本文是综述型论文,用"研究""探讨"等表明本文是研究型论文。通常,论文标题的字数不超过 20 个。

摘要是文章内容不加注释和评论的简短陈述,应具有独立性和完整性。

关键词能够反映文章核心内容,可选用小节反映文章特征内容,使用通用性比较强的词组,避免使用"分析""特性"等普通词组,学术论文的关键词一般在 5 个词以内。关键词选择得是否恰当,对于后期文献收录、搜索、引用具有非常重要的影响。

引言是对整篇综述的简短开场白,一般说明论文的写作背景和写作缘由。

正文是文章的核心内容,要求内容综合、语言概括、信息浓缩、评述客观,在正文中按内容需要和逻辑关系添加各级小标题,分模块论述,可使正文的内容一目了然。

结束语是对前面论述的内容的总结,以突出论文的主要研究内容,并做出展望,说明下一步的研究内容和研究目标,以吸引读者进行后续跟踪。

参考文献一般用来注明论文观点、背景、资料的来源,通常在文中进行文内引用,在文后附著一定数量的文后参考文献。参考文献在论文中起着非常重要的作用。参考文献可以用来证明自己的观点来源,即通过对前人的研究进行详细调查和分析,以给自己的观点提供有力支撑;参考文献可以用来展示该领域的研究背景和未来发展,体现自己对于本领域的阅读情况,总结前人之鉴,找出未来可以研究的部分;参考文献也是学术道德规范的要求,当借鉴前人的成果时,必须进行正规标注。

进行参考文献标注时,必须注意引用的客观、合理,避免出现以下不当引用情况的发生:故意引用,即为提高批次引用率,作者间采取"团体作战"相互引用的形式;自引不当,即出于提高引用率或扩大影响等目的,进行不必要的过度自引;无效引用,即为显示研究基础扎实,在论文中加入未引用或与本文论题毫不相关的文献;有意漏引,即为突出自己研究的意义而没有提及某些已有的研究;引用未溯源,即将转引标注为直引或将引自译著标为引自原著;引而不注,即将原作者的研究改头换面后作为自己的论点而未注明出处;过度引用,即引用部分构成引用人作品的主要部分或实质部分。

10.2 学位论文写作规范

10.2.1 学位论文概述

1. 定义

国家标准 GB/T 7713-1987《科技报告、学位论文和学术论文的编写格式学位论文》中对学位论文做了明确的定义:学位论文是表明作者从事科学研究取得创造性结果或有新的见解,并以此为内容撰写而成、作为提出申请授予相应的学位时评审用的学术论文。简而言之,学位论文是学位申请者为了获得学位而提交的学术论文,它集中反映了学位申请者的学识、能力和学术贡献,是考核其能否毕业和被授予相应学位的基本依据。

2. 分类

我国于 1981 年 1 月 1 日起正式实施《中华人民共和国学位条例》。1982 年 5 月 20 日,国务院颁发了《中华人民共和国学位条例暂行实施办法》,明确规定我国的学位分为学士、硕士、博士三级。世界各国的学位制度各不相同,世界上大多数国家的学位均采用学士、硕士、博士三级学位制,此外还设置"荣誉博士学位",用于授予有卓越贡献的科学家和政治家。

1) 学士学位论文

学士学位论文是高校本科毕业生为获得学士学位而写的毕业论文或毕业设计说明书,学士论文应能表明作者确已较好地掌握了本门学科的基础理论、专门知识和基本技能,并具有从事科学研究工作或担负专门技术工作的初步能力。

根据《中华人民共和国学位条例》第四条规定,高等学校本科毕业生,成绩优良,达到下述水平者,可授予学士学位。

(1) 较好地掌握了本门学科的基础理论、专门知识和基本技能。

(2) 具有从事科学研究工作或担负专门技术工作的初步能力。

学士论文侧重于科学研究规范的基本训练,综合考查学生运用所学的本专业理论、知识、技能分析和解决实际问题的能力。

2) 硕士学位论文

硕士学位论文是攻读硕士学位的研究生所写的毕业论文或毕业设计说明书。硕士论文应能表明作者确已在本门学科上掌握了坚实的基础理论和系统的专门知识,并对所研究课题有新的见解,有从事科学研究工作或独立担负专门技术工作的能力。根据《中华人民共和国学位条例》第五条规定,高等学校和科学研究机构的研究生,或具有研究生毕业同等学历的人员,通过硕士学位的课程考试和论文答辩,成绩合格,达到下列学术水平者,可授予硕士学位。

（1）在本门学科上掌握了坚实的基础理论和系统的专门知识。

（2）具有从事科学研究工作或独立担负专门技术工作的能力。

硕士学位论文的学术水平高于学士学位论文，要求对课题有新的见解。

3）博士学位论文

博士学位论文是攻读博士学位的研究生所写的毕业论文或毕业设计说明书。博士论文应能表明作者确已在本门学科上掌握了坚实宽广的基础理论和系统深入的专门知识，并具有独立从事科学研究工作的能力，在科学或专门技术上做出了创造性的成果。根据《中华人民共和国学位条例》第六条规定，高等学校和科学研究机构的研究生，或具有研究生毕业同等学历的人员，通过博士学位的课程考试和论文答辩，成绩合格，达到下列学术水平者，可授予博士学位。

（1）在本门学科上掌握了坚实宽广的基础理论和系统深入的专门知识。

（2）具有独立从事科学研究的能力。

（3）在科学或专门技术上做出创造性的成果。

博士学位论文要求有更高的学术水平，必须在某一学科领域或专门技术上做出创造性的研究成果。

三类学位论文是由简到繁、由浅入深、由低级到高级的关系，它们的篇幅要求也不同。一般来说，学士学位论文篇幅不宜过长，通常为 1 万字左右；硕士学位论文篇幅较长，一般为 5 万字左右；博士学位论文篇幅最长，一般为 5 万字以上，甚至 20 万字。

10.2.2　学位论文特点

1. 学术性

学术性是将专门性的知识积累起来，使它系统化，然后加以探讨、研究。学位论文以学术问题作为论题，以学术成果作为表述对象，以学术见解作为核心内容，运用科学的原理和方法，对社会科学、自然科学或工程技术领域的某一课题进行抽象、概括地论述、具体翔实地说明、严密地论证和分析，以揭示事物内在的本质和发展规律，阐明工程技术设计的周密性、可靠性和可行性，而不只是对客观事物外部形态和过程的表面叙述，不是一般的认识和议论，而是系统化的理性认识，是思维活动反复和深化的结果。

2. 科学性

学位论文必须具备科学性，这是由科学研究的任务决定的。科学研究的任务是揭示事物发展的客观规律，探求客观真理，成为人们改造世界的指南。无论自然科学还是社会科学，都必须根据科学研究这一总的任务，对本门学科中的研究对象进行深入的探讨，揭示其规律。学位论文的科学性主要表现在以下方面。

（1）在内容上，反映的科研成果是客观存在的自然现象及其规律，是被实践检验的真理，并能为他人提供重复实验，具有较好的实用价值。

（2）在表现形式上，结构严谨清晰，逻辑思维严密，表述准确、流畅、全面。

（3）在科研方法上，讲究唯物辩证法，要善于运用分析与综合、比较与分类、归纳与演绎、抽象与概括、移植与开拓等方法更好地发挥思维的创造性功能。

（4）在科研态度上，坚持科学态度和科学精神，坚持实事求是。

3. 创造性

创造性也称独创性或创见性，是衡量学位论文价值的根本标准。学位论文与一般的科普作品不同，其目标是交流学术新成就、发表新理论和新设想、探索新方法和新定理，没有新的创新，就不能称其为学位论文。一篇论文价值的高低，主要是看它能否创造新技术、新工艺、新理论，并具有普遍性和公开性。学位论文价值的高低，主要由以下方面决定。

（1）是否指出了有关国计民生迫切需要解决的问题。

（2）是否反映了科学上的新发明、新发现。

（3）是否在学术上提出了新见解、新理论。

4. 专业性

学位论文的另一个特点是专业性，即所用语言和选用材料具有学科专业特点。一篇学位论文选用的材料通常需要限制在其研究课题范围之内，限制性很大；在语言上，学位论文也有专业性的特点，主要表现在要用科学的专业术语论证和阐述自己的观点。

5. 规范性

学位论文受其性质、内容、功用决定，在体例上有特有的规定性和规范性。

10.2.3　学位论文基本组成

国家标准 GB/T 7713.1-2006《学位论文编写规则》规定了学位论文的基本结构。学位论文总体上可以分为前置部分、主体部分、参考文献、附录和结尾五大部分，如图 10-1 所示。

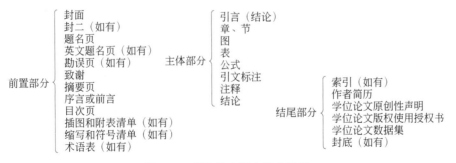

图 10-1　学位论文基本组成示意

1. 题名

题名（Title/Topic）又称题目或标题。题名是以最恰当简洁的词语反映论文最重要的特定内容的逻辑组合。论文题目是一篇论文给出的涉及论文范围与水平的第一个重要信息。对论文题目的要求是：准确得体，简短，规范醒目，紧扣内容。论文题目字数要少，一般不超过 20 个字，尽量避免出现助词、形容词、副词、缩略语、缩写词、字符代号或公式等。论文用作国际交流时,应有外文题名,外文题名一般不宜超过 10 个实词。

此外,如果题名语意未尽,可以用副题名补充说明。论文分册出版时,使用不同的副题名区别其特定内容。

2. 序或前言

序(Foreword)是非必要的。论文的序一般是作者或他人对论文内容基本特征的见解,如说明研究工作的缘起、背景、主旨、目的、意义、编写体例以及资助、支持、协作的经过等,也对文章进行评述,对相关问题的研究进行阐述,这些内容也可以在正文引言中说明。

3. 摘要

摘要(Abstract)是论文内容不加注释和评论的简短陈述,具有独立性和自含性,即不阅读论文全文,就能获得必要的信息。摘要包含数据和结论,是一篇完整的短文,可以独立使用,也可以引用,还可以用于推广。摘要的内容应包含与论文等量的主要信息,供读者确定有无必要阅读全文,也供文摘等二次文献采集。摘要一般应说明研究工作的目的、实验方法、结果和最终结论等,重点是结果和结论。除别无他法外,摘要中不要出现图、表、化学结构式、非公知公用的符号和术语。

摘要一般用中文、外文(多为英文)两种形式一起呈现,中文摘要宜在 200～300 字,外文摘要不宜超过 250 个实词,如遇特殊需要,字数可略调整。

摘要一般置于题名和作者之后、正文之前。学位论文为了评审,可以按照要求写成变异本式的摘要,不受字数规定的限制。

4. 关键词

关键词(Keyword)是为了文献标引工作,从论文中选取出来以表示全文主题内容信息款目的单词或术语。每篇论文选取 3～8 个词作为关键词,以显著的字符另起一行,排在摘要的左下方。如有可能,尽量使用《汉语主题词表》等词表提供的规范词。

5. 引言

引言(或绪论)(Introduction)简要说明研究工作的目的、范围、相关领域的前人工作和知识空白、理论基础和分析、研究设想、研究方法和实验设计、预期结果和意义等。引言应言简意赅,不能与摘要雷同,不能成为摘要的注释。一般教科书中有的知识,在引言中不必赘述。

学位论文为了需要反映作者确实已经掌握了坚实的基础理论和系统的专门知识,具有开阔的科学视野,对研究方案做了充分论证,有关历史回顾和前人工作的综合评述以及理论分析等可以独立成章,用足够的文字叙述。

6. 正文

正文(Mainbody)是论文的核心部分,占主要篇幅,可以包括调查对象、实验和观测方法、仪器设备、材料原料、实验和观测结果、计算方法和编程原理、数据资料、经过加工整理的图表、形成的论点和导出的结论等。

由于研究工作涉及的学科、选题、研究方法、工作进程、结果表达方式等有很大的差异，对正文内容不能做统一的规定，但是必须实事求是、客观真切、准确完备、合乎逻辑、层次分明、简练可读。

主体部分应从另页右页开始，每一章应另起页。主体部分一般从引言（绪论）开始，以结论或讨论结束。引言（绪论）应包括论文的研究目的、流程和方法等。论文研究领域的历史回顾、文献回溯、理论分析等内容应独立成章，用足够的文字叙述。

正文不仅包括文字内容，还包括图、表、公式、计量单位、符号和缩略词等要素。

1）图

可以包括曲线图、构造图、示意图、图解、框图、流程图、地图、照片、版图等。图应具有自明性，即只看图、图题和图例，不阅读正文，就能够理解图意。论文中的图需要进行编号，且每一个图应有简短确切的题名，题名连同图号置于图下方，必要时，应将图上的符号、标记、代码以及实验条件等用最简练的文字横排于图题下方，作为图例说明。图的序号可以就全篇论文统一按照出现的先后顺序编码（如图 1、图 2 等），也可以分章节依序编码（如图 2.1、图 2.2 等）。

2）表

表的内容和标题按照由左至右的顺序横读，数据依序竖排。表应具有自明性，编排有序号，具有简短确切的题名，题名连同表序号置于表上方。必要时，应将表中的符号、标记、代码以及需要说明的事项以最简练的文字横排于表题下，作为表注，也可以附注于表下。对于表序号的编排，可以采用全篇统一按照出现的先后顺序编码（如表 1、表 2 等），也可以分章节依序编码（如表 2.1、表 2.2 等），也可以为表添加附注（如附注 1、附注 2 等）。

3）公式

论文中的公式需要单独另起一行，并缩进书写，与周围文字留有足够的空间。如有两个以上的公式，应用从 1 开始的阿拉伯数字进行编号，并将编号置于括号内。公式的编号右端对齐，公式与编号之间可用"…"连接。公式较多时，可分章编号。较长的公式需要转行时，应尽可能在"＝"处转行，或者在"＋""－""×""/"等记号处转行。公式中分数线的横线长度应等于或略大于分子和分母中较长的一方。如在正文中书写分数，应尽量将其高度降低为一行。

4）引文标注

论文中引用的文献标注方法可以遵照《信息与文献—参考文献著录规则》(GB/T 7714-2015)进行，可采用顺序编码制，也可采用著者-出版年制，但全文必须统一。

5）注释

当论文中的字、词或短语需要进一步加以说明，但又无具体文献来源时，可以用注释。注释一般在社会科学类论文中使用得较多。论文中的注释数量不宜过多。当论文篇幅较长时，建议采用文中编号加"脚注"的方式进行注释说明，不使用编号加"尾注"的方式。

6）结论

论文的结论是全文最终总体的结论，不是正文中各段小结的简单重复。结论应包括论文的核心观点，交代研究工作的局限，提出未来工作的意见或建议。结论应准确、完整、明确、精炼。如果不能导出一定的结论，也可以没有结论而进行必要的讨论。

7. 参考文献

参考文献(Preference)是文中引用的有具体来源的文献集合,其著录项目和著录格式可以参照《信息与文献—参考文献著录规则》(GB/T 7714-2015)的规定执行。参考文献应置于正文后,并另起一页,所有被引用的文献均要列入参考文献。正文中未被引用但被阅读或具有补充信息的文献可集中列入附录,其标题为"书目"。引文采用"著作-出版年制"标注时,参考文献应按照著者字顺和出版年排序(按照学位颁发单位的具体要求进行)。

8. 附录

附录(Appendix)作为主体部分的补充,并不是必需的。下列内容可以作为附录编于论文后。

(1) 可以使整篇论文材料更加完整,但编入正文又有损于编排的条理性和逻辑性,这些材料包括比正文更为详尽的信息,对研究方法和技术更深入的叙述,对了解正文内容有用的补充信息等。

(2) 由于篇幅过大或取材于复制品而不便于编入正文的材料。

(3) 不便于编入正文的罕见、珍贵资料。

(4) 对一般读者并非必要阅读,但对本专业同行有参考价值的资料。

(5) 正文中未被引用但被阅读或具有补充信息的文献。

(6) 某些重要的原始数据、数学推导、结构图、统计表、计算机打印输出件等。

9. 结尾

如有结尾(Conclude),则可以包括分类索引、关键词索引、作者简历、其他(包括学位论文原创性声明等)、反映学位论文主要特征的数据等。

10.2.4 学位论文基本写作步骤

学位论文基本写作步骤包括选题、材料收集与整理、确定主题、拟定写作提纲、撰写初稿、修改定稿、写作答辩简要报告等步骤[32]。

1. 选题

选题是指确定科学研究和学术论文写作的方向和目标。选题既包括科学研究的课题选择和确定,也包括论文题目的选择和确定。除了遵循一般课题的选题原则以外,学位论文的题目宜小不宜大。选题大而不当是学位论文选题中普遍存在的问题。一般来说,选题宜小不宜大,提倡"小题大做"。选择小一点的课题,特别是重要的小课题,如学科专业中的关键问题,经过深入研究抓住其本质和核心,多方面、多层次进行挖掘,有理有据地阐述自己的新观点和新见解,做到"大做",把一个重要的小问题彻底解决,论文就会有分量、有价值。

2. 材料收集与整理

材料是构成学术论文的一个重要因素,学术论文的质量取决于材料是否充实、准确、可靠。写作前,材料是形成学术论文观点的基础,写作中,材料是表现观点的支柱。所以,材料在论文的写作中有着十分重要的作用。

1) 材料的收集

学术论文的材料可以分为直接材料、间接材料和发展材料。直接材料是作者从科学研究中获得的第一手材料;直接材料来源于科学观察、实地调查和科学实验,是作者进行科学研究或考察,把观察到的现象与测量到的数据详细记录下来而得到的材料。间接材料是指从文献信息资料中搜集到并转录下来的他人实践和研究成果的资料;发展材料是指作者在搜集到的直接材料和间接材料的基础上,经过认真的分析、综合、研究后获得的新材料。

2) 材料的整理

通过上述各种途径能收集到许多与选题相关的材料,不论是直接材料还是间接材料,它们不可能都在学术论文中用上,因此要对这些材料进行认真的研究、选择,找出其中有用的材料,也就是对材料进行整理。材料的整理分三步进行,即阅读材料、鉴别材料、占有经过鉴别的材料。读者可以利用各种技术手段(如复印、微缩、摄像、摘录等)将所需的材料收集起来,以供写作之用。

3. 确定主题

主题是作者在一篇论文中提出的基本观点或中心论点。一篇学术论文中只能有一个主题,不论其长短,该主题必须贯穿始终。主题并非现成的,需要经过提炼才能确立。提炼主题,善于从大量的现象或材料中揭示事物的本质,抓住其主要矛盾,同时,还要注意抓住事物的特点,发现事物发生和发展的规律,逐步使自己的印象和认识升华,形成一种学术思想。

4. 拟定写作提纲,安排论文结构

写作提纲是论文写作的设计图,是全篇论文的骨架,起着疏通思路、材料,形成结构的作用,一般包括题目、基本论点或中心论点、内容纲要、大项目(上位论点,段旨)、中项目(下位论点,段旨)、小项目(段中的一个材料)。写作提纲的具体编写步骤大致如下,一是拟定题目,以最简洁、最鲜明的语言概括论点与主题句,确定全文的中心论点;二是写出主题句,确定全文的中心论点;三是考虑全文分几部分,以什么顺序安排基本论点;四是考虑每部分的下位论点,最好考虑到段级,写出段的论点;五是全面检查写作提纲,进行必要的增、删、改。

从论文写作提纲的内容和编写步骤中不难看出,在编写论文写作提纲时,作者就须着手对论文结构进行安排。总体上讲,论文的结构要围绕中心、逻辑性强、表达准确。不论是简单列举还是按类归纳,不论是按照发展顺序还是夹叙夹议,都需要注意逻辑上的循序渐进,使得读者易于接受;都要注意反映事物本身的发展规律,使得文中各部分的相互关系协调。安排论文结构应做到划分好层次段落、注意过渡照应、斟酌开头和结尾。

5. 撰写初稿

撰写初稿就是按照拟定好的写作思路,运用语言文字,把学位论文中的研究成果和思想观点表达出来。初稿的写作是艰辛的阶段,它既是作者思想认识不断深化,对论文从内容到形式的基本成型的过程,也是对提纲再次检验、复查的过程。在论文写作中,如何运用材料表现主题、表述自己的观点是论文成败的关键。运用材料表现主题时,必须做到材料真实准确、材料典型、材料集中、材料紧扣主题。

6. 修改定稿

初稿完成后,需要开始着手修改,可以从控制篇幅、修正论点、调整结构、改动材料、锤炼语言、推敲题目、规划文章等方面对论文进行修改。修改论文的方法主要有热改法、冷改法、他改法和诵改法等。热改法是指初稿完成后趁热打铁,立即进行修改;冷改法是指初稿完成后,放上一段时间再修改;他改法是指初稿完成后,请他人帮助修改;诵改法是指初稿完成后诵读多遍,发现问题并及时修改。在实际的写作修改中,往往是综合应用这几种方法。

7. 写作答辩报告

论文修改完毕后,要抓紧时间认真准备答辩。答辩的准备工作包括多方面,其中最重要的是敲定一份毕业论文答辩报告(也称说明或纲要)。毕业论文答辩报告主要包括以下内容。

(1)选题的动机、缘由、目的、依据、理论意义和实际意义。

(2)该选题的已有研究成果、尚有争议的主要意见、个人研究观点、主要研究途径和研究方法、该论文的问题切入点。

(3)论文立论的理论依据和事实根据,论证、论点的主要论据,列出可靠、典型的材料、数据和重要引文及其出处。

(4)论文中的新见解、新观点,研究获得的主要创新成果及其学术价值。

(5)存在的问题和继续研究的打算,论文中尚没有论述清楚的地方,最重要的薄弱环节。

(6)意外的发现和处理思路。

(7)论文涉及的重要引文、概念、定义、定理、定律和典故。

(8)写作论文的收获和体会。

答辩报告既是对原文的简述,也是对原文的提炼、概括、评析和介绍,写作答辩报告要简明清晰,抓住论文的关键内容和主要结论,进行简明扼要的描述,要突出重点,特别是对独创见解以及新颖点,应突出介绍。

更多的论文写作规范要求及写作技巧,读者可以参阅相关专门书籍[33-34],本书不再扩展说明。

10.3　学位论文写作排版技巧

10.3.1　学位论文排版概述

学位论文相比普通期刊论文,其系统性强、内容全面,能够比较全面地体现学位申请者具备的学术能力,其篇幅较长,内容要素众多,格式要求严谨。论文排版对于论文撰写者而言,是一个比较具有挑战性的工作。

1. 论文编辑软件

目前使用最多的论文编辑软件是 Microsoft Word 和 WPS Word，二者都可以提供丰富便捷的内容编辑、样式设置等功能，是撰写论文的基础。

2. 论文撰写助手

随着用户需求的不断提高，有助于提高论文撰写的工具软件也越来越多，如方便用户进行文献阅读和参考文献管理的文献管理软件知网研学平台、EndNote，有助于论文格式排版的软件 LaTeX，这些工具软件在一定程度上减轻了用户写作和排版的压力。

10.3.2 学位论文排版技巧

1. 基本排版流程

通常，学位论文撰写和排版的基本流程是：明确论文格式要求（一般可以从学位申请单位获得），然后对论文编辑软件进行页边距、正文、目录、页眉、页脚的设置。下面逐一进行说明。

2. 获取排版格式要求

在撰写论文前，用户需要去学位申请单位指定的位置下载论文格式要求说明文档，该文档说明了论文结构模块、论文排版等具体要求，图 10-2 和图 10-3 所示为学位论文格式编写要求示例。

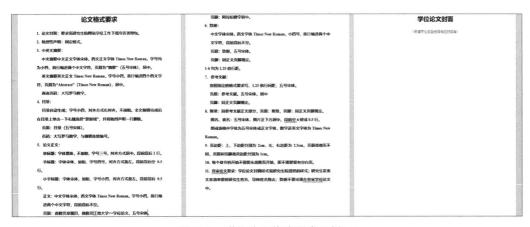

图 10-2　学位论文格式要求示例（1）

3. 设置页边距

根据论文基本格式要求，一般需要对纸张型号、页边距、装订线等进行设置，如论文格式要求：A4 型纸、左右边距为 2cm、上下边距为 2.5cm、装订线为左 0.5cm，则可以按照图 10-4 至图 10-6 所示的方法进行设置。

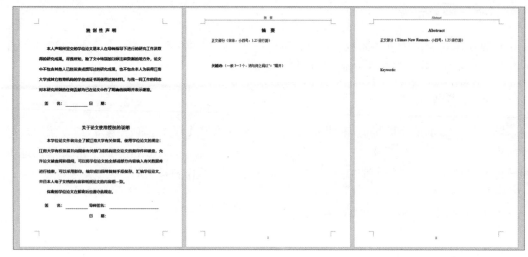

图 10-3　学位论文格式要求示例(2)

图 10-4　设置页边距(1)

4. 正文设置

正文是学位论文的核心,需要按照学位申请单位的要求进行结构规划和书写。在格式设置部分,主要需要对字体段落、各级标题、图表题注以及脚注和尾注进行设置。

1) 字体段落设置

对于正文,一般可以在全选后对其字体、字号、段落格式等进行修改。

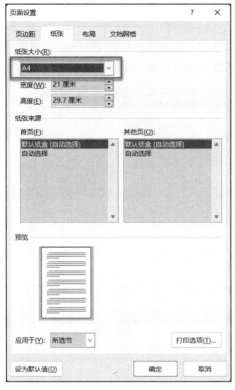
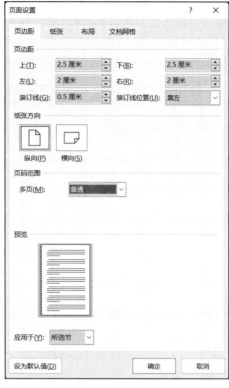

图 10-5 设置页边距（2） 　　　图 10-6 设置页边距（3）

2）多级标题设置

对于标题，由于学位论文篇幅较长，需要分章节显示，因此一般采用多级目录的形式进行标题样式设置，如图 10-7 所示。

图 10-7 多级标题示意

　　默认情况下，各级标题都有自己默认的字体、段落、段间距等样式设置（图 10-8）。如果默认样式不能满足需求，用户可以对此样式进行修改，具体操作方法为：选择"段落"选项卡下的"多级列表"选项，在弹出的选项中选择"定义新的多级列表"选项（图 10-9 和图 10-10），在弹出的"定义新多级列表"对话框中进行相关属性设置。一般的设置流程如下。

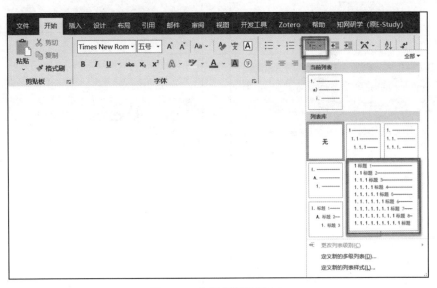

图 10-8　多级标题设置（1）

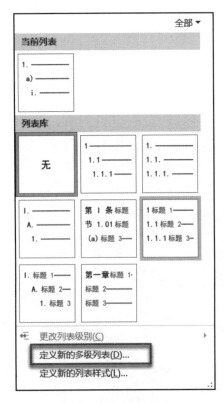

图 10-9　多级标题设置（2）

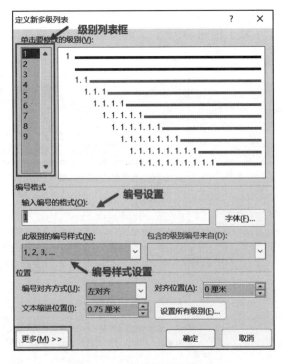

图 10-10　多级标题设置（3）

（1）单击要修改的级别，如 1，即修改 1 级标题，用户可以单击编号格式后边的"字体"按钮，进入字体属性设置窗口进行字体属性设置（图 10-11），可以分别针对中文和西文字体进行设置。

（2）进行编号样式修改，如图 10-12 所示。

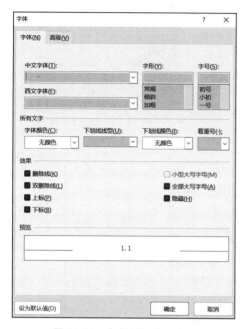

图 10-11　多级标题设置（4）

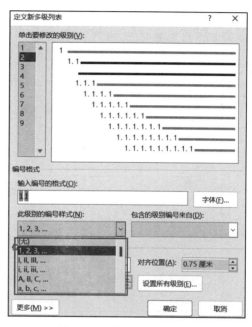

图 10-12　多级标题设置（5）

（3）在"位置"下方的选项卡下对"编号对齐方式""对齐位置"和"文本缩进位置"等进行设置。

（4）为了便于后续样式设置，用户可以单击"更多"按钮，在级别属性设置和样式选项卡中的样式之间建立关联关系，使用时只需要选择样式选项卡中的某个样式，即可直接修改对应文本的样式，如图 10-13 所示。

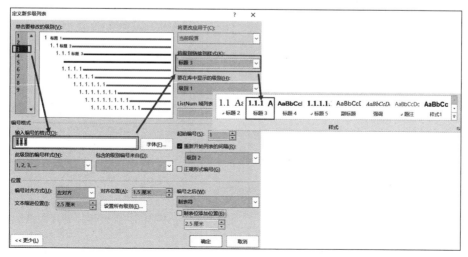

图 10-13　多级标题设置（6）

3）图表题注

按照学位论文编写要求，文中的所有图、表都需要有编号和题名。编号可以通过 Word 文档的"插入题注"方法实现，文内对于该图/表的引用可以通过交叉引用的方式实现，具体操作方法为：选中待插入编号的图并右击，选择"插入题注"选项，在弹出的"题注"对话框中，单击"标签"后的下拉列表，选择合适的标签名称，如"图""表"等，选择标签名称后，后续插入题注时会自动在编号前加"图"和"表"的字样，如果想要的标签名称在列表中不存在，则可以单击"新建标签"按钮，在弹出的"新建标签"对话框中输入标签名，单击"确定"按钮后即可在"标签"列表下出现，如图 10-14 至图 10-16 所示。

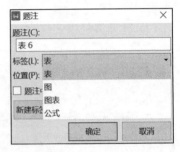

图 10-14　插入题注（1）

图 10-15　插入题注（2）

图 10-16　插入题注（3）

单击选项部分"位置"后的选项列表可以设置题注与标注对象的位置关系。对于图来说，题注一般位于图的下方；对于表来说，题注一般位于表的上方，如图 10-17 所示。

如果要对编号形式进行设置，可以单击"编号"按钮，在弹出的"题注编号"对话框中单击"格式"后的选项列表进行选择。如果需要按照章节进行编号，则可以勾选"包含章节号"复选框，并且在"章节起始样式"下拉列表中选择章节起始样式，在"使用分隔符"下拉列表中确定章节名称和编号之间的连接符号，设置完成后，单击"确定"按钮即可，如图 10-18 所示。

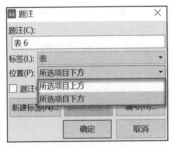

图 10-17　插入题注（4）

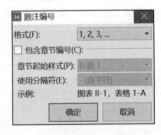

图 10-18　插入题注

设置题注属性后，单击"确定"按钮即可插入特定样式的题注到指定位置，且自动按照图片的添加顺序进行编号。

添加题注后，可以通过交叉引用将题注和正文中的标引位置关联起来，具体操作方法为：单击待引用图片题注的位置，单击"引用"选项卡的"题注"组中的"交叉引用"按钮，在弹出的"交叉引用"对话框中，在"引用类型"下拉列表中选择要引用的标签名称（图 10-19），在"引用内容"下拉列表框中选择引用的内容（图 10-20），如果选择"整项引用"，则会将整个标签名、编号、题名全部列出，如"图 10-19 题注的添加"；如果选择"仅标签和编号"，则只会显示标签和编号，如图 10-20 所示。

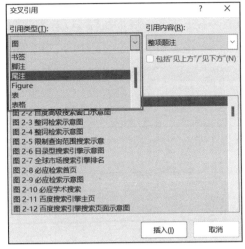

图 10-19　交叉引用（1）　　　　　　　图 10-20　交叉引用（2）

说明：如果删除了某图片，则 Word 会自动删除该图片的题录和交叉引用位置。

4）脚注与尾注

脚注置于一页文章的正文下端，起引用、评论、解释的作用，在文中以数字或者符号上标的方式体现。根据作用的不同，脚注可以分为内容脚注（Content Footnote）、版权许可脚注（Copyright Permission Footnote）和作者单位脚注（Author Affiliation Footnote）。内容脚注用于补充正文或提供支持正文观点的更多例证；版权许可脚注体现版权许可，用来标明文中大段引用或者融入正文中的数据等的出处，例如在插入表格以及整合数据时就可以利用脚注注解行或列的副标题、简写名头等；作者单位脚注用于注明作者的从属单位。使用脚注时需注意以下几点。

- 提供补充内容的脚注应简练，不应过于复杂或与正文不相干。
- 众所周知的信息不应放在脚注中，而应是更少有人关注的辅助信息。
- 提供引用出处时，应尽可能在正文插入行内引用、用括号体现，脚注中的引用通常是更加简短的释义。
- 应尽量避免在题目上加脚注。

不同引用材料的脚注格式略有不同，常见的书籍或论文的脚注格式为"作者名字，引用部分的标题/论文名称，书名/期刊名称，编辑/翻译者，版本，卷号和期号，（出版城市：出版社名称，年份），引用的页码"，如 Ernest K. Bramsted，Aristocracy and the MiddleClasses in Germany（Chicago：University of Chicago Press，1964），129。

为了避免重复，引用与前一处相同时可以通过"Ibid，页码"的形式表示，意为"在同一处"，不过如果前一处脚注包含多个引用，Ibid 就没有用武之地了。

　　尾注的使用是因为补充信息或释意的内容过长,不方便放在脚注中或与正文放在同一页。尾注用在综述论文或研究论文中时,一般放在论文的结尾处,在文中也用上标体现。如果脚注与尾注一起使用,在文中要使用不同的上标数字形式,分别用连续的数列标记。

　　插入脚注和尾注的方式相同,基本步骤为:将鼠标放置在需要插入脚注或尾注的地方,然后单击"引用"选项卡下"脚注"功能区的"插入脚注"按钮或"插入尾注"按钮(图 10-21),此时就会发现有脚注或尾注标号出现在光标所处位置,页面底端或结尾处出现输入脚注或尾注信息的位置(图 10-22),也可以单击"脚注"功能区右下方的扩展按钮 ↘ ,以对脚注和尾注的位置、编号格式等属性进行设置(图 10-23)。

图 10-21　插入脚注

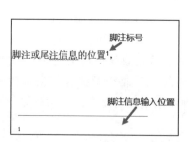

图 10-22　脚注插入示意

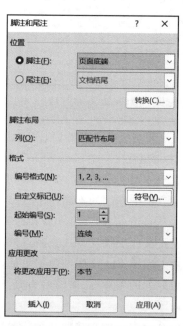

图 10-23　脚注和尾注属性设置

　　需要说明的是,如需删除某部分的脚注和尾注,需要通过删除文中的脚注或尾注编号,而不能通过删除脚注或尾注的内容部分实现。

5. 目录设置

　　为论文设置目录可以方便地导航用户进行内容阅读,也方便编者进行位置定位和内容查找。目录的设置建立在标题设置的前提下,目录是基于标题生成的。学位论文的目录一般位于摘要之后、绪论之前。插入目录的基本步骤如下:单击"引用"选项卡,在"目录"功能区中单击"目录"按钮,在弹出的选项列表中选择"自定义目录"选项(图 10-24),在弹出的"目录"对话框中根据需要设置是否显示页码、页码是否右对齐、制表符前导符样式、目录格式来自模板还是其他、目录显示级别等(图 10-25)。

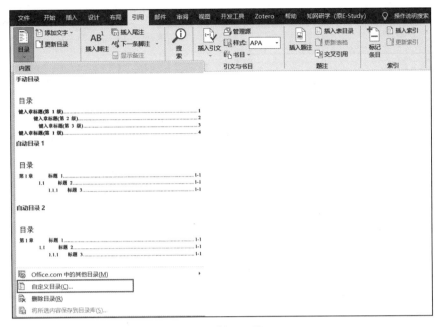

图 10-24　插入目录（1）

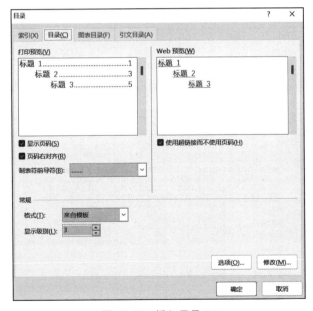

图 10-25　插入目录（2）

　　如在"目录"对话框中选择目录格式为"来自模板",则还可以通过单击图 10-25 中的"选项"按钮对目录显示选项进行修改,单击图 10-25 中的"修改"按钮可以对每个样式进行更详细的设置,如设置每个样式的字体、字体大小、行间距、缩进距离等,如果选择样式 TOC1 (图 10-26),选择该样式后,单击其右下角的"修改"按钮(图 10-27)可以在弹出的"修改样式"对话框中单击左下角的"格式"按钮(图 10-28),在弹出的详细格式选项卡中单击任何选项,可以进入详细属性设置界面进行设置,设置完成后单击"确定"按钮即可完成属性设置。

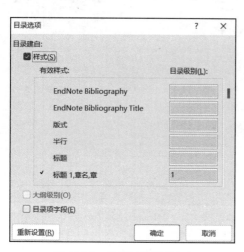

图 10-26 目录属性设置(1)

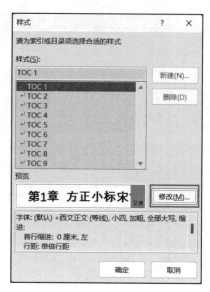

图 10-27 目录属性设置(2)

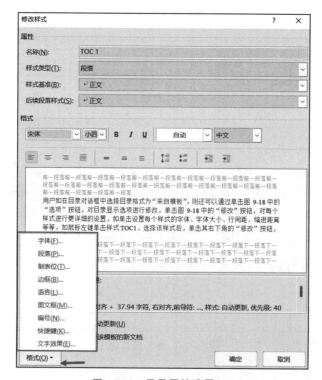

图 10-28 目录属性设置(3)

属性设置完成后,单击图 10-25 中的"确定"按钮,Word 将在光标所处位置插入目录,可以在按下 Ctrl 键的同时单击目录中的某标题,即可自动快速跳转至该标题所在的页面位置。

6. 页眉/页脚/页码的设置

页眉/页脚在学位论文写作排版中也是一个不可缺少的要素。学位论文一般要求：目录页前无页眉；目录页与摘要页有页码，但页码格式与正文页码格式不同；正文部分，每一章奇数页为本章标题，偶数页为学位授予单位名称及论文性质（如"信息工程大学硕士学位论文"）。

本书以编者所在单位的学位论文编写要求为例，说明页眉和页码的设置方法。编者所在单位的页眉编写要求为：正文奇数页页眉用五号宋体字居中标注章节号及章节名；正文偶数页页眉用五号宋体字居中标注"信息工程大学硕士学位论文"。编者所在单位的页脚编写要求为：摘要至正文之前，页码用罗马数字标识（第Ⅰ页、第Ⅱ页、……）；正文至结束，页码用阿拉伯数字标识（第 1 页、第 2 页、……）。下面详细说明设置步骤。

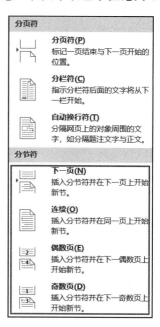

图 10-29　添加分节符

1）添加分节符

摘要页之前无页眉页码，为此，可以将摘要页前的内容设置为一节。因为摘要页与目录页有页码无页眉，因此可以将摘要页和目录页设置为一节。此外，设置分节时，一般将章节开始设置为奇数页。

添加分节符的方法为：单击"布局"选项卡下"页面设置"功能区中的 分隔符 图标，在弹出的扩展选项中根据需要进行选择（图 10-29），如果当前光标所处页面为奇数页，且需要将该页设置为本章首页，则选择"连续"选项；如果希望在下一个奇数页上出现新节，则选择"奇数页"选项。

如想查看添加的分节符，可以通过单击"开始"选项卡下"段落"功能区中的"显示/隐藏编辑标记"按钮进行查看，如图 10-30 和图 10-31 所示。

图 10-30　查看分节符（1）

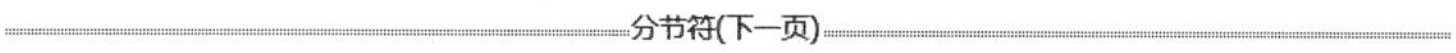

图 10-31　查看分节符（2）

2）设置页码

（1）摘要至正文前的页脚设置。

摘要至正文（不包括正文）部分的页码采用罗马数字进行标识，基本格式为"第 ＊ 页"，插入方法为：单击"插入"选项卡下"页眉和页脚"功能区中的"页码"图标，在弹出的选项中选择"设置页码格式"选项(图 10-32),在弹出的"页码格式"对话框中按照要求设置"编号格式"和"起始页码"(图 10-33),然后单击"确定"按钮,再次单击"页眉和页码"功能区中的"页码"图标,选择"普通数字 2"(图 10-34),将页码插入页面底端居中位置,此时在编号前后分别加"第"和"页",同样,为偶数页添加页码,如图 10-35 和图 10-36 所示。

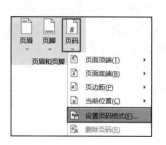

图 10-32 设置页码(1)

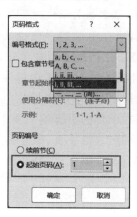

图 10-33 设置页码(2)

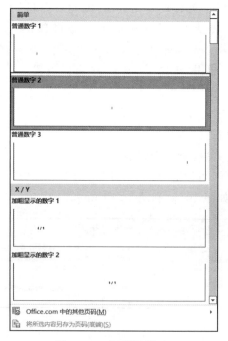

图 10-34 设置页码(3)

第I页↵

图 10-35 设置页码(4)

第II页↵

图 10-36 设置页码(5)

如果其余页面与摘要也不处于相同节,则设置其他页面的页码时需要选择"页眉和页脚"选项卡下"导航"功能区中的"链接到前一节"选项(图 10-37),此时可以看到页码从上一节递增,且格式一样(图 10-38)。

图 10-37　设置页码(6)

图 10-38　设置页码(7)

(2)设置正文页脚。

正文部分与其前部分页面的页码编码格式不同,为此,正文与其前部分内容必须处于不同的节,其页码插入方法与前部分相同,只是需要将编号格式设置为"1,2,…",将页码设置为"1",插入页码时取消选择"链接到前一节"选项即可,如图 10-39 至图 10-41 所示。

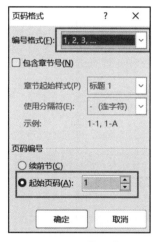

图 10-39　设置页脚(1)

图 10-40　设置页脚(2)

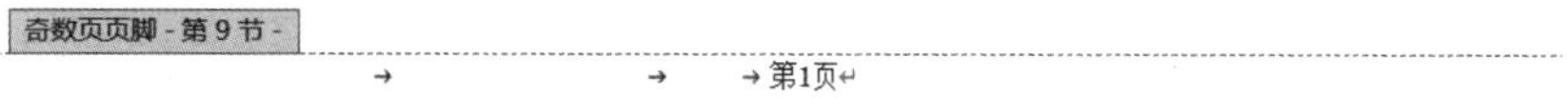

图 10-41　设置页脚(3)

其他章节进行页码设置时,均需要选择"链接到前一节"选项。

3)设置页眉

因为不同章节的页眉不同,为此,需要将不同章的内容设置为不同的节,进而分不同节进行页眉设置。基本设置方法为:单击"插入"选项卡下"页眉和页脚"功能区中的"页眉"图标(图 10-42),选择"编辑页眉"选项(图 10-43),在页眉编辑窗口中取消选择"页眉页脚"选项卡下的"导航"功能区中的"链接到前一节"选项,使其处于未选中状态(无背景颜色),在"选项"功能区中勾选"奇偶页不同"复选框,使偶数页页眉和奇数页页眉不同,然后在奇数页页眉位置输入章节名称,如"第一章 绪论",编辑页眉字体为五号、宋体、居中,在偶数页页眉位置输入"信息工程大学硕士学位论文",设置完成后双击正文部分,即可退出页眉编辑模式,并查看本章页眉的设置情况。

图 10-42　设置页眉(1)

图 10-43　设置页眉(2)

7. 添加参考文献

借助文献管理软件提供的论文撰写功能,可以快速地为论文添加文内引用和文后参考文献。本书借助知网研学平台客户端软件,根据所在单位硕士学位论文文内引用和文后参考文献编写规范,说明如何快速自动地进行引文编辑,基本格式要求如图 10-44 和图 10-45 所示。

该格式使用我国制定的 GB/T 7714-2015 规范,基本操作步骤为:将光标定位至待插入

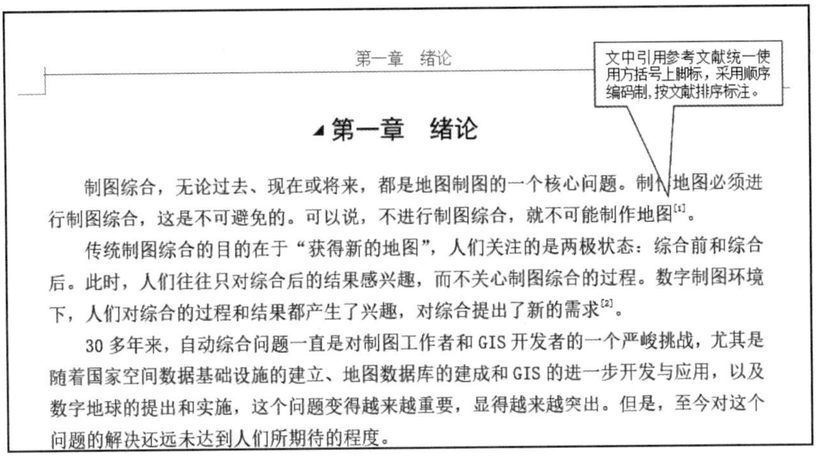

第一章　绪论

文中引用参考文献统一使用方括号上脚标，采用顺序编码制，按文献排序标注。

◢ 第一章　绪论

制图综合，无论过去、现在或将来，都是地图制图的一个核心问题。制作地图必须进行制图综合，这是不可避免的。可以说，不进行制图综合，就不可能制作地图[1]。

传统制图综合的目的在于"获得新的地图"，人们关注的是两极状态：综合前和综合后。此时，人们往往只对综合后的结果感兴趣，而不关心制图综合的过程。数字制图环境下，人们对综合的过程和结果都产生了兴趣，对综合提出了新的需求[2]。

30 多年来，自动综合问题一直是对制图工作者和 GIS 开发者的一个严峻挑战，尤其是随着国家空间数据基础设施的建立、地图数据库的建成和 GIS 的进一步开发与应用，以及数字地球的提出和实施，这个问题变得越来越重要，显得越来越突出。但是，至今对这个问题的解决还远远未达到人们所期待的程度。

图 10-44　添加参考文献（1）

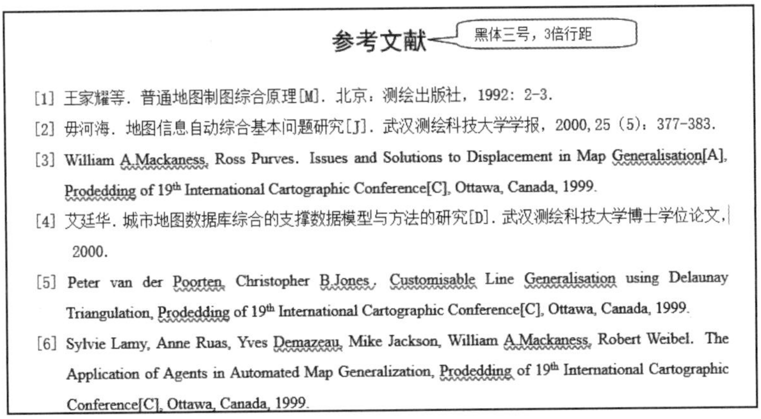

参考文献　黑体三号，3倍行距

[1] 王家耀等. 普通地图制图综合原理[M]. 北京：测绘出版社，1992：2-3.

[2] 毋河海. 地图信息自动综合基本问题研究[J]. 武汉测绘科技大学学报，2000，25（5）：377-383.

[3] William A.Mackeness, Ross Purves. Issues and Solutions to Displacement in Map Generalisation[A]. Prodedding of 19th International Cartographic Conference[C], Ottawa, Canada, 1999.

[4] 艾廷华. 城市地图数据库综合的支撑数据模型与方法的研究[D]. 武汉测绘科技大学博士学位论文，2000.

[5] Peter van der Poorten, Christopher B.Jones, Customisable Line Generalisation using Delaunay Triangulation, Prodedding of 19th International Cartographic Conference[C], Ottawa, Canada, 1999.

[6] Sylvie Lamy, Anne Ruas, Yves Demazeau, Mike Jackson, William A.Mackeness, Robert Weibel. The Application of Agents in Automated Map Generalization, Prodedding of 19th International Cartographic Conference[C], Ottawa, Canada, 1999.

图 10-45　添加参考文献（2）

参考文献的文内引用位置，单击"知网研学（原 E-Study）"选项卡，在"引文操作与管理"功能区中查看"当前样式"，确定其是否为所需样式（如 GB7714-2015，该样式规定了文内引用的显示格式和文后参考文献的格式），如果该样式不能满足需求，可以通过单击"更换样式"按钮进行更换。

10.4　小结

本章首先介绍了课题研究与论文创作的基本步骤，然后介绍了学位论文的写作规范，最后介绍了学位论文的排版技巧。通过本章的学习，读者能够对开展学术研究的一般步骤有初步认识，能够了解学位论文的基本特点、基本组成及一般写作步骤，能够基本掌握使用 Word 进行学位论文排版的关键技巧。

思考与练习

1. 初步理解课题相关资料查询的重要性及基本步骤。

2. 掌握文献资料管理的基本步骤,并应用于个人学术科研阅读过程中,提高阅读文献的效率。

3. 理解学位论文和一般学术论文的不同,熟悉其一般组成要素及各部分的作用。

4. 掌握学位论文的一般排版技巧。

参 考 文 献

[1] 肖新祥. 信息素养的理论缘起、内涵及构成要素略论——兼论信息素养教育国际经验[J]. 电化教育研究,2021,42(8)：116-121,128.

[2] 吴砥,王美倩,杨金勇. 智能时代的信息素养：内涵、价值取向与发展路径[J]. 开放教育研究,2021,27(3)：46-53.

[3] 袁红军,袁一帆. "双一流"高校图书馆信息素养教育现状调查与分析[J]. 图书馆学研究,2020,(19)：20-28,35.

[4] 刘百平. 基于中国大学 MOOC 平台的信息素养课程调查分析[J]. 江苏高职教育,2022,22(2)：90-97.

[5] 徐春,张静,李逸. 高校图书馆混合信息素养教育现状及发展对策研究——基于 42 所"双一流"建设高校图书馆的调研[J]. 图书馆学刊,2022,44(3)：27-34.

[6] 何明. 大数据导论——大数据思维、技术与应用[M]. 2 版. 北京：电子工业出版社,2022.

[7] 谢希仁. 计算机网络[M]. 8 版. 北京：电子工业出版社,2021.

[8] 王立清. 信息检索教程[M]. 3 版. 北京：中国人民大学出版社,2021.

[9] 王琦. 文献信息检索教程[M]. 2 版. 北京：电子工业出版社,2017.

[10] [美]曼宁,[美]拉哈万,[德]舒策,等. 信息检索导论[M]. 北京：人民邮电出版社,2010.

[11] 徐宝文,张卫丰. 搜索引擎与信息获取技术[M]. 北京：清华大学出版社,2003.

[12] 斯特凡·韦茨(StefanWeitz). 搜索：开启智能时代的新引擎[M]. 任颂华,译. 北京：中信出版社,2017.

[13] 林豪慧. 大学生信息素养[M].2 版. 北京：电子工业出版社,2022.

[14] 王玉印. 思维导图工作法[M]. 北京：北京联合出版有限公司,2020.

[15] XMind 团队. XMind：用好思维导图走上开挂人生[M]. 北京：电子工业出版社,2021.

[16] 童国伦,程丽华,张楷焄. EndNote Word 文献管理与论文写作[M]. 2 版. 北京：化学工业出版社,2014.

[17] 童国伦,程丽华,王朕. EndNote & Word 文献管理与论文写作[M]. 3 版. 北京：化学工业出版社,2022.

[18] 岳修志. 信息素养与信息检索[M]. 北京：清华大学出版社,2021.

[19] 李杰. CiteSpace：科技文本挖掘及可视化[M]. 2 版. 北京：首都经济贸易大学出版社,2017.

[20] 李杰,陈超美. CiteSpace：科技文本挖掘及可视化[M]. 3 版. 北京：首都经济贸易大学出版社,2022.

[21] 陈悦,陈超美,等. 引文空间分析原理与应用 CiteSpace 实用指南[M]. 北京：科学出版社,2021.

[22] 刘霞,许家金,刘磊. 基于 CiteSpace 的国内语料库语言学研究概述(1998-2013)[Z]. 语料库语言学,2014：69-77,112.

[23] 冯佳,王克非. 近十年国际语言规划和语言政策研究的 CiteSpace 分析[J]. 中国外语,2014,11(1)：69-76,84,77,113.

[24] 张士靖,杜建,周志超. 信息素养领域演进路径、研究热点与前沿的可视化分析[J]. 大学图书馆学报,2010,28(5)：101-106.

[25] 肖婉,张舒予. 混合学习研究领域的前沿、热点与趋势——基于 CiteSpace 知识图谱软件的量化研究[J]. 电化教育研究,2016,37(7)：27-33,57.

[26] 张文兰,苏瑞. 境外项目式学习研究领域的热点、趋势与启示——基于 CiteSpace 的数据可视化分析

[J]. 远程教育杂志,2018,36(5)：91-102.

[27] 刘国兵,常芳玲. 基于 CiteSpace 的国内语料库翻译学研究知识图谱分析[J]. 河南师范大学学报(自然科学版),2018,46(6)：111-120.

[28] 项奇军. 单层句法理论文献的可视化分析——以 HPSG,LFG 和 TAG 为例[J]. 外语学刊,2022,(6)：81-89.

[29] 王细荣,张佳,叶芳婷. 文献信息检索与论文写作[M]. 8 版. 上海：上海交通大学出版社,2022.

[30] 方磊,谷琼. 文献检索与利用[M]. 北京：清华大学出版社,2021.

[31] 郑霞忠,黄正伟. 科技论文写作与文献检索[M]. 北京：郑霞忠,黄正伟,2012.

[32] 徐有富. 学术论文写作十讲[M]. 北京：北京大学出版社,2019.

[33] 刘红. 学术写作与规范[M]. 北京：北京大学出版社,2021.

[34] [英]斯蒂芬·贝利(Stephen Bailey). 学术写作指南[M]. 5 版. 北京：中国人民大学出版社,2020.